# Selbstmanagement im Beruf

Guido Wenski

# Selbstmanagement im Beruf

Gestalten Sie Ihr Arbeitsleben selbst –
sonst tun es andere

 Springer

Guido Wenski
Guido Wenski Consulting
Burghausen, Bayern, Deutschland

ISBN 978-3-658-33248-8      ISBN 978-3-658-33249-5   (eBook)
https://doi.org/10.1007/978-3-658-33249-5

Die Deutsche Nationalbibliothek verzeichnet diese Publikation in der Deutschen Nationalbibliografie;
detaillierte bibliografische Daten sind im Internet über http://dnb.d-nb.de abrufbar.

Planung/Lektorat: Manuela Eckstein
Springer ist ein Imprint der eingetragenen Gesellschaft Springer Fachmedien Wiesbaden GmbH und ist ein
Teil von Springer Nature.
Die Anschrift der Gesellschaft ist: Abraham-Lincoln-Str. 46, 65189 Wiesbaden, Germany

*Für meine Frau Karola, stetige Unterstützerin und*
*kritische Korrekturleserin*

# Vorwort

Die Corona-Krise hat die Welt verändert, in vielerlei Hinsicht. Die Arbeitssituation ist durch die mit der Pandemiebekämpfung verbundenen Einschränkungen für viele Menschen neu. Dadurch treten zusätzliche Probleme etwa im Bereich der Kommunikation auf. Andere Dinge haben sich vereinfacht; ein Beispiel sind die teilweise eingesparten Fahrzeiten zum Arbeitsort. Insbesondere die Arbeit im Homeoffice bietet vielen die Möglichkeit einer freieren Zeiteinteilung, was sich positiv auf die Leistung und das persönliche Befinden auswirken kann.

Die mehrmonatige unfreiwillige Zeit im Homeoffice hat mir die Gelegenheit gegeben, die schon lange in meinem Kopf herumschwirrenden Ideen zum Thema *Selbstmanagement* in geordneter Form schriftlich darzustellen. Teile des Materials kamen in der einen oder anderen Schulung von Kunden bereits in der Vergangenheit zur Anwendung und haben sich als Lehrstoff bewährt. Die Einbettung in eine Gesamtsystematik führt zu einem soliden Verständnis der Möglichkeiten im Umgang mit sich selbst und seinen Ressourcen. Dabei kommen verschiedene Ursache-Wirkungs-Betrachtungen zum Tragen, die in anschaulicher Weise zeigen, auf was es bei der Führung der eigenen Person im Berufsleben ankommt.

Viele Menschen fühlen sich in ihrem Job nicht wohl, trotz erworbener Privilegien. Die individuellen Gründe können vielfacher Natur sein: persönliche Desorganisation, falsche Berufswahl, negatives Umfeld, Überlastung, fehlende Erfolgserlebnisse, generelle Unzufriedenheit usw. Diesen Angestellten und Selbstständigen, Mitarbeitern und Führungskräften möchte ich mit einer systematischen Analyse der Umstände, nützlichen Tipps und praktischen Beispielen helfen, sich

- ihrer Situation mit schonungsloser Offenheit klar zu werden und
- gezielt bei den Defiziten Verbesserungen herbeizuführen und damit zufriedenere Leistungsträger zu werden – oder zu bleiben.

In diesem Buch werden Sie eine Reihe von Richtigstellungen kollektiver Irrtümer (teils aus Vor-Internet-Zeiten) finden, die sich um die hier besprochene Thematik ranken, etwa um so pauschale Fehleinschätzungen wie „Früher war alles besser" und „Ab morgen wird alles anders" oder die beliebte Selbsttäuschung „Ich habe neben meiner anstrengenden Arbeit keine Zeit, Sport zu treiben". Nicht zu vergessen die Binsenweisheit „Kartoffeln machen dick", der ebenfalls vehement zu widersprechen ist.

Hintergründe und Erkenntnisse zum Selbstmanagement im Berufsalltag sind praxisnah und verständlich dargestellt, und die möglichen Vorgehensweisen und alternativen Wege erläutere ich mit Beispielen und Tipps. Dabei wird die Notwendigkeit einer ausgeglichenen Work-Life-Balance ebenso hervorgehoben wie die Bedeutung von gesunder Ernährung und aktivem Ausgleich – was mir als begeistertem Sportler umso leichter fällt. Insbesondere im Lichte der Corona-bedingten Änderungen in manchen Arbeitsabläufen gehe ich detailliert auf die Sinnfrage in der Arbeit ein. Dabei definiere ich als oberstes Ziel für ein gelungenes Selbstmanagement im Job nicht ein üppiges Gehalt (bzw. ein höheres, als es vergleichbare Kollegen erhalten), möglichst viele Mitarbeiter, die Verantwortung über umfangreiche Investitionsbudgets oder die Gewährung von Privilegien wie Dienstwagen oder Vielfliegerstatus – sondern *Erfüllung* und daraus resultierend *Zufriedenheit*.

Selbstmanagement ist viel mehr als lediglich Zeitmanagement und eine unerlässliche Voraussetzung dafür, seinen Weg im (Berufs-)Leben zu finden und sich in unterschiedlichen Fähigkeiten und als Persönlichkeit weiterzuentwickeln. Feedback von Dritten dient als wertvolles Hilfsmittel, um Selbst- und Fremdbild in Einklang zu bringen. Es bedeutet, seine Talente und Chancen zu nutzen und zwischenzeitlich durchaus Risiken einzugehen. Gewisse Eigenschaften, zu denen Souveränität und Resilienz, aber auch Führungskompetenz und unternehmerisches Denken und Handeln gehören, entwickeln und stärken sich gewöhnlich erst im Laufe einer Karriere.

Auf dem Weg zum Erfolg besitzt selbstbestimmtes Agieren einen hohen Stellenwert. Ob dies heißt, dass Sie sich für höhere Aufgaben empfehlen, das Vertrauen eines Mentors gewinnen, Netzwerke aufbauen und pflegen, Probleme und Krisen überwinden oder sogar nach einer neuen Stelle oder einer gänzlich anderen Herausforderung Ausschau halten – jede Führungskraft und alle Mitarbeiter, Selbstständige und Privatiers, jeder Mensch schlechthin sollte dafür Sorge tragen, beim Streben nach *Selbstverwirklichung* das Heft des Handelns nicht aus der Hand zu geben.

Das erfordert Willensstärke, Zeit und Energie, denn in unserer sich schnell verändernden Welt bekommt man nur wenig geschenkt und nicht immer eine zweite Chance. Das Handeln darf jedoch nicht in Stress und Überforderung münden, was ebenso wie eine permanente Unterforderung zu psychischen und physischen Problemen führen kann. Ein vernünftiges Zeit- und Veränderungsmanagement sowie der bewusste Umgang mit seinen Kräften sind Voraussetzungen für ein glückliches und zufriedenes Leben.

Das Buch ist modular aufgebaut und lässt sich auch in unterschiedlicher Reihenfolge lesen bzw. durcharbeiten. Im Einzelnen werden die folgenden Gedanken aufgegriffen:

Kap. 1 versteht sich als Türöffner zur Problematik des Selbstmanagements im Beruf. Anhand von praktischen Beispielen für Karrieren und Lebensentwürfe geht es um das Motto dieses Buchs: *Neues wagen, Chancen nutzen, selbstbestimmt agieren.* Dazu biete ich arbeitspsychologische Grundlagen und stelle einen Bezug zwischen Selbstbestimmung und Zufriedenheit her. Zudem liefert der Vergleich von Individual- und Teamarbeit interessante Einsichten.

Kap. 2 gibt eine subjektive Übersicht über pragmatische Ansätze zum Umgang mit dem *begrenzten Rohstoff Zeit:* das klassische Selbstmanagement-Feld. Wir werfen einen kritischen Blick auf die Priorisierung von Aufgaben, die Eliminierung von Zeitdieben, die tägliche Kommunikation im Job und auf die zumindest vor der Corona-Pandemie vielfach ausufernden Dienstreisen. Auch die Sinnhaftigkeit unangemessener Überstunden und permanenter Erreichbarkeit kommt auf den Prüfstand.

Kap. 3 beginnt mit einigen kritischen Fragen zur gegenwärtigen Arbeitssituation, die manche Leser wachrütteln werden, die sich in ihrer Tätigkeit und ihrer Umgebung nicht wohlfühlen. Nur wenn der gewählte Beruf eine wirkliche *Berufung* darstellt und den eigenen Neigungen entspricht, besteht die Chance, Zufriedenheit zu erlangen und Frustration oder gar innere Kündigung zu vermeiden. Für die aktive Karriereplanung wird eine Erfolgsgleichung eingeführt, die die wesentlichen Einflussfaktoren enthält.

Kap. 4 behandelt den Aspekt der *Selbstmotivation,* der für Berufstätige und Sportler gleichermaßen bedeutend ist. Dabei unterscheiden wir zwischen notwendiger Willensstärke und innerem Antrieb einerseits und extrinsischer Motivation andererseits.

Kap. 5 widmet sich dem Management unserer individuellen Ressourcen und stellt den zentralen Teil des Buchs dar. Kein Arbeitnehmer oder Selbstständiger kann über Jahrzehnte hinweg unter Volldampf arbeiten. Daher kommt der Reduktion von nachteiligem Stress, der Ermöglichung von Arbeitsphasen im *Flow* und dem bewussten Umgang mit dem natürlichen Schlafbedürfnis sowie Genussmitteln und Angstzuständen eine wichtige Rolle zu. *Sinnstiftende* Arbeit und Burnout-Prävention sind Themen, die alle angehen.

Kap. 6 befasst sich mit sportlicher Betätigung als wertvollem Ausgleich zu den Anforderungen im Beruf. Während in jüngeren Jahren, etwa bei Schülern, Studenten und Berufsanfängern, Schnellkraft-getriebene Sportarten im Vordergrund stehen, gewinnt mit zunehmendem Alter *Ausdauertraining* an Relevanz. Nach einem näheren Blick auf den Laufsport mit einigen Tipps für Anfänger beschäftigen wir uns mit dem Einfluss der Ernährung auf Sport und Körperbefinden.

Kap. 7 steht unter dem Motto „Stagnation bedeutet Rückschritt": Insbesondere in unserer modernen Zeit ist das Leben durch ständige *Veränderungen* bestimmt – obwohl sich jeder nach Stabilität sehnt. Derartige Veränderungsprozesse sind immer von bestimmten Gesetzmäßigkeiten geprägt. Eine Kraftfeldanalyse illustriert, welche Kontakte einem selbst Energie geben oder diese eher absaugen. Daneben sind Feedback von anderen und dessen Akzeptanz erfolgskritisch und essenziell für die Weiterentwicklung der eigenen Persönlichkeit.

Kap. 8 zeigt Alternativen für den Fall auf, dass es nicht gelingt, die bestehenden Arbeitsbedingungen für sich zu akzeptieren oder sie zur Erhöhung des Wohlbefindens zu verbessern. Außerdem wird erläutert, wie körpereigene Botenstoffe Glücks- und Euphoriegefühle entstehen lassen.

Die Anleitung zum Selbstmanagement, wie sie hier erklärt und zusammengefasst wird, soll Sie keineswegs dazu auffordern, sich vor Arbeit und Verantwortung zu drücken. Vielmehr möchte ich Sie ermuntern, stets Ihr Bestes zu geben und Ihre beruflichen Möglichkeiten zu nutzen, jedoch ohne sich in scheinbar ausweglose Situationen zu verrennen. Sie entwickeln sich so als Persönlichkeit und in Ihrer Stellung als Leistungsträger und vielleicht auch als Führungskraft zum Vorbild. Trachten Sie danach, Neues zu wagen und Ihre Chancen zu nutzen sowie selbstbestimmt zu agieren.[1]

im Januar 2021                                                    Dr. Guido Wenski

---

[1]Aus Gründen der besseren Lesbarkeit wird auf die gleichzeitige Verwendung geschlechtsspezifischer Sprachformen verzichtet. Sämtliche Personenbezeichnungen beziehen sich auf alle Geschlechter.

# Inhaltsverzeichnis

## Weitere Leseempfehlungen

# Über den Autor

**Guido Wenski,** promovierter Chemiker, wurde 1960 in Köln geboren und wuchs in Dormagen auf. Er kennt die Höhen und Tiefen, Chancen und Risiken des Berufslebens nicht nur aus der Theorie, sondern vor allem aus persönlicher Erfahrung. Nach technologisch und kaufmännisch geprägten Funktionen mit Fach- und Führungsaufgaben im In- und Ausland wagte er 2015 als selbstständiger Verhandlungstrainer, Berater und Autor den Sprung in die Selbstständigkeit – und hat dies bis heute nicht bereut. Seine Seminare in den Bereichen Selbstmanagement und Kommunikation sowie zu verschiedenen Verhandlungsthemen finden in deutscher und in englischer Sprache statt.

Der begeisterte Sportler und ehemalige Handballspieler hält sich inzwischen mit Laufen, Radfahren und Gymnastik fit. Ebenfalls bei Springer Gabler erschienen sind seine Bücher *Lösungsorientiert verhandeln im Technischen Vertrieb* (2019), *Beraterverkauf im globalen B2B-Equipment-geschäft* (2020) und *Nachhaltig verhandeln im Technischen Einkauf* (2020). Er ist Botschafter des *Sustainable Procurement Pledge* (spp.earth) und wohnt in Burghausen.

**Kontakt:**
guido@wenski-consulting.com
www.wenski-consulting.com

# 1

# Die Zukunft hat bereits begonnen

> Manchmal bringt es einen weiter, den allgemeinen Tunnelblick hinter sich zu lassen und in die Breite zu schauen. Um einen alternativen Zugang zum Selbstmanagement im Beruf zu finden, kann es helfen, sich mit Biografien von Menschen zu beschäftigen, die ihren Prinzipien treu geblieben sind und unbeirrt ihren Weg verfolgt haben.

Dieses Buch ist für jeden geschrieben, der an einem besseren Umgang mit sich selbst interessiert und der offen für neue Facetten ist. Von *Selbstmanagement* haben die meisten Menschen insbesondere im Angestelltenverhältnis eine gewisse Vorstellung. „Persönlichkeitsmanagement" und „Führung der eigenen Person" sind synonym gebrauchte Begriffe und „Zeitmanagement" ein vielfach strapaziertes Schlagwort.

## 1.1 Umgang mit der eigenen Arbeitskraft

Eine gängige Definition von Selbstmanagement ist:

> **Selbstmanagement** bezeichnet die Kompetenz, die eigene persönliche und berufliche Entwicklung weitgehend unabhängig von äußeren Einflüssen zu gestalten (Wikipedia 2020e).

© Der/die Autor(en), exklusiv lizenziert durch Springer Fachmedien Wiesbaden GmbH, ein Teil von Springer Nature 2021
G. Wenski, *Selbstmanagement im Beruf,* https://doi.org/10.1007/978-3-658-33249-5_1

Anders ausgedrückt kann also unter Selbstmanagement verstanden werden, dass man maßvoll mit den Ressourcen umgeht, die einem die Natur mitgegeben hat, und das Beste aus seinen Möglichkeiten macht. Im weiteren Sinne gilt dies natürlich auch außerhalb des beruflichen Bereichs, etwa bei Hobbys, Ehrenämtern oder der Pflege von Angehörigen. Im Detail hat aber jeder eine andere Vorstellung von der konkreten Ausgestaltung, und oft genug verstehen sogar Arbeitgeber und Arbeitnehmer etwas Verschiedenes darunter: Für Erstere ist der Erhalt der Arbeitskraft entscheidend, für Letztere sind individuelles Glück und Zufriedenheit das Ziel. Diese beiden Ausprägungen müssen sich jedoch nicht zwangsläufig widersprechen.

**Raubbau mit der Gesundheit**

Auch wenn keine zwei beruflichen Laufbahnen exakt vergleichbar sind, weisen bestimmte Entwicklungen, Elemente und Einflussgrößen Parallelen in den unterschiedlichsten Biografien auf. Dabei gleichen sich Erfolgsmuster, aber auch kleinere oder größere Fehler. Ein gravierendes Versäumnis betrifft den Blick auf sich selbst und den Umgang mit der eigenen Person. Aus Karrierestreben, Pflichtbewusstsein, Gewinnabsicht und einer Reihe weiterer Gründe wird zum Beispiel Raubbau mit der psychischen und physischen Gesundheit betrieben, was in den seltensten Fällen gerechtfertigt ist.

### Karōshi – „Tod durch Überarbeiten"

Als *Karōshi* (japanisch 過労死) bezeichnet man in Japan einen plötzlichen berufsbezogenen Tod. Todesursache ist meist ein durch Stress ausgelöster Herzinfarkt oder Schlaganfall. Als Wegbereiter für die Karōshi-Fälle gilt der rasante wirtschaftliche Aufstieg Japans nach dem Zweiten Weltkrieg. Mittlerweile ist anerkannt, dass Erwerbstätige nicht über Jahre hinweg an sechs bis sieben Tagen pro Woche mehr als zwölf Stunden arbeiten können, ohne körperlich und geistig darunter zu leiden. Das Phänomen ist auch in anderen vor allem ostasiatischen Ländern wie China (*Guolaosi*, 過勞死) und Südkorea (*Gwarosa*, 과로사) bekannt.

Neben Karōshi wird in Japan auch *Karōjisatsu* (過労自殺; „Selbstmord infolge von Überarbeitung") als Arbeitsunfall angesehen. Jeder Todesfall zieht gewöhnlich einen jahrelangen Rechtsstreit der Hinterbliebenen mit dem Arbeitgeber nach sich. Da Karōshi mittlerweile als haftungspflichtige Todesart juristisch anerkannt ist, verklagen immer mehr Angehörige von Karōshi-Opfern die jeweiligen Arbeitgeber auf Entschädigungszahlungen. Die offizielle Zahl der Karōshi/Karōjisatsu-Fälle in Japan liegt bei wenigen 100 pro Jahr – Experten schätzen die Dunkelziffer jedoch eher bei 9000 Fällen, vergleichbar der Zahl der Verkehrstoten in diesem Land.

**Abb. 1.1** Der richtige Weg – oft nicht leicht zu erkennen

Sie werden, nachdem Sie in diesem Buch geblättert und es im besten Fall auch komplett gelesen haben, nicht zwangsläufig grundlegend anders (sprich: besser!) mit Ihren persönlichen Ressourcen umgehen – dies anzunehmen wäre unrealistisch und vermessen. Unter Umständen kommen Sie bei der Lektüre zu dem Schluss: So schlecht gehe ich bisher ja gar nicht vor. Dies wäre ein wünschenswerter Zustand, aber das eine oder andere lässt sich vermutlich dennoch optimieren.

Sollten Sie Ihre Ansätze und sogar Ihr (Arbeits-)Leben generell verändern wollen, wird das bloße Lesen nicht ausreichen: Die Bereitschaft dazu muss von innen heraus kommen, durch intrinsische Motivation (Abschn. 4.1). Tipps, Ansätze und Vorschläge dazu finden Sie an der jeweiligen Stelle im Buch; suchen Sie sich das Passende für Ihre individuelle Situation heraus. Zwar sind Erfahrungen, die man selbst gemacht hat, wesentlich prägender und intensiver als solche, die man über kluge Ratschläge Dritter erhält. Doch etwas Hilfestellung kann nicht schaden, um sich die eine oder andere leidvolle Lektion zu ersparen und den richtigen Weg zu wählen (Abb. 1.1).

Je früher Sie sich in Ihrer Laufbahn mit den hier diskutierten Punkten beschäftigen, desto mehr kann es Ihnen nützen. Denn am Beginn Ihrer Karriere sind Sie aufgeschlossener für neue Ansätze, Ideen und Sichtweisen als später, wenn Sie nach vielen Berufsjahren vielleicht vor einer Beförderung ins obere Management stehen. Aber es bleibt zu hoffen, dass Sie auch dann noch willens und in der Lage sind, neue Einsichten und Erkenntnisse zu berücksichtigen.

### Günstige Rahmenbedingungen

Wir wollen mit einigen kollektiven Fehleinschätzungen aufräumen. Dieses Vorhaben beginnt mit einem ersten weitverbreiteten Irrtum, dem manche ältere Beschäftigte und Nostalgiker gerne unterliegen:

**Irrtum 1**

„Früher war alles besser."

Anders ausgedrückt: „Früher war mehr Lametta", der berühmte Satz aus dem Sketch *Weihnachten bei Hoppenstedts* von Loriot. Dies mag im wörtlichen Sinne allein aus Umweltschutzgründen korrekt sein, doch die Pauschalaussage von Irrtum 1 ist denkbar undifferenziert und stimmt in dieser Absolutheit sicherlich nicht für das Gros der deutschen Beschäftigten, um die es hier primär geht.

Die „guten alten Zeiten" – egal, ob man darunter nun die Phase nach der vorletzten Jahrhundertwende, die Goldenen 1920er Jahre oder die Wirtschaftswunderzeit nach dem Zweiten Weltkrieg versteht – brachten nie Glück und Zufriedenheit für alle. Und die Perioden dazwischen, mit den Kriegsverbrechen des Kaiserreichs, Nazi-Terror und DDR-Regime, zwei Weltkriegen und ihren desaströsen Folgen, haben die Generation meiner Großeltern sehr schmerzhaft gelehrt, dass früher keineswegs alles besser war. Das von Großvater Hoppenstedt vermisste Lametta dürfte daher auch als Anspielung auf den Militarismus vergangener Zeiten zu verstehen sein, zumal er seiner Familie im Sketch mit lauter Marschmusik auf die Nerven ging.

Die Folgen der Corona-„Krise" erscheinen vor diesem Hintergrund in unserem Land trotz Übersterblichkeit und wirtschaftlicher Eintrübung eher wie eine etwas stärkere Beeinträchtigung der normalen Abläufe, da von offizieller Seite dagegen konsequent angegangen wurde und wird. Nach einem starken Abfall der Leitindizes innerhalb von vier Wochen ab Ende Februar 2020 kehrte an den Börsen sehr schnell wieder Zuversicht ein, nicht zuletzt befeuert durch billiges Zentralbankgeld, niedrige Leitzinsen und hohe staatliche Unterstützung.[1]

---

[1]Man muss vermutlich kein Prophet sein, um den nächsten Einbruch vorherzusagen.

Doch in vielen Teilen der Welt sieht es aktuell nicht viel besser aus als bei uns in den genannten echten Krisenzeiten des 20. Jahrhunderts, blickt man etwa auf die Problemstaaten in Afrika und im Mittleren Osten. Wenn der eine oder andere Mitbürger die heutigen Verhältnisse in der Bundesrepublik kritisiert und vergangenen Zeiten und politischen Systemen nachtrauert, sollten folgende Fakten nicht übersehen werden:

- Wir leben seit über 75 Jahren im Frieden, eingebettet in stabile Staatenbündnisse (UN, EU, NATO etc.).
- Föderalismusprinzip und freiheitliche Grundordnung sind neuere, inzwischen selbstverständlich gewordene Privilegien.
- Verglichen mit vielen anderen Staaten verfügt Deutschland über ein sehr solides Gesundheits- und Altersvorsorgesystem.
- Die Lebenserwartung liegt trotz Defiziten im individuellen Verhalten mit über 80 Jahren sehr hoch. Von 1960 bis 2016 hat sich bedingt durch die gestiegene Lebenserwartung die Rentenbezugsdauer verdoppelt.
- Der enorme technische Fortschritt der letzten Jahrzehnte – von der Halbleiterelektronik bis zur künstlichen Intelligenz – bietet eine Fülle von Möglichkeiten.
- Deutschland ist Exportweltmeister und profitiert von der Nachfrage in anderen Staaten.
- Gesetzgebung und Tarifautonomie schützen Arbeitnehmerrechte weitgehend.

### Schönes Leben in Deutschland

Das Leben ist schön, vor allem in einer wirtschaftlich prosperierenden Republik wie der unsrigen. Als Tarifangestellter, der pünktlich um 16 Uhr mit dem Schichtbus nach Hause fährt, oder als Top-Manager, der in der ersten Klasse eines Transkontinentalflugs seinen Champagner trinkt, wird man derartige Vorzüge und Privilegien hoffentlich zu schätzen wissen und keineswegs als normal ansehen. Viele Menschen haben in früheren Zeiten für bessere Arbeitsbedingungen gekämpft und sogar mit dem Leben bezahlt. Selbst im Falle eines Arbeitsplatzverlusts, so schmerzlich er auch für die Psyche sein mag, drohen in Deutschland nicht unmittelbar Obdachlosigkeit und Hunger wie in anderen Teilen der Welt, sondern es greifen Sozialsysteme zur Absicherung (nicht zu reden von den teils überhöhten Abfindungen in den Top-Ebenen), und in der Regel erhält man irgendwo anders eine neue Chance.

**Den Blick in die Zukunft richten**

Mit diesem Pfund an Vorzügen im Rücken sollten wir den Blick in die Zukunft richten. Die Anerkennung der Tatsache, dass sich die Welt verändert hat und ständig zusätzliche Neuerungen zu erwarten sind, und die dazu notwendige Veränderungsbereitschaft werden darüber entscheiden, wie es in Zukunft weitergeht – mit Gesundheitspolitik, Wettbewerbsfähigkeit, Krisenprävention, Klima-, Energie- und Verkehrspolitik.

> Werden Sie Teil dieser Zukunft, gleich ob als Berufsanfänger oder gereifte Führungskraft, indem Sie Ihr Können und Ihre positive Aggressivität im Dienst der Gesellschaft und des technischen Fortschritts nutzen und sich einbringen. Achten Sie dabei jedoch immer auch auf sich selbst.

Bekanntlich gibt es kaum etwas, das man nicht noch besser machen könnte. Eine Menge an Problemen, die sich um das Kernthema Selbstmanagement gruppieren, ist hausgemacht und nicht in unvermeidlichen Umständen und Rahmenbedingungen begründet. Dazu zählen in Unternehmen unklare Zielsetzung, organisatorische Mängel und nicht nachvollziehbare Vorschriften ebenso wie Kommunikationsprobleme, menschliches Fehlverhalten und Führungsversagen. Dadurch werden in der Wirtschaft große Potenziale vernachlässigt, die mit der notwendigen Einsicht und geringem Aufwand zu beheben wären.

## 1.2    Lebensentwürfe

Jeder von uns dürfte von zahlreichen Biografien gehört haben, die ein weites Spektrum von Erfolg bis Misserfolg, von Erfüllung bis innere Kündigung, von Zufriedenheit bis Angst, Über- oder Unterforderung und gesundheitlichen Problemen abdecken. Wir werden nun drei fiktive Personen mit unterschiedlichem Werdegang auf der Basis vergleichbarer schulischer und sozialer Voraussetzungen betrachten und dabei feststellen, dass es keineswegs *den* einen glücklich machenden Karriereweg gibt, sondern dass man vor dem Hintergrund bestimmter, noch zu definierender Randbedingungen aus vielen Anforderungen etwas Sinnvolles machen kann oder selbst unter günstigen Rahmenbedingungen ein Scheitern leicht möglich ist.

**Beispiel 1**

**Der genügsame Patentanwalt**

Dr. Peter Tiefenbach wuchs in Coesfeld auf, einer kleinen Kreisstadt im westlichen Münsterland, und besuchte das dortige Gymnasium. Nach einem guten Abitur und zweijähriger Bundeswehrzeit entschied er sich für ein Chemiestudium und erhielt über die ZVS den gewünschten Studienplatz an der Heinrich-Heine-Universität Düsseldorf. Auf Diplomarbeit und Promotion in Physikalischer Chemie, jeweils mit vorzeigbaren Noten, folgten Wehrdienst und mit Anfang 30 verschiedene Bewerbungen bei den üblichen Arbeitgebern in der nordrhein-westfälischen und hessischen Großchemie sowie einigen kleineren Unternehmen im lokalen Umfeld.

Schon immer ein Mann des Wortes und nicht unbedingt darauf erpicht, auch die nächsten Jahre als experimenteller Forscher in Laboratorien zu verbringen, entschied sich Tiefenbach letztlich für ein Angebot im Düsseldorfer Hauptsitz eines Waschmittel- und Klebstoffkonzerns und nahm eine Stelle in der Patentabteilung an. Nach der Einarbeitungszeit begann er ein berufsbegleitendes Aufbaustudium als Patentanwalt und erhielt nach wenigen Jahren mit dem erfolgreichen Abschluss die Zulassung zum deutschen und später zum europäischen Patentamt.

In seinem Arbeitsfeld fühlte sich Tiefenbach stets recht wohl und bearbeitete vorwiegend Patentanmeldungen; die Kommunikation mit den Erfindern, die Umsetzung der teilweise erratischen Ideen in tragfähige Anmeldeunterlagen sowie deren Durchsetzung und Verteidigung bereiteten ihm Freude bereitet und verschafften ihm Erfolgserlebnisse. Nach knapp zehn Jahren verschoben sich seine Arbeitsschwerpunkte in Richtung Kartellrecht und Markenrecht. Dem Lockruf, zum deutschen oder gar europäischen Patentamt nach München zu gehen, folgte er nicht.

Peter Tiefenbach ist inzwischen Mitte 50 und sieht sich in seinem Job gut aufgehoben. Seine Vorgesetzten und Kollegen würdigen seine Arbeit und seine ruhige und ausgleichende Art. Ambitionen etwa auf eine Abteilungsleiterposition, einen Wechsel in einen anderen Fachbereich oder in die Selbstständigkeit hat er nicht. Falls ihm in absehbarer Zeit eine akzeptable Vorruhestandsregelung angeboten würde, wäre er nicht abgeneigt, diese anzunehmen – mit einem erfüllten Familienleben und verschiedenen Hobbys sieht er dieser dritten Lebensphase entspannt entgegen. Doch manchmal, ganz tief in seinem Inneren, nagen an Tiefenbach Zweifel, ob er nicht doch eine Veränderung hätte anstreben sollen.

Der Patentanwalt hat seine Chancen also nicht vollumfänglich genutzt, ist aber dennoch seinen beruflichen Weg gegangen und hat wertvolle Dienste für sein Unternehmen geleistet. Er ist mit seinem Werdegang allerdings nicht bis an die Grenzen des Machbaren gegangen wie der Protagonist in Beispiel 2.

**Beispiel 2**

**Der erfolgreiche Top-Manager**

Dr. Karl-Heinz Assmann hatte ähnliche Voraussetzungen für seine berufliche Karriere wie Tiefenbach. Nach einem Einser-Abitur studierte der gebürtige Wiesbadener an der Johann-Wolfgang-Goethe-Universität in Frankfurt a. M. ebenfalls Chemie. Zum Bundeswehrdienst musste er nicht einrücken, da er sich in seinem Heimatort zu einer Tätigkeit bei der Freiwilligen Feuerwehr verpflichtete – und auch heute, einige Jahrzehnte später, dort noch zahlendes Mitglied ist.

Mit einem sehr guten Diplom und einer *Summa-cum-laude*-Promotion in Organischer Chemie in der Tasche nutzte Assmann die sich bietende Gelegenheit für einen einjährigen Postdoc-Aufenthalt an der Universität Berkeley (Kalifornien). Mit 29 entschied er sich für eine Stelle als Arbeitsgruppenleiter in der Forschung bei einem großen Ludwigshafener Chemieunternehmen, wo er sich bald einen Ruf als fleißiger, zielstrebiger und sehr strukturierter Mitarbeiter mit Führungsqualitäten erwarb.

Nach einigen Jahren folgte eine Versetzung ins Technische Marketing, wo Assmann mehrere Außendienstler führte und auch selbst intensiven Kontakt zu Kunden hatte. Zu diesem Zeitpunkt – Mitte 30 – war er längst als Talent identifiziert und im sogenannten „Goldfischteich" des Unternehmens mit Potenzialträgern für Top-Führungsaufgaben gelandet. Wichtiger jedoch war, dass er bei einer Präsentation einem Spartenleiter positiv aufgefallen war, der ihn fortan als Mentor förderte und ihm Feedback gab.

Der nächste Schritt in der Karriereleiter schloss nahezu automatisch an: Assmann erhielt das Angebot, als technischer Leiter an einen Produktionsstandort des Unternehmens in die USA zu gehen, was ihn natürlich sehr freute und anspornte, und das er (nach Rücksprache mit seiner Familie, die sich auf den Auslandsaufenthalt freute) annahm. Er fand sich in seinem neuen Job schnell zurecht, wurde stellvertretender Standortleiter und – durch eine interne Personalrochade bedingt – nach gut zwei Jahren Niederlassungsleiter. Ihm gelang eine vernünftige Balance zwischen deutscher Gründlichkeit und amerikanischem Pragmatismus, indem er die strategischen Vorgaben aus dem Mutterhaus umsetzte, ohne den lokalen Entscheidungsträgern auf die Füße zu treten. Assmanns Konzept war das der „offenen Bürotür" – im Prinzip konnte jeder aus der Belegschaft zu ihm kommen, der etwas zu bereden hatte. Er war sich nicht zu schade, regelmäßig in der Nachtschicht aufzutauchen, um den Leuten an der Maschine zu zeigen, dass er sich für deren Belange interessierte.

Der Rest ist schnell erzählt: Assmann wurde nach erfolgreichem Ende seiner USA-Delegation jüngster Spartenleiter in der Geschichte des Unternehmens – auf genau der Stelle, die sein Mentor mit Eintritt in den Ruhestand gerade freigemacht hatte. Auch dort leistete er hervorragende Arbeit, vor allem bei einem wichtigen Kostensenkungsprogramm. Inzwischen ist er in den Vorstand berufen worden. Er hat – wie Tiefenbach – nie das Unternehmen gewechselt, war jedoch in vier oder fünf grundsätzlich verschiedenen Bereichen tätig. Die Faktoren Glück, Können und der Luxus eines wohlwollenden Mentors kamen bei ihm als Erfolgsfaktoren zusammen, und Karl-Heinz Assmann holte das Optimum aus seinen Möglichkeiten heraus. Er ist zufrieden, gesund, treibt Sport (Läufer) und ist einfach „normal" geblieben – zumindest empfinden seine Zeitgenossen dies so.

Doch es kann auch anders ablaufen – „das Leben ist kein Ponyhof", wie man so schön sagt. Die Titelfigur in Beispiel 3 führt drastisch die Gefahren von fehlendem bzw. inadäquatem Selbstmanagement im Beruf vor Augen.

---

**Beispiel 3**

**Schicksal eines Handlungsreisenden.**
Sigmund Falkenhahn war schon immer ein freundlicher, offener Zeitgenosse, zwar der eher unsportliche Typ, dafür bereits als Jugendlicher ein ausgezeichneter Schachspieler, der für seinen Verein auf Turnieren antrat. Seine guten Noten in Mathematik reichten aber leider nicht aus, um seine Unlust in anderen Fächern zu kompensieren, und so musste er in der Mittelstufe am Gymnasium einer hessischen Kleinstadt eine Klasse wiederholen und bekam mit 20 ein mittelprächtiges Abiturzeugnis. Wegen eines Herzklappenfehlers wurde er ausgemustert.

Nach zwei Semestern Physikstudium (mit viel Mathematik) an der Universität zu Köln merkte Falkenhahn – auch bedingt durch schlechte Prüfungsergebnisse –, dass Physik wohl doch nicht sein Steckenpferd ist, wechselte quasi über die Straße ans Mineralogische Institut und erhielt dort einige Jahre später sein Diplom. Die etwas längere Studiendauer war weniger seiner mangelnden Begeisterung oder fehlendem Talent geschuldet als vielmehr der Tatsache, dass Falkenhahn gezwungen war, seine Finanzen durch diverse Nebentätigkeiten am Lehrstuhl und als Kellner in der nahen Gastronomie aufzubessern.

Auf Arbeitssuche im dritten Lebensjahrzehnt musste er realisieren, dass niemand auf ihn gewartet hatte. Allerdings fand er nach zahlreichen erfolglosen Bewerbungen eine Stelle als Pharmareferent. Hier stellten sich bald Erfolge ein, und sein Arbeitsgebiet vergrößerte sich zunehmend. Er schaffte es durch seine offene und kommunikative Art, Ärzte und Krankenhäuser von der Leistungsfähigkeit der Produkte seines Auftraggebers zu überzeugen, und betrieb zielorientiertes Networking. Bald war er auch mit der Ausrichtung von Schulungen, Tagungen und sozialen Veranstaltungen für seine Kunden beschäftigt.

Mit dieser Erfahrung wechselte Falkenhahn acht Jahre später innerhalb der Branche und war für die Vermarktung von Krankenhausartikeln aller Art zuständig. Sein Verantwortungsgebiet erstreckte sich im Wesentlichen auf Mitteleuropa; er hatte eine Handvoll Gebietsleiter unter sich und war mächtig stolz auf seine Karriere. Zu seinen Kunden pflegte er sehr gute Kontakte, und die Verkaufszahlen stimmten. Während er in seinem Job als Pharmareferent meist auf Tagestouren unterwegs war und maximal 50 Nächte pro Jahr im Hotel schlief, waren es jetzt eher 100 bis 150 Hotelübernachtungen, und er verbrachte deutlich mehr Zeit unterwegs als in Hamburg, wo er inzwischen wohnte.

Wann es genau passiert ist, dass die Dinge aus dem Ruder liefen, lässt sich nicht mehr rückverfolgen. Leider hat Sigmund Falkenhahn es nie geschafft, eine längerfristige Bindung einzugehen und eine Familie zu gründen. Gleichzeitig führte sein Reise- und Stressjob dazu, dass er mangelnde sportliche Betätigung durch Essen und Alkoholkonsum kompensierte. Als erfolgreicher Entertainer seiner Kunden war er beliebt, ging gewöhnlich als Letzter und konnte solide Geschäftsabschlüsse vorweisen. Mit Anfang 40 hatte er 25 kg

Übergewicht, und auch wenn er allein feiern ging, war sein Bierdeckel am Ende so voll wie er selbst.

Mit einer Wirtschafts- und Branchenkrise stieg der Verkaufsdruck weiter an und ebenso seine Trinkmenge. Kurze Zeit später erlitt Falkenhahn einen Herzinfarkt und lag tagelang in Lebensgefahr auf der Intensivstation. In der Reha wurde ihm klar (gemacht), dass er alkoholkrank war und neben einem notwendigen Entzug dringend abspecken musste. Das war kein leichter Weg, jedoch hat er immerhin überlebt. Er nahm ab, rührte seitdem keinen Tropfen Alkohol mehr an und kehrte nach einem halben Jahr zu seinem Arbeitgeber zurück. Wegen der angeschlagenen Gesundheit konnte er seine bisherige Tätigkeit nicht mehr ausüben und erhielt einen Schreibtischjob.

Ein paar Jahre später – mit nicht einmal 50 Jahren – wurde er mit der Diagnose „Arbeitsunfähigkeit" in den vorzeitigen Ruhestand geschickt. Sigmund Falkenhahn, der in jüngeren Jahren nie eine entsprechende Versicherung abgeschlossen hatte, befindet sich in der glücklichen Lage, vor 1961 geboren zu sein, sodass er von der gesetzlichen Rentenversicherung eine Berufsunfähigkeitsrente erhält. Zusammen mit einer kleinen Unternehmensrente seines zweiten Arbeitgebers kommt er einigermaßen über die Runden und ist letztlich froh darüber, nach seinem Absturz noch am Leben zu sein. Er hat auch wieder begonnen, Schach zu spielen.

Solche und ähnliche Biografien kann man zuhauf in Wirtschaftspresse und Coaching-Literatur lesen, und insbesondere beim Beispiel des erfolgreichen Top-Managers Karl-Heinz Assmann mag sich der eine oder andere denken: „Wow, ich wünschte, das wäre meine Vita." Doch will man das wirklich – eine Kaminkarriere und nach objektiven Maßstäben äußerst erfolgreiche Führungslaufbahn, für die man möglicherweise bis an die Grenzen der körperlichen und mentalen Belastbarkeit gehen muss? Ist Assmann zufriedener als der genügsame Patentanwalt Tiefenbach, der seine Berufung gefunden hat (auch wenn mancher Karriereberater zu diesem sagen würde: „Junge, bist du denn überhaupt nicht mehr neugierig?!")? Welche Erkenntnisse lassen sich aus dem Negativbeispiel Sigmund Falkenhahn ziehen, den Erfolg, die Anforderungen der Arbeitswelt und mangelnde Selbstdisziplin brutal aus der Bahn geworfen haben?

### Zufriedenheit als Zielgröße

Die zu optimierende Zielgröße ist *Zufriedenheit* des einzelnen Beschäftigten, was zwischenzeitliche Glücksgefühle durchaus beinhaltet. Diese Zufriedenheit fällt einem nicht in den Schoß, sondern will erarbeitet werden: Das Glück, das Sie beispielsweise über einen Lottogewinn ereilt, bewirkt in den meisten Fällen nicht dieselbe tiefe, länger anhaltende Zufriedenheit wie die geglückte Anwendung einer durch viel Training erworbenen Fähigkeit oder Ihr hart erarbeiteter beruflicher Aufstieg oder Erfolg.

Berufliche Zufriedenheit lässt sich als Folge verschiedener Einfluss-faktoren auffassen, wie wir noch anhand von Ursache-Wirkungs-Dia-grammen sehen werden, und durch geeignete Maßnahmen gezielt fördern. Grundlegende Voraussetzung ist die Zielerreichung, was man als „beruflichen Erfolg" bezeichnen könnte. Dieser Erfolg beruht auf einer Kombination von Glück (im Sinne von Zufall), Können und Unterstützung durch Dritte und wird mit der Erfolgsgleichung in Abschn. 3.4 auf den Punkt gebracht; der Top-Manager Assmann dürfte dabei auf relativ hohe Werte kommen.

Für den bewussten Umgang mit den eigenen Ressourcen ist eine aus-geglichene *Work-Life-Balance* (Abschn. 5.5) erforderlich, in die Aspekte wie Selbstbestimmung am Arbeitsplatz, Ausgleich durch Familie und Freunde, Hobby und Sport sowie der Umgang mit positiver und negativer Energie einfließen. Der dazu erforderliche Selbstschutzmechanismus hat beim Handlungsreisenden Falkenhahn ebenso versagt wie die Fürsorgepflicht seines Arbeitgebers.

Eine weitere wesentliche Voraussetzung zur Erlangung von Zufrieden-heit ist die *Stabilität* des Umfelds (Abschn. 7.5). Während die Grundbedürf-nisse und die politisch-gesellschaftlichen Bedürfnisse in unserem Staat erfüllt werden, sind eine sichere Stelle mit Perspektiven und ein geregeltes Ein-kommen daraus für die wirtschaftliche Stabilität maßgeblich. Negative Ein-flüsse verschiedener Art stellen wie ein Damoklesschwert eine stets lauernde Gefahr für Instabilität dar. Der genügsame Patentanwalt Peter Tiefenbach ist ein Zeitgenosse, der diese Stabilität und Planbarkeit zu schätzen weiß und das Risiko eher scheut.

## 1.3    Kraftwerk als Ideengeber

Ich hatte bereits angedeutet, dass ich mich seit längerem mit den ver-schiedenen Aspekten des Selbstmanagements beschäftige – mit dem Ziel, Ansatzpunkte für mehr Zufriedenheit vor allem im Berufsleben zu finden. Auf der Suche nach einem griffigen Konzept für Seminare und Coachings – und ebenso für das vorliegende Buch – haben mir meine Hobbys Sport und Musik geholfen. Beginnen wir mit Letzterem.

> **Kraftwerk, Pioniere des Elektropop**
>
> 1970 starteten Florian Schneider und Ralf Hütter das Musikprojekt *Kraftwerk* und hoben sich damit von der Schlagerbranche der 50er- und 60er-Jahre ab.

In ihrem Gründungsjahr galten Kraftwerk zwar bereits als Avantgarde-Band, ihre Sounds waren jedoch noch ausschließlich handgemacht. Bei ihren ersten Auftritten wurden die Düsseldorfer Ton-Architekten manchmal ausgebuht. Die britische Presse nannte die zu dieser Zeit entstehende deutsche Rockszene spöttisch „Krautrock", da sie qualitativ an die englischen Standards nicht heranreichte.

Die ersten drei Kraftwerk-Alben von Hütter und Schneider waren noch teilweise akustisch und experimentell ausgerichtet und zu einem Großteil mit elektronisch verfremdeten konventionellen Instrumenten entstanden. Die vierte LP *Autobahn* brachte den Durchbruch. Mit der 1975 aufgenommenen fünften LP, dem Konzeptalbum *Radio-Aktivität*, wechselte Kraftwerk vollständig zu elektronischer Instrumentierung und entwickelte dazu selbst neue Klangapparate. Durch Nutzung des Potenzials elektronischer Instrumente widerlegten die Tüftler Hütter und Schneider das Vorurteil, dass elektronische Musik gefühlskalt sei.

## Kraftwerk und Selbstmanagement

Interessanterweise bestehen gewisse Verbindungen zwischen dem Schlagwort *Selbstmanagement* und der Gruppe Kraftwerk mit ihrer Musik:

- Kraftwerk vermarktete weltweit erfolgreich bereits 1974, Jahre vor der Neuen Deutschen Welle und entgegen sämtlicher Markttrends, Liedtexte in deutscher Sprache („fahr'n, fahr'n, fahr'n auf der Autobahn"). Mit dem Elektropop hatte die Gruppe darüber hinaus etwas völlig Neues ausprobiert, das Trendsetter-Charakter besaß, und war auch dabei Vorreiter.
- Zur Zeit des Erscheinens von *Radio-Aktivität* passten die Mitglieder der Gruppe ihr Äußeres dem neuen Image an. Mit dem Abrasieren der Bärte und dem Stutzen der Haare verwandelten sich die Musiker von zotteligen Hippies in ultramoderne Toningenieure, die auf Plattencovern und Bühne eher wie Steuerberater als wie zeitgenössische Rock- und Popmusiker wirkten (Abb. 1.2).
- Sie taten dies selbstbestimmt und nicht, weil ihr Musikverlag es so wollte: Nach dem Erfolg von *Autobahn* beenden sie die Zusammenarbeit mit Philips und gegründeten 1974 ihr eigenes Indie-Label (Kling-Klang). Dadurch konnte Kraftwerk – in Verbindung mit dem dazu passenden Auftreten und der entsprechenden Kleidung – gleichzeitig die Unabhängigkeit wahren und weiterhin selbstbestimmt agieren.

Die Verbindung von deutschsprachigen Liedtexten mit innovativer Instrumentalmusik und einem grundlegend veränderten Erscheinungsbild, um sich vom damaligen Mainstream abzuheben, lässt sich knapp

**Abb. 1.2** Kraftwerk im Jahr 1976: Ralf Hütter, Karl Bartos, Wolfgang Flür und Florian Schneider (v. l.). (Foto: Ueli Frey. CC BY-SA 3.0, Wikipedia 2020d)

zusammenfassen als *Neues wagen und Chancen nutzen*. Und durch Schaffung ihres eigenen Labels wurde die *Selbstbestimmung* der Musiker erhalten bzw. noch verstärkt. Dieses Beispiel mag auch andere dazu ermuntern, eingetretene Pfade und damit die Komfortzone zu verlassen – die Belohnung liegt allerdings meist hinter dem Horizont. Einführung von Veränderungen, Abgrenzen vom Bestehenden, Setzen eigener Akzente: dadurch entwickeln Sie sich weiter und bringen etwas auf die Spur.

In diesem Zusammenhang ist es sinnvoll, Prinzipien zu definieren, denen Sie jederzeit treu bleiben: eine Art moralischer Kompass. Tun Sie nichts gegen Ihre Überzeugung und Ihre Grundwerte – etwa durch selbstzerstörerisches Verhalten, skrupelloses Vorgehen, Regelverstöße oder ethisch fragwürdiges Tun, Ungerechtigkeit und Intoleranz.

## 1.4  Neues wagen, Chancen nutzen, selbstbestimmt agieren

Lassen Sie uns das Motto dieses Buchs etwas genauer unter die Lupe nehmen.

**Neues wagen**
Die Menschheit hat immer wieder Innovationen hervorgebracht, die auf die Taten Einzelner zurückzuführen sind. Dabei wird gewöhnlich auf

Bestehendes aufgebaut, um den gegenwärtigen Zustand zu verbessern, Defizite zu beheben bzw. zu minimieren oder sonstige Vorteile aus der neuen Situation zu ziehen, seien es Ruhm und Ehre oder monetärer Zugewinn. Mit eindrucksvollen Beispielen von Erfindern und Entdeckern, ihren originellen Taten und Leistungen lassen sich ganze Bibliotheken füllen. Viele von ihnen haben das kollektive Wissen extrem bereichert und die Welt verändert.

Doch nicht nur in den Wissenschaften (seien es MINT-Disziplinen oder nicht-technische Fächer) ist der Drang nach neuen, originellen Lösungen seit dem Altertum zu beobachten, sondern auch in der Musik, wie das Beispiel *Kraftwerk* zeigt. Angefangen mit der klassischen Musik über Swing, Jazz und Rock 'n' Roll bis zu den verschiedensten Rock- und Pop-Ausrichtungen unserer Jahre gab es eine Vielzahl von Entwicklungen, die beim Publikum ankamen. Komponisten und Interpreten wie Bach, Beethoven, Dave Brubeck, Chuck Berry, die Beatles und BAP nutzten ihre Chancen, schufen Neues und setzten sich durch Abheben vom Bestehenden beim kritischen Publikum durch – während andere, glücklosere Künstler schnell in der Versenkung verschwanden.

Im Bereich des Sports (s. Kap. 6) lassen sich ebenso zahlreiche Innovationen finden, die den nachhaltigen Wert von Neuentwicklungen und wahrgenommenen Chancen belegen. Die deutsche Fußballnationalmannschaft hätte ohne die von Zeugwart Adolf („Adi") Dassler entwickelten Fußballschuhe mit Schraubstollen 1954 vermutlich nicht das WM-Endspiel gewonnen. Weil es am Spieltag regnete, konnten die deutschen Spieler die Vorteile der gewonnenen Standfestigkeit nutzen.

In vielen weiteren Sportarten haben neben optimiertem Training und angepasster Ernährung vor allem Materialentwicklungen zu verbesserten Leistungen geführt. Doch auch unabhängig von der Hardware gab es immer wieder Hingucker: Ebenfalls 1954 hatte der durch Spielertrainer Bernhard Kempa bei Frisch Auf Göppingen entwickelte *Kempa-Trick* im Handball Premiere. Der Hochspringer Dick Fosbury aus Portland/Oregon gewann mit einer revolutionären neuen Technik 1968 in Mexiko-City die Goldmedaille. Im Skispringen konnten durch die Änderung der Körperhaltung im Laufe der Jahre zunehmend größere Weiten erreicht werden.

> Seien Sie Neuem gegenüber aufgeschlossen.

Der Brückenschlag zum Beruf außerhalb von Sport und Musik – etwa als Angestellter in der Wirtschaft oder als Selbstständiger – fällt nicht sonderlich schwer: Auch hier muss ab und an die Komfortzone verlassen werden, indem man innovativ tätig wird und mitunter Risiken akzeptiert.

### Chancen nutzen

Bei der zweiten Komponente unseres Mottos geht es unter anderem um die notwendige Bereitschaft zum lebenslangen Lernen in allen Altersgruppen. Man sollte innovativen Ideen und Prinzipien eine Chance geben und etwas Neues wagen. Jobrotation, standortübergreifende Versetzung und Arbeitgeberwechsel zählen zweifellos dazu. Der Feststellung, dass die Welt weiter zusammenwächst, wird vermutlich kaum jemand widersprechen – die Globalisierung ist Fakt, ob wir das wollen oder nicht.

> Nutzen Sie die Chancen, die Ihnen das Leben bietet.

Gleichermaßen sinnvoll ist das Bestreben, qualitativ saubere und hochwertige Arbeit abzuliefern und stets sein Bestes zu geben – sei es beim Verfassen eines Berichts, beim Halten eines Vortrags oder der Führung einer Organisationseinheit. Dabei ist sicherlich derjenige im Vorteil, der trotz hoher Verantwortung und Belastung locker und entspannt bleibt. Allerdings gilt es auch, Gelegenheiten für die Weiterentwicklung zu erkennen; dies kann ein Stellenwechsel im Unternehmen (auch eine Querversetzung) ebenso sein wie die Betreuung eines neuen Projekts oder die Wahrnehmung von Sonderaufgaben.

### Selbstbestimmt agieren

Ein weiteres Beispiel aus der Musikszene zum Thema Selbstbestimmung als dritte Komponente ist Dave Brubeck.

> **Dave Brubeck**
>
> Der Kalifornier David Warren „Dave" Brubeck war ein US-amerikanischer Jazzpianist, Komponist und Bandleader (Abb. 1.3). Die *Zeit* nannte ihn im Nachruf den „Johann Sebastian Bach des Jazz" (Vensky 2012). Und in der Tat hat er mit der Entwicklung des *Modern Jazz* Neues gewagt und ein weiteres Kapitel der Jazzgeschichte eröffnet. Noch als Student startete Brubeck mit dem Saxophonisten Paul Desmond ein Oktett, aus dem das bis 1967 bestehende legendäre *Dave Brubeck Quartet* hervorging (Abb. 1.4). Der akademische Stil des Quartetts wurde ein zentraler Bestandteil des Westküsten-Cool-Jazz der Fünfziger- und Sechzigerjahre. Der Durchbruch gelang 1959 mit dem Album *Time out,* das mit ungeraden Taktmaßen (z. B. in *Take Five*) eine Abkehr vom Jazz-typischen 4/4-Takt bedeutete.

**Abb. 1.3**  Dave Brubeck im Jahr 1964. (Foto: Jac. de Nijs. CC BY-SA 3.0, Wikipedia 2020a)

**Abb. 1.4**  Das Dave Brubeck Quartet: Joe Morello, Eugene Wright, Dave Brubeck, Paul Desmond (v. l.). Abschiedskonzert in der Kongresshalle Frankfurt/Main 1967. (CC BY-SA 3.0, Wikipedia 2020b)

Als nicht rauchender, weder Alkohol noch Drogen konsumierender Musiker war Brubeck der Antipol des Klischee-Jazzers, ein Gentleman im besten Sinn. Neben 250 von ihm geschriebenen Stücken war sein lebenslanges Engagement gegen Diskriminierung und Intoleranz bemerkenswert. So spielte in seinem Quartett der schwarze Bassist Eugene Wright. Daran entzündete sich eine Menge Ärger im rassistisch geprägten Amerika. Sogar an Universitäten und Colleges gab es im Rahmen von geplanten Auftritten Probleme: nicht von den Studenten, sondern durch die Leitungen, die den Verlust staatlicher Förderung befürchteten. Doch Dave Brubeck weigerte sich konsequent, beim Thema Rassismus Boden preiszugeben und Eugene Wright durch dessen weißen Vorgänger im Quartett zu ersetzen (s. z. B. Bolger 2013).

Es braucht Menschen und Vorbilder wie Dave Brubeck, die kompromisslos gegen solche Zustände angehen. Auch in Deutschland ist es leider so, dass einigen Gruppen der Bevölkerung klare Grenzen aufgezeigt werden müssen, denkt man etwa an Fremdenfeindlichkeit und faschistisches Gedankengut. Es kann sich aber auch um Mobbing am Arbeitsplatz, Gewalt gegen Frauen, Korruption und viele andere negative Dinge handeln, die Gesellschaften innerlich aushöhlen und schädigen. Wichtig ist, sich von derartigen Strömungen nicht vereinnahmen zu lassen, sondern aktiv und selbstbestimmt dagegen anzugehen.

Legen Sie im privaten und beruflichen Umfeld Wert auf Selbstbestimmung.

### Selbstbestimmung im Arbeitsleben

**Selbstbestimmt** heißt so viel wie eigenständig, eigenverantwortlich, nach eigenem Willen. Weitere Synonyme sind autark, autonom, emanzipiert, selbstständig, souverän, unabhängig, ungebunden – durchweg positiv belegte Adjektive.

In Zusammenhang mit Wirtschaftsunternehmen herrscht die Meinung vor, leitende Angestellte seien Arbeitnehmer, die sehr viel Eigenverantwortung tragen und eher selbst- als fremdbestimmt arbeiten – ihre Arbeitgeberfunktion rechtfertigt unter anderem Sonderregelungen im Kündigungsschutzgesetz und im Betriebsverfassungsgesetz.

Aber die Realität in den Betrieben sieht anders aus, und der Begriff Selbstbestimmung hat in manch traditionellem Unternehmen einen gar anarchischen Beigeschmack: Jeder macht nach dort vorherrschender Meinung, was er will, und mancher drückt sich gar vor der Arbeit. Doch welcher Angestellte träumt nicht von Zeit zu Zeit davon, völlig selbstbestimmt zu arbeiten und sein eigener Boss zu sein? Kein Druck von oben, keine Ungerechtigkeiten, kein Gefühl mehr, unter ständiger Beobachtung zu stehen und alles richtig machen zu müssen. Nicht mit als sinnlos empfundenen Tätigkeiten beschäftigt zu werden, Arbeiten, die den persönlichen Werten oder Vorstellungen widersprechen.

Die meisten Beschäftigten tun, was ihnen vorgegeben wird. Sie möchten schließlich zu Recht ihre Arbeit gut erledigen und bei ihren Vorgesetzten einen positiven Eindruck hinterlassen. Sind die Vorgesetzten allerdings inhaltlich weit weg und die Anerkennung des Mitarbeiters fehlt oder kommt zu kurz, beginnt eine Frust-Spirale. Der Mitarbeiter fühlt sich für seine Leistungen nicht ausreichend wertgeschätzt und würde – wenn er entscheiden könnte – vieles anders machen. Und es gibt Fachleute, die genau dies vorschlagen: Machen Sie das!

> Nutzen Sie Ihre Handlungsspielräume. Richten Sie sich Ihren Job ein. Sie haben mehr Gestaltungsfreiheit, als Sie vielleicht heute denken.

Welchen Stellenwert besitzen die Werte Freiheit oder Unabhängigkeit für Sie in Ihrem Berufsleben? Woran würden Sie erkennen, dass diese Werte erfüllt sind? Was sind Ihre Optionen? Freiheit kann Freiheit der Gedanken, der Entscheidungen und des Handelns bedeuten – in gewissen Grenzen, denn es liegt auf der Hand, dass Sie als Angestellter nie so unabhängig entscheiden können wie ein Selbstständiger (dafür ist Ihr Risiko aber auch geringer).

In aller Regel ist es angezeigt, die angestrebte Selbstbestimmung am Arbeitsplatz sukzessive zu realisieren, in kleinen Schritten mit einem klaren Blick auf das Ziel einer weitgehenden Autonomie. Dabei ist sowohl auf den Zwang der Gruppe als auch die Möglichkeiten und Vorgaben der Leitung Rücksicht zu nehmen – anerkannte Quertreiber und Revoluzzer haben meist kein entspanntes Leben. Bei allem nachvollziehbarem Drang nach eigenverantwortlichem Agieren müssen Professionalität und Optimierung des Arbeitsergebnisses stets im Vordergrund stehen.

Mit den folgenden Fragen und Denkanstößen können Sie mit relativ wenig Aufwand Ihre Selbstbestimmung erhöhen:

**Fragen**

- Stellen Sie sich vor, Sie sind für einen Tag Chef des Unternehmens. Welche Dinge würden Sie als erstes verändern? Was davon ist realistisch? Überlegen Sie sich, ob es eine Chance gibt, dass Sie etwas zu dieser Veränderung beitragen können. Wer kann Sie dabei unterstützen?
- Hinterfragen Sie bestehende Automatismen bei Ihrer Arbeit. Ist alles sinnvoll, was Sie tagtäglich tun, oder möchten Sie Teile davon verändern? Besprechen Sie die Veränderung mit Kollegen und Ihrem Vorgesetzten –

viele Organisationen freuen sich über Verbesserungsvorschläge von Mitarbeitern.

- Sehen Sie sich kritisch an Ihrem Arbeitsplatz um. Fühlen Sie sich dort wohl? Was können Sie persönlich daran verändern oder im Unternehmen vorschlagen, damit der äußere Rahmen Ihren Wünschen und Vorstellungen stärker entspricht?
- Was stört Sie an Ihren Kollegen? Sie haben es in der Hand, ob Sie Reibungspunkte ansprechen und damit vielleicht Ihre Situation verbessern. Doch seien Sie diplomatisch!
- Machen Sie eine Liste mit Dingen, die Ihnen im Job Freude bereiten. Denken Sie auch an frühere Stellen: Was hat Ihnen damals besonders zugesagt? Was können Sie tun, um diese Dinge auf Ihrer jetzigen Position wiederzubeleben?

Die Übernahme von Selbstverantwortung hat viel mit Veränderungsmanagement und dem Verlassen der Komfortzone zu tun (Abschn. 7.2). Man sollte damit aufhören, sich zurückzulehnen und über die Kollegen und das Management zu jammern, die einem das Leben so schwermachen, sondern vielmehr aktiv eine Veränderung herbeiführen. Arbeit darf Freude machen – Sie haben es vielfach selbst in der Hand. Selbstbestimmt zu arbeiten bedeutet auch, Verantwortung für das eigene Leben zu übernehmen.

Jede Veränderung ist mit Unsicherheit und Ungewissheit verbunden – der Angst zu scheitern, unabhängig von der bekleideten Funktion und Hierarchieebene. Allerdings: Wann haben Sie zuletzt eine Entscheidung getroffen, die Sie heute noch ausdrücklich bereuen? Vermutlich fallen Ihnen gar nicht so viele Beispiele ein. Doch sogar Fehleinschätzungen bringen uns durch den Lerneffekt und die Veränderung schlechthin im Leben oft vorwärts. Ist es wirklich attraktiver, einen gewohnten, aber unliebsamen Zustand auszuhalten, als etwas Neues auszuprobieren und damit den Horizont zu erweitern?

Modern geführte Unternehmen fördern die Selbstbestimmung ihrer Mitarbeiter durch gezielte Maßnahmen, denn die Entscheidungsträger wissen, dass dadurch eine höhere Leistung abgerufen werden kann. Negative Phänomene wie Frustration, Dienst nach Vorschrift und innere Kündigung (Abschn. 3.3) lassen sich so deutlich reduzieren und die Motivation und den Leistungswillen aller steigern. Vergessen Sie nicht: Die Selbstbestimmung, die Sie selbst anstreben (sollten), müssen Sie als Führungskraft auch Ihren Mitarbeitern zugestehen.

Selbstbestimmt arbeiten kann sehr wohl Kürzertreten bedeuten. Auch wenn hierzulande das bewusste *Downshifting* (s. Abschn. 5.2) sowohl von Unternehmen als auch von Angestellten noch als gesellschaftlich problematisch angesehen wird, zeigt sich in den letzten Jahren ein stärker werdender Trend in diese Richtung. In einigen skandinavischen Ländern wird eine solche Belastungsreduktion als ganz normal betrachtet. Es geht nicht immer darum, weniger zu arbeiten. Vielmehr können ganz simpel eine ausgeglichene Work-Life-Balance und mehr Erfüllung im Beruf das realistische Ziel sein.

> **Erfüllung** bezeichnet umgangssprachlich den gesteuerten oder ungesteuerten Eintritt von Befriedigung im Hinblick auf ein begehrtes Ziel. Der Begriff wird – was hier nicht das Thema sein soll – im negativen Sinne auch beim Eintritt unerwünschter, befürchteter Ereignisse verwendet.

Gleichzeitig hilft Downshiften auch, Schäden durch zu hohe berufliche Belastungen vorzubeugen. Stresskrankheiten wie Erschöpfung, Depression und Burnout sind oft hausgemacht (s. auch Abschn. 5.1). Gesund werden Betroffene, wenn sie ihr Leben eigenverantwortlich in die Hand nehmen. Fremdbestimmung verursacht Stress, und die Ausweitung der Selbstbestimmung ist ein entscheidender Meilenstein auf dem Weg zum Erfolg und das Mittel gegen Stress schlechthin.

## 1.5    Einzelkämpfer und Gruppen

Der Mensch ist ein Gesellschaftswesen, und die meisten von uns befinden sich in einem mehr oder weniger verzweigten Beziehungsgeflecht mit anderen und fühlen sich wohl darin. Während der mit Abstand längsten Zeit ihres Daseins lebten Menschen ausschließlich in Gruppen und Dorfgemeinschaften, die sich nach außen abschotteten. Die Gründe dafür waren einleuchtend und fußten auf purem Überlebenswillen: Fremde brachten Unfrieden und Zwist, waren Nahrungs- und Revierkonkurrenten und bargen – was man früher natürlich nicht zu deuten wusste, aber wohl dennoch ahnte – das Risiko, todbringende Infektionskrankheiten in die eigene Gemeinschaft einzuschleppen. Leider haben viele Zeitgenossen dieses evolutionsgeschichtlich sinnvolle Verhalten der Abschottung auch in unserer modernen technisierten und globalisierten Welt bisher nicht ablegen können; anders lässt sich die verbreitete Fremdenfeindlichkeit in modernen Gesellschaften kaum erklären.

**Im ständigen Dialog mit anderen**
Der Kontakt zwischen Menschen betrifft heute alle Bereiche des Lebens, sowohl den privaten als auch den beruflichen Sektor. Sogar wer für sich allein arbeitet, steht im permanenten Austausch mit Geschäftspartnern: Handwerker haben mit Kunden zu tun, Senner mit den Bauern, Vorgesetzte mit Mitarbeitern. Lehrer verbringen viele Stunden mit ihren Schülern und am Schreibtisch und wenig Zeit mit Kollegen (worunter die Kooperation nachweislich leidet). Viele Ärzte und Juristen sind ebenfalls als Einzelkämpfer und seltener in Teams beschäftigt. Doch die überwiegende Anzahl der Werktätigen arbeitet nicht als Solist oder freier Mitarbeiter, sondern permanent in einem Kollektiv mit einer Reihe von internen und externen Kontakten zusammen, als Mitarbeiter, Kollege oder Vorgesetzter.

Die professionelle Kooperation ist ein hervorragendes Beobachtungs- und Aktionsfeld für angewandte Psychologie und Soziologie. In Gruppen können sich ihre Mitglieder gegenseitig zu Höchstleistungen antreiben oder auch negativ beeinflussen und herunterziehen. Das Urteilsvermögen von Individuen wird unter Umständen durch eine (sogar falsche) Mehrheitsmeinung beeinflusst, wie etwa das bekannte Konformitätsexperiment von Solomon Asch bereits 1951 gezeigt hat. Seine Untersuchungen belegten eindrucksvoll, wie Gruppenzwang eine Person so zu manipulieren vermag, dass sie eine offensichtlich falsche Aussage als richtig bewertet; es ging um eine so simple Aufgabe wie den Vergleich der Länge von Linien (Wikipedia 2020c). Kritiker, die die Mehrheitsmeinung oder tradierte Vorstellungen anzweifeln, sind nicht selten unbeliebt.

> Sich gegen eine Gruppe zu stellen kann den Ausschluss bedeuten, was in früheren Zeiten oft einem Todesurteil gleichkam.

So vielfältig, wie die einzelnen Charaktere sind, die täglich miteinander zu tun haben, so kompliziert sind Netzwerke und Umgangsformen, Führungsverhalten und Konsenserzielung, Gruppendynamik und die ungeschriebenen Gesetze – kurzum das, was in der Wirtschaft die *Unternehmenskultur* ausmacht.

Wenn Sie in einem neuen Umfeld tätig werden, sei es Ihre erste Arbeitsstelle, bei einem Wechsel des Arbeitgebers oder durch Versetzung innerhalb der Organisation, hat es zunächst Priorität herauszufinden, „wie der Laden tickt", mit wem Sie also in Zukunft zusammenarbeiten und was im Umgang mit diesen Leuten zu beachten ist. Deshalb müssen Sie zunächst dafür sorgen, dass Ihnen Ihre Aufgaben und Ziele klar dargelegt werden.

> **Unternehmenskultur** (allgemeiner auch *Organisationskultur*) ist ein Begriff der Organisationstheorie und beschreibt die Entstehung und Entwicklung kultureller Wertemuster innerhalb von Unternehmen.

Diese Herausforderung zu meistern ist vor allem nicht ganz trivial, wenn es Ihnen zu Beginn der Karriere noch an Berufserfahrung und vielleicht auch Menschenkenntnis fehlt. Der Wechsel z. B. von der Hochschule in eine Funktion mit Personalverantwortung ist gravierend und verlangt neben der Beherrschung fachlicher Themen weitere Kenntnisse in Managementaspekten und Mitarbeiterführung, die man sich als Neuling möglichst rasch aneignen sollte.

### Neu im Kollektiv

Für Berufseinsteiger ist ein Einzelbüro nicht unbedingt zu empfehlen – ein netter Kollege oder eine solche Kollegin im Doppelbüro helfen einem gerne bei den ersten Fragen und Schwierigkeiten. Wer ist für was zuständig? Wo bekomme ich Büromaterial her? Wann macht die Kantine auf? Doch auch als erfahrene Kraft sollten Sie in den ersten 100 Tagen im neuen Job erfassen, worauf es ankommt. Sorgen Sie aktiv dafür, einen guten ersten Eindruck zu machen und schnell eingearbeitet zu werden. Falls Sie zeitweise unterwegs sind oder im Homeoffice arbeiten, erschwert dies den Aufbau von Netzwerken mit den Kollegen Ihrer und anderer Abteilungen natürlich zusätzlich. Lassen Sie sich aber nicht entmutigen!

> Suchen Sie aktiv den Kontakt und pflegen Sie regelmäßigen Austausch; schließen Sie sich keinesfalls vom gemeinsamen Kaffeetrinken, Mittagessen oder Freizeitaktivitäten wie einem Kegelabend aus.

Um von einem Kollektiv, in das man neu einsteigt – etwa eine Arbeitsgruppe oder ein privater Kreis – akzeptiert zu werden, bedarf es eigenen Zutuns, bestimmter Voraussetzungen und einer Spur Glück. Man tut sich leichter, wenn die übrigen Mitglieder Gemeinsamkeiten und Ähnlichkeiten beim neuen Kollegen oder Mitglied entdecken: Herkunft, Dialekt, Denkweise, Präferenzen usw. So kann es sein, dass man bereits durch den Umstand, dass man Hochdeutsch spricht, Probleme hat, in stark dialektgeprägten Teilen Deutschlands integriert zu werden.

Von hoher Bedeutung ist es in einer neuen professionellen Umgebung, versteckte und verdeckte Hierarchien zu erkennen und einzuordnen. Wer sind die unangefochtenen Fachleute, wer die wahren Entscheider, die grauen

Eminenzen und Strippenzieher? Die Einordnung der Protagonisten hilft, Fettnäpfchen geschickt zu umgehen. Nehmen Sie die Ratschläge Ihres neuen Umfelds an, auch wenn diese Ihnen zunächst nicht immer plausibel vorkommen.

Berufseinsteiger sind erfahrungsgemäß oft übermotiviert, und das kann dazu führen, dass sie sich zu profilieren versuchen. In einem Team sollte man damit sehr vorsichtig und zurückhaltend sein, um nicht gleich zu Beginn anzuecken. Sie können Ihre Einsatzfreude auch dadurch zeigen, dass Sie allgemein unbeliebte Aufgaben übernehmen – das nächste Treffen organisieren, Protokoll schreiben, Proben versenden u. v. m. Gerade für einen Neuling ist es ratsam, nicht unangenehm aufzufallen und seine Mitmenschen nicht zu *nerven* – und später besser auch nicht.

**Teamarbeit**

Teamfähigkeit gehört häufig zu den gewünschten Eigenschaften eines Arbeitnehmers; Einzelkämpfer sind in Stellenausschreibungen selten gefragt. Die Verfolgung individueller Interessen wird oft in ein negatives Licht gesetzt und mit Begriffen wie „Egoismus" und „Ellenbogenmentalität" gleichgesetzt. Teamplayer suchen Schutz und Anerkennung in der Gruppe und lassen sich meist leichter durch die Vorgesetzten steuern. Individualisten wollen selbstbestimmt arbeiten und eigene Entscheidungen treffen.

> **Irrtum 2**
>
> „Teamspieler sind erfolgreicher als Einzelkämpfer."

Dies ist ein weiterer Irrglaube – doch stimmt das Gegenteil dieser Aussage ebenso wenig: Teams aller Art sind zweifellos auch im Geschäftsalltag wichtig, wenn sie funktionieren. Wer sich allerdings in einem Team versteckt, Konflikte scheut und es versäumt, sich zu profilieren, wird es im Unternehmen nicht sehr weit bringen (und in einem Mannschaftssport auch nicht).

Teamarbeit in Unternehmen (Abb. 1.5) entwickelte sich seit den späten 1970er Jahren zunehmend zu einer beliebten Form der Zusammenarbeit für verschiedene Aufgabenstellungen und ist inzwischen gut erforscht. Der Fokus der Zusammenarbeit hat sich mit dem *Lean-Management*-Ansatz in den 1980er Jahren auf die Prozessebene verlagert. Echte Kooperation stellt in operativen Bereichen heute vielfach eine Notwendigkeit dar. Komplexe Aufgaben, die vielfältiges Wissen voraussetzen, lassen sich von Teams in der Regel besser bewältigen als von Individuen.

**Abb. 1.5**  Teamarbeit. (Bild: Gerd Altmann, Pixabay)

Die Teams durchlaufen dabei charakteristische Entwicklungsphasen. Nach der anfänglichen Euphorie ist oft zu beobachten, dass manche Beteiligte ihre Anstrengungen reduzieren, wenn sie glauben, dass ihr Beitrag für ein gutes Ergebnis der Gruppe entbehrlich ist *(Social Loafing)*. In den letzten Jahren ist die Wertschätzung für Teamarbeit wieder gestiegen, und die Vereinbarung einiger kritischer Rahmenbedingungen trägt maßgeblich zum Erfolg von Teamarbeit bei:

- Das Gruppenergebnis sollte klar von jedem Mitglied abhängen.
- Die Einzigartigkeit jedes Beitrags ist hervorzuheben.
- Die Aufgaben sind so zuzuschneiden, dass am Ende der Input jedes Einzelnen noch zu erkennen ist.
- Es ist eine Situation zu schaffen, in der jedes Individuum in einer Gruppe hart arbeitet, damit die Gruppe erfolgreich ist. Gleichzeitig muss die Wertigkeit des Gruppenergebnisses höher sein als die Einzelleistung.
- Wettbewerb hilft: Dies kann eindrucksvoll gelingen, wenn das Ergebnis mit dem einer konkurrierenden Gruppe verglichen wird (wiederum eine Analogie zu Mannschaftssportarten).

Gemeinsam mit anderen sind Leistungen möglich, die man als Einzelkämpfer kaum schaffen kann. Damit das funktioniert, müssen die Teammitglieder allerdings gewisse Eigenschaften besitzen, z. B. Kompromissbereitschaft, Empathie, Verlässlichkeit, Verantwortungsbewusstsein, partnerschaftliches Verhalten, aber auch Kommunikationstalent und Zielstrebigkeit.

Dies führt zu einem Format im Rahmen des Personalmanagements, das hier kurz vorgestellt werden soll. Falls Sie jemals zu einem *Assessment Center* eingeladen werden, in dem Ihre Kompetenzen analysiert werden sollen, sind Sie gut beraten, bei den durchgeführten Übungen auch Ihre Fähigkeiten im zwischenmenschlichen Bereich zu demonstrieren.

## Assessment Center

Assessment Center sind ein meist zweitägiges Personalauswahlverfahren entweder im Rahmen von Stellenbesetzungen oder zur Identifizierung und Formung von Führungskräften, die für Funktionen im oberen Management geeignet sind. Hierzu werden die Bewerber vor verschiedene Probleme gestellt und über den Umgang mit diesen bewertet. Das Programm besteht aus einer Kombination von Übungen mit bewusster Stresserzeugung, diversen Leistungstests und gruppendynamischen Aufgaben. Diese oft unter Zeitdruck zu meisternden Herausforderungen können persönliche Präsentationen, Gruppendiskussionen, Rollenspiele, Postkorbübungen, Fallstudien u. v. m. beinhalten. Die Kandidaten sollen in einer extremen Situation hinsichtlich ihres *Fight-or-Flight*-Verhaltens getestet werden.

Sie müssen dazu verinnerlichen, dass dabei Potenziale und Kompetenzen analysiert, jedoch keine Kenntnisse vermittelt werden: Es handelt sich weder um eine Fortbildung noch um ein Seminar. Die Einladung zu einem Assessment Center ist als Auszeichnung und Prüfung zugleich anzusehen. Von Ihnen wird Professionalität verlangt. Bereiten Sie sich deshalb mental gut vor und kleiden Sie sich adäquat – dies ist keine Veranstaltung zum Entspannen.

Seien Sie jederzeit gleichermaßen höflich und charmant zu Ausrichtern, Beobachtern und anderen Teilnehmern. Präsentieren Sie sich zugleich selbstbewusst und souverän, ohne arrogant zu wirken. Bei Übungen, in denen sich die Teilnehmer im Wettstreit befinden (etwa Teamaufgaben oder Diskussionen), kommt es darauf an, gleichzeitig Führungs- und Sozialkompetenz zu zeigen. Lassen Sie sich nicht die Butter vom Brot nehmen, überfahren Sie aber auch keinen Teilnehmer: Neben Ihrem Durchsetzungsvermögen wird ebenfalls Ihre Integrationsfähigkeit bewertet.

Das Prinzip des Assessment Centers weist Vor- und Nachteile auf, wobei die Vorteile überwiegen. Dazu zählt, dass die Kandidaten durch erfahrene Beobachter in unterschiedlichen Situationen bewertet werden können, was Rückschlüsse auf verschiedenartige Potenziale zulässt (vor allem in Bezug auf Fach-, Management- und Mitarbeiterführungs-, soziale sowie interkulturelle Kompetenz). Auch Bereiche, in denen Entwicklungsbedarf besteht, lassen sich so erkennen.

Doch zurück zum betrieblichen Alltag. In einem ausgewogen zusammengesetzten Team sind solche Rollen vertreten, deren Stärken sich gegenseitig ergänzen. Eine davon ist die des Teamleiters oder -sprechers, und damit sind wir schon im Bereich der Führungsverantwortung. Derjenige, der sich für diese Position anbietet oder ausgesucht wird, verfügt in der Regel bereits über gewisse Eigenschaften, die für ein selbstständiges Arbeiten notwendig sind: Entscheidungsfreude, Durchsetzungsvermögen, Konsequenz, unternehmerisches Denken und Handeln usw.

Blickt man auf erfolgreiche Manager in Unternehmen, kann man feststellen: Sie sind selten so weit gekommen, weil sie vorbildliche Teamplayer sind; dies kann man bei nahezu allen Top-Managern (und selbst bei Führungskräften mittlerer Ebenen) beobachten. Sie hatten etwas, das ihren Vorgesetzten aufgefallen ist, haben es also geschafft, aus dem Team herauszustechen. Das funktioniert nun mal am besten, indem man sich gut darstellt und auch an sich und nicht nur an die Kollegen denkt.

> Wer weiterkommen will als andere, muss wenigstens ab und zu den Einzelkämpfer in sich aktivieren und im richtigen Moment einsetzen. Ein zutreffendes Sprichwort lautet: Besser beneidet als bemitleidet.

Damit kennen wir die Voraussetzungen für Erfüllung und Zufriedenheit im Beruf; sie sind in der nachfolgenden Zusammenfassung nochmals knapp dargestellt. Jetzt geht es darum, die Wege zu einem gelungenen Umgang mit der eigenen Person zu sehen und zu beschreiten. Die nachfolgenden Kapitel werden Ihnen Zusammenhänge erläutern und Tipps geben, mit denen sich Ihre persönliche Situation verbessern lässt.

### Zusammenfassung

1. Nutzen Sie Ihr Können und Ihre positive Aggressivität im Dienst der Gesellschaft und des technischen Fortschritts und bringen Sie sich ein.
2. Werden Sie sich Ihrer persönlichen Situation mit schonungsloser Offenheit klar und führen Sie bei den Defiziten gezielt Verbesserungen herbei, um ein zufriedener Leistungsträger zu werden – oder zu bleiben.
3. Berufliche Zufriedenheit lässt sich als Folge verschiedener Einflussfaktoren auffassen und durch geeignete Maßnahmen gezielt fördern.
4. Setzen Sie das Motto dieses Buchs in die Praxis um: *Neues wagen, Chancen nutzen, selbstbestimmt agieren.*
5. Geben Sie stets Ihr Bestes und erledigen Sie Ihre Arbeit immer so gut und sorgfältig, wie es Ihnen möglich ist.
6. Nutzen Sie Ihre Handlungsspielräume und richten Sie sich Ihren Job ein.
7. Erhalten und erhöhen Sie Ihre Kompetenzen und damit Ihre Wettbewerbsfähigkeit durch lebenslanges Lernen. Stagnation bedeutet Rückschritt.
8. Suchen Sie vor allem in einer neuen Position und im Homeoffice aktiv den Kontakt und pflegen Sie regelmäßigen Austausch. Doch nerven Sie Ihr Umfeld nicht!
9. Stellen Sie sich möglichst nicht als Einzelkämpfer gegen eine ganze Gruppe.

# Literatur

Bolger J (2013) Dave Brubeck, The Humanitarian. Internet-Veröffentlichung. http://www.davebrubeckjazz.com/Bio-/Dave-Brubeck,-The-Humanitarian. Zugegriffen: 10. Juli 2020

Vensky H (2012) Der Johann Sebastian Bach des Jazz. Die Zeit, Internet-Veröffentlichung, 6. Dezember. https://www.zeit.de/kultur/musik/2012-12/dave-brubeck-nachruf/komplettansicht. Zugegriffen: 6. Juli 2020

Wikipedia (2020a) Dave Brubeck. In: Wikipedia, Die freie Enzyklopädie. https://en.wikipedia.org/wiki/Dave_Brubeck. Zugegriffen: 6. Juli 2020

Wikipedia (2020b) Dave Brubeck Quartet. In: Wikipedia, Die freie Enzyklopädie. https://de.wikipedia.org/wiki/Dave_Brubeck_Quartet. Zugegriffen: 6. Juli 2020

Wikipedia (2020c) Konformitätsexperiment von Asch. In: Wikipedia, Die freie Enzyklopädie. https://de.wikipedia.org/wiki/Konformitätsexperiment_von_Asch. Zugegriffen: 6. Juli 2020

Wikipedia (2020d) Kraftwerk (Band). In: Wikipedia, Die freie Enzyklopädie. https://de.wikipedia.org/wiki/Kraftwerk_(Band). Zugegriffen: 6. Juli 2020

Wikipedia (2020e) Selbstmanagement. In: Wikipedia, Die freie Enzyklopädie. https://de.wikipedia.org/wiki/Selbstmanagement. Zugegriffen: 10. Juli 2020

# 2

# Zeit – ein volatiler Rohstoff

Die Corona-Pandemie hat das berufliche und private Leben der Menschen durchgewirbelt, und plötzlich ist zusätzliche Zeit verfügbar, die man vorher beim Pendeln zur Arbeit, in Besprechungen und auf Reisen verbracht hat. Dennoch scheinen bei den meisten etwas Entschleunigung und mehr Privatsphäre angebracht. Trotz vieler Vorteile kann das Homeoffice jedoch den Dialog mit Kollegen und Geschäftspartnern nicht ersetzen.

Zeit verstreicht in unserer Umwelt unveränderbar und stellt damit die einzige Ressource dar, die weder aufgehoben noch – wenn verschwendet – zurückgewonnen werden kann. Gleichzeitig scheint in unserer modernen Zeit die *Zeit* immer knapper zu werden. Die Menschen hasten durch ihr Leben, hetzen auf der Arbeit von Termin zu Termin, laufen sogar die Rolltreppe zum Zug oder zur U-Bahn herauf oder hinunter, um ein paar Sekunden zu sparen – und starten danach in eine ebenfalls dicht verplante Freizeitlandschaft. Wann haben wir zuletzt den Luxus der Langeweile wie in Kindertagen erlebt? *Freie* Zeit gehabt? Nichts zu tun?

Wir können uns daran kaum erinnern und definieren unsere Wichtigkeit geradezu über den Zeitmangel. Und wer kennt nicht den Archetypus des vielbeschäftigen Rentners, der vor lauter Terminen und Aktivitäten mehr in Zeitnot gerät als jemals zuvor (oder sich dies nur vormacht, weil er es aus dem Berufsleben so gewohnt war)? Zumindest war dies alles vor Corona so …

© Der/die Autor(en), exklusiv lizenziert durch Springer Fachmedien Wiesbaden GmbH, ein Teil von Springer Nature 2021
G. Wenski, *Selbstmanagement im Beruf,* https://doi.org/10.1007/978-3-658-33249-5_2

> **Irrtum 3**
>
> „Das mache ich im Ruhestand, wenn ich Zeit habe."

So mancher vergisst oder verdrängt, dass er im Hier und Jetzt lebt. Es kann ein gefährlicher Irrweg sein, geplante Aktivitäten und Schritte wie Reisen oder die Ausübung neuer Hobbys auf einen späteren Zeitpunkt zu verschieben. Einerseits stellen derartige Freizeitvergnügen einen notwendigen Gegenpol zur Arbeitswelt dar, auch wenn man nicht unbedingt ans gegenüberliegende Ende der Welt fliegen muss. Und andererseits darf man keineswegs davon ausgehen, später noch die Gelegenheit dazu zu haben. Daher ist es ratsam, vor allem die schönen Dinge des Lebens nicht aufzuschieben, sondern in der Gegenwart einzuplanen – gemäß dem Ratschlag von Horaz: „*Carpe diem*" („Genieße den Tag" bzw. „Nutze den Tag").

## 2.1   Keine Zeit heißt keine Priorität

Zum Selbstmanagement gehören Teilkompetenzen wie selbstständige Motivation, Zielsetzung, Planung, Organisation, Lernfähigkeit, Erfolgskontrolle durch Feedback und – Zeitmanagement. Zeitmanagement ist also nicht mit Selbstmanagement gleichzusetzen, jedoch ein wichtiger Teil davon. Während manchem Leser bei den Schlagwörtern Resilienz (Abschn. 4.3) oder Ressourcenmanagement (Kap. 5) spontan vielleicht nicht ganz so viele Ideen in den Kopf schießen mögen, hat zum geschickten Umgang mit dem Rohstoff Zeit fast jeder eine dezidierte Meinung – auch wenn letztlich den wenigsten ein optimales Zeitmanagement gelingt. Über die Gründe und Verbesserungsmaßnahmen erfahren Sie in diesem Kapitel Näheres.

> Unter **Zeitmanagement** versteht man im Rahmen des Selbstmanagements alle Maßnahmen, um die zur Verfügung stehende Zeit möglichst produktiv zu nutzen, oder auch die Organisation von ablaufenden Ereignissen innerhalb eines bestimmten Zeitraumes mittels Planung (Wikipedia 2020c).

Als Hilfsmittel bietet sich ein Bündel an Vorgehensweisen an, die dabei helfen können, anstehende Aufgaben und Termine im geplanten Zeitraum abzuarbeiten. Im beruflichen Umfeld dient Zeitmanagement der vernünftigen Nutzung von Arbeitskraft, und man unterscheidet zwischen persönlichem Zeitmanagement und Zeitwirtschaft.

**Die Zeit als wichtige Ressource**

Zeitmanagement betrifft sowohl die Arbeits- als auch die Freizeit des Menschen. Durch individuelles Zeitmanagement soll Einzelnen oder Gruppen mit zielführenden Arbeits- und Planungstechniken geholfen werden, den Umgang mit der Zeit zu verbessern. In diesem Sinne ist Zeitmanagement eine gute Arbeitsgewohnheit und ein Werkzeug des Selbstmanagements. Während ansonsten bei Unternehmen das Management die *Organisation* von Arbeitsabläufen für andere Organisationseinheiten übernimmt, bleibt das *aktive* Zeitmanagement den planenden Mitarbeitern meist selbst überlassen.

Der Begriff Zeitwirtschaft umfasst Maßnahmen und Methoden zur Ermittlung, Aufbereitung und Nutzung arbeitsbezogener Zeitdaten. Sie bildet die Grundlage für viele Formen des Leistungsentgelts. Berufliches und privates Zeitmanagement unterscheiden sich im Kern der Sache kaum, obwohl Zielsetzung und Maßnahmenpaket vielfach divergieren. Im Folgenden soll es um das persönliche Zeitmanagement im professionellen Umfeld gehen.

> Zeit muss als wertvolle Ressource betrachtet werden. Und dennoch wird in unserer modernen Gesellschaft viel Zeit geradezu verschleudert.

Von Benjamin Franklin, einem der Gründerväter der Vereinigten Staaten von Amerika, stammt die Feststellung *„Time is Money"* („Zeit ist Geld", s. Abb. 2.1). Ihm wird außerdem dieses Zitat zugeschrieben: „Für jede Minute, die Sie in Organisieren investieren, gewinnen Sie eine Stunde." Dies scheint ein konstruktiver Einstieg in das Thema Zeitmanagement.

Aus Gründen der Anschaulichkeit möchte ich dieses Thema mit einem Beispiel aus dem Privatleben beginnen, das sich jedoch vom Prinzip her mühelos auf die Arbeitswelt übertragen lässt.

**Beispiel**

Um in den Besitz eines Eigenheims zu gelangen, existieren verschiedene Möglichkeiten: unter anderem erben, gebraucht erwerben, schlüsselfertig kaufen, Gewerke mit oder ohne Eigenleistung einzeln vergeben. Wer im letztgenannten Fall – ohne selbst Hand anzulegen – Bauunternehmen und Handwerker beauftragt, sollte die Zeit und Energie, die durch den Verzicht auf Eigenleistung gewonnenen wird, in eine sehr sorgfältige und genaue Vorbereitung und in Finanzierung, Lieferantensuche, Ausschreibungsdetails, Preis- und Angebotsvergleiche sowie Projektplanung und -kontrolle investieren. Von der Lage der Steckdosen über die Auswahl von Fliesen und Armaturen bis hin

**Abb. 2.1** Benjamin Franklin: „*Time is Money.*" (Foto: Pixabay)

zur Ausgestaltung der Haustechnik und Optik stehen viele Entscheidungen an, die teilweise im Nachhinein nicht mehr oder nur unter größerem Aufwand korrigierbar sind.

Den Bauherren sei außerdem dringend angeraten, regelmäßige Ortsbegehungen (das heißt während der gesamten Bauphase ein- bis zweimal pro Tag) einzuplanen, denn die Baustelle ohne Fehler und später unsichtbare Mängel muss erst noch gefunden werden. Machen Sie dabei zahlreiche Fotos, insbesondere von nachher verdeckten Bereichen und Details. Diese Zeit ist wesentlich besser investiert als die Stunden, die Sie gegen geringe Kostenersparnis in Maler-, Fliesen- oder Elektroarbeiten stecken.

Eigenleistung birgt darüber hinaus zwei zusätzliche Risiken. Zum einen ist man als Laie nicht so schnell wie ein Fachmann, und viele Bauherren kamen bereits mit ihrem Anteil in Verzug und gefährdeten so Folgegewerke und möglicherweise den gesamten Projektplan. Ebenfalls auf Selbstüberschätzung sind inakkurat ausgeführte Arbeiten zurückzuführen, beispielsweise unsauber verlegte Fliesen, die den späteren Bewohnern über Jahrzehnte ein Dorn im Auge sein können. Falls Sie beim Bauen Zeit übrig haben, legen Sie Ihren Garten selbst an – was Ihnen nicht gefällt, können Sie später relativ problemlos wieder herausreißen und umgestalten.

In der Praxis basiert Zeitmanagement zur Arbeitsorganisation vielfach auf der Verwendung von Hilfsmitteln wie Checklisten, Kalendern und To-do-Listen sowie elektronischen *Organizern*. Jeder muss für sich herausfinden, was für ihn persönlich am besten taugt, ob der Tag analog mit handgeschriebenen Zetteln (wie ich es bevorzuge) oder digital über Smartphone und Apps strukturiert wird oder ob gerade in höheren Führungsebenen Sekretariatspersonal die Terminplanung und -einhaltung koordiniert.

> Für jüngere Menschen, die mit dem Internet aufgewachsen sind, spielen soziale Netzwerke und der damit verbundene Zeitaufwand eine wichtige Rolle. In diesem Zusammenhang sind krank machende Ängste davor, falsche Entscheidungen in Bezug auf die Zeitnutzung zu treffen und etwas zu verpassen, zu beobachten. Dieses Phänomen nennt man FOMO-Effekt („Fear of missing out").

Doch die besten Hilfsmittel können ihre positive Wirkung nicht entfalten, wenn der Nutzer nicht in seinem tiefsten Inneren willens und in der Lage ist, sie zu nutzen mit dem Ziel, bewusst mit der ihm zur Verfügung stehenden Zeit umzugehen. Falls Sie dazu neigen, sich zu verzetteln und dadurch eine sinnvolle Zeitplanung erschweren, ist jede ausgefeilte elektronische Kalenderfunktion machtlos. Derartige Hilfsmittel ersetzen keineswegs sinnvolle Planung und Vorbereitung, etwa von Aufgaben, Sitzungen und Projekten, und ebenso wenig das korrekte Setzen von Prioritäten und die Schärfung des Blicks fürs Wesentliche.

Insbesondere bei knappem Zeitbudget ist die Übernahme von persönlicher Verantwortung für die Planung und Gestaltung von Aktivitäten ausschlaggebend. Und dabei ist wichtig, die anzustrebende Verbesserung der Lebensqualität z. B. durch die Erhaltung der physischen Leistungsfähigkeit und der mentalen Energie nie aus dem Auge zu verlieren.

### Erste Tipps zum Zeitmanagement

Ein zielstrebiges Zeitmanagement beruht auf Disziplin und gesundem Menschenverstand (s. Abschn. 4.4). Vielfach sind es nicht die ausgeklügelten Systeme, die schnelle und nachhaltige Erfolge bringen, sondern einfache, pragmatische Maßnahmen und Vorgehensweisen. Vor deren Anwendung und Implementierung sollte man sich darüber klarwerden, was man damit erreichen will und was das Ziel, der erwünschte Idealzustand ist. Die nachfolgenden Empfehlungen bieten einen Einstieg:

- Zeitmanagement beginnt mit der Aufstellung von **To-do-Listen:** virtueller, analoger oder elektronischer Aufstellungen, welche Arbeiten anstehen und bis wann sie zu erledigen sind.
- Entwerfen Sie eine **Rangfolge** Ihrer Ziele und Werte als Voraussetzung für die Festlegung von lang- und kurzfristigen Prioritäten. Setzen Sie sich täglich drei Ziele.
- Beginnen Sie jeden Tag mit einer **Aufteilung** der Aufgaben nach Dringlichkeit und Wichtigkeit (dazu gleich mehr).
- Führen Sie für einige Wochen ein **Zeittagebuch,** in dem Sie beispielsweise halbstündlich alle dienstlichen (gegebenenfalls auch privaten) Aktionen notieren. Gruppieren Sie die einzelnen Zeitbudgets und versuchen Sie zu bewerten, welche Tätigkeiten dringend notwendig, hilfreich und verzichtbar sind.
- **Delegieren** Sie als Vorgesetzter so viel wie möglich nach dem Grundsatz, dass derjenige eine Aufgabe erledigen sollte, der die besten Voraussetzungen dafür hat (statt alles selbst machen zu wollen).
- Zerlegen Sie komplexe und umfangreiche Projekte in überschaubare **Teilpakete.**
- **Erledigen** Sie alle Vorgänge so, dass sie nicht ein zweites Mal auf Ihren Schreibtisch kommen.
- Erstellen Sie regelmäßig eine **Übersicht,** aus der hervorgeht, wo Ihre Zeit geblieben ist.
- **Kontrollieren** Sie täglich, ob die geplanten Aufgaben erledigt sind.
- Disziplin und Ordnung sind auch bei PC, Smartphone und E-Mail gefragt. Gut strukturierte **Dateiverzeichnisse** erlauben ein schnelles Wiederfinden von Informationen und Unterlagen – wie jeder bestätigen kann, der eine wichtige Mail nicht wiedergefunden hat oder in der täglichen Flut der Nachrichten unterzugehen droht.

---

**Die ALPEN-Methode für ein systematisches Zeitmanagement**

Die unter diesem Akronym beschriebene Vorgehensweise ist eine bewährte Systematik, um den Tag effektiv zu planen, und einige der darin plakativ aufgeführten Handlungsvorschläge kamen bereits zur Sprache:

**A** ufgaben festlegen und katalogisieren, die zu erledigen sind
**L** änge (Dauer) der hierfür benötigten Arbeitszeit planen
**P** ufferzeiten für Störungen und Notfälle einplanen
**E** ntscheidung für Prioritäten und Rangfolge der Aufgaben treffen
**N** achkontrolle durchführen (Soll-Ist-Vergleich)

Bestimmen Sie demnach zunächst, was am betreffenden Tag erledigt werden sollte oder muss. Ordnen Sie jeder dieser Aufgaben eine realistisch angesetzte Zeitdauer für die Erledigung zu. Halten Sie für unerwartete Verzögerungen und Unterbrechungen eine Zeitreserve bereit. Entscheiden Sie sich für wichtige bzw. die Kernaufgaben, falls Sie nicht alles an einem Tag erledigen können. Überprüfen und dokumentieren Sie am Ende des Tages *(hier wörtlich gemeint)*, was erledigt und was noch offen ist (Seiwert 1998, S. 43–49).

**Eisenhower-Prinzip und Pareto-Regel**

Um anstehende Aufgaben in Kategorien einzuteilen, bietet sich das *Eisenhower-Prinzip* an. Dadurch sollen die wichtigsten Arbeiten zuerst erledigt und unwichtige und nicht dringende Dinge aussortiert werden. Dieses Prinzip wurde vom Alliierten-General und 34. US-Präsidenten Dwight D. Eisenhower (Abb. 2.2) praktiziert und gelehrt – wir bleiben nach Benjamin Franklin im Kreis der amerikanischen Politiker und werden mit Abraham Lincoln in Abschn. 4.3 abermals darauf zurückkommen. In einer Rede zitiert Eisenhower einen Kirchenvertreter mit den Worten *„I have two kinds of problems, the urgent and the important. The urgent are not important, and the important are never urgent."* („Ich habe zwei Arten von Problemen, die dringenden und die wichtigen. Die dringenden sind nicht wichtig und die wichtigen niemals dringend.") (Eisenhower 1954).

Nach dem Eisenhower-Prinzip lässt sich schablonenartig entscheiden, wie mit bestimmten Anforderungen umzugehen ist. Zu erledigende Aufgaben können prinzipiell in vier Kategorien aufgeteilt werden, die sich in einer übersichtlichen $2 \times 2$-Matrix darstellen lassen (Abb. 2.3). Das Delegieren

**Abb. 2.2** Dwight D. Eisenhower 1952. (Foto: Fabian Bachrach. Library of Congress)

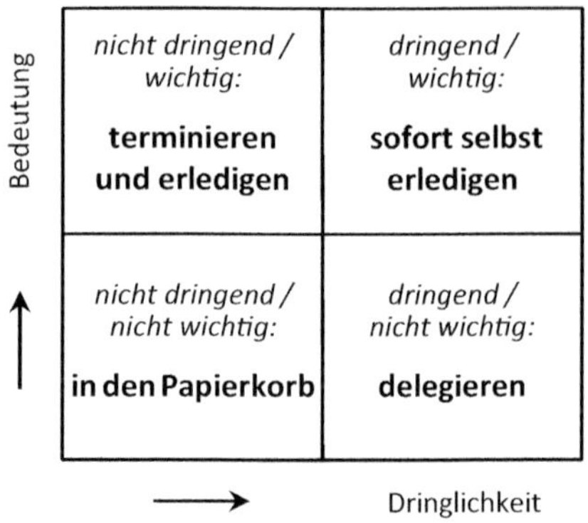

| | nicht dringend / wichtig:<br><br>**terminieren und erledigen** | dringend / wichtig:<br><br>**sofort selbst erledigen** |
|---|---|---|
| | nicht dringend / nicht wichtig:<br><br>**in den Papierkorb** | dringend / nicht wichtig:<br><br>**delegieren** |

*Bedeutung* (vertical axis) — *Dringlichkeit* (horizontal axis)

**Abb. 2.3**  Eisenhower-Matrix

unten rechts in der Matrix sollte an kompetente Mitarbeiter erfolgen, von denen zu erwarten ist, dass sie diese Punkte zuverlässig erledigen – ansonsten verfehlt die Maßnahme ihre zeitsparende Wirkung.

> Beginnen Sie jeden Tag mit einer Aufteilung der Aufgaben nach Dringlichkeit und Wichtigkeit und bearbeiten Sie diese nach dem Eisenhower-Prinzip.

In diesem Zusammenhang wäre anzumerken, dass das Eisenhower-Prinzip heutzutage gelegentlich kritisch bewertet wird, da ein funktionierendes Zeitmanagement gerade dringende Aufgaben verhindern soll. Doch dies ist manchmal leichter gesagt als getan.

Angesichts der Ungleichheit in der Welt ist es irgendwie beruhigend, dass alle Menschen täglich gleich viel Zeit zur Verfügung haben (allerdings aufgrund der den einzelnen Ländern unterschiedlichen Lebenserwartung keineswegs langfristig betrachtet). Zeitmanagement ist für jede Menge Ratschläge gut und ein beliebtes Thema für viele Seminare und Schulungen. Diesbezügliche Kompetenzen werden in den Postkorbübungen von Assessment Centern abgefragt und bewertet. Es hat etwas mit Ordnungsliebe und Selbstorganisation, aber auch Disziplin, Willensstärke und Durchsetzungsvermögen zu tun, mit Nachhaltigkeit und gesundem Menschenverstand. Und letzterer führt zu dieser – nicht ganz neuen – Schlussfolgerung mit dem passenden Handlungsvorschlag:

> Keine Zeit bedeutet in Wahrheit keine Priorität. Setzen Sie Prioritäten!

Hinterfragen Sie nicht wertschöpfende Tätigkeiten; lassen Sie diese eventuell weg. In bestimmten Situationen braucht es den „Mut zur Lücke": Nicht alle Befunde müssen zu 120 % abgesichert sein (sofern dies überhaupt möglich ist). Wenden Sie, wo möglich, vielmehr das *Pareto-Prinzip* an, auch als 80-zu-20-Regel bezeichnet. Diese nach dem Italiener Vilfredo Pareto benannte Erkenntnis besagt auf den Arbeitsalltag angewendet, dass 80 % der Ergebnisse in 20 % der Gesamtzeit eines Projekts erarbeitet werden. Die verbleibenden 20 % der Ergebnisse benötigen 80 % der Gesamtzeit und verursachen somit die meiste Arbeit.

- Oft sind es unerwartete Entwicklungen, die keinen Aufschub dulden und dadurch das eigene Zeitmanagement durcheinanderbringen. Planen Sie stets Puffer für derartige Zeitfresser ein. Und unterschätzen Sie nicht den Zeitaufwand, den der Umgang mit Menschen verursacht.
- Wer bereits im mittleren Management unter Überbeanspruchung seiner Kräfte und Möglichkeiten arbeitet, quasi „am Anschlag", bringt vermutlich nicht die zusätzlich benötigte Zeit und Energie auf, um nach einer weiteren Beförderung eine höhere Führungsverantwortung souverän wahrzunehmen. Fangen Sie rechtzeitig in Ihrer Karriere damit an, sorgfältig darauf zu achten, dass Sie Ihre Zeit nicht verschwenden.
- Wenn Sie als Chef noch ausreichend Zeit für Mikromanagement und Kontrollitis haben, klagen Sie auf hohem Niveau. Lassen Sie besser Ihre Mitarbeiter in Ruhe ihre Arbeit tun.

## 2.2 Zeitdieben das Handwerk legen

Wenn Sie den Begriff „Zeitdiebe" in eine Internet-Suchmaschine eingeben, werden Ihnen mehr als 100.000 Treffer angezeigt; bei „Zeitfresser" sind es doppelt so viele. Das Thema Zeitverschwendung scheint also sehr präsent zu sein, und an Ratschlägen zur Vermeidung mangelt es nicht – und doch sind viele Menschen im Umgang mit dem ihnen zur Verfügung stehenden Zeitbudget anscheinend überfordert. Der entsprechende Beratungs- und Seminarmarkt hat (bis Corona kam) geboomt und wird diese Beachtung sicherlich in Kürze wieder erreichen. Lassen Sie diese Zahlen und Fakten einmal auf sich wirken:

## Zahlen zu Zeitmanagement und Produktivität

- In den westlichen Volkswirtschaften hat sich die Produktivität seit den 1970er Jahren verdoppelt. (Allerdings sinkt die jährliche Zuwachsrate seit der Jahrtausendwende wieder.) Und dennoch arbeiten die Menschen heute mehr als damals.
- Führungskräfte bearbeiten im Mittel pro Jahr 30.000 elektronische Nachrichten. Dies nimmt fast einen Tag pro Woche in Anspruch. In den 1970er Jahren mussten sie sich mit gerade einmal 1000 Anfragen und Mitteilungen pro Jahr beschäftigen. Wäre Zeit tatsächlich Geld, wie es Benjamin Franklin ausdrückte, hätten viele Unternehmen mit riesigen Verlusten zu kämpfen (Hofer 2014).
- Die Anzahl der jährlich versendeten E-Mails (ohne Spam) in Deutschland ist in den Jahren 2000 bis 2018 von 32 Mrd. auf 848 Mrd. gestiegen.
- 15 % der Gesamtzeit eines Unternehmens wird in Meetings verbracht – Tendenz steigend, da die Kosten für das Organisieren vor allem durch elektronische Möglichkeiten gesunken sind. Führungskräfte sitzen pro Woche im Durchschnitt mehr als zwei Tage in Besprechungen. Sie stufen die Hälfte dieser Meetings als ineffektiv ein (Mankins et al. 2014).
- CEOs verbringen im Schnitt 72 % im Dialog mit anderen und 28 % allein. Ihre Arbeitszeit ist zu 75 % verplant und zu 25 % spontanen Inhalten vorbehalten. Viele Unternehmenschefs vergeuden zu viel Zeit in Besprechungen, die auch ein Manager aus dem Führungsteam übernehmen könnte (Porter und Nohria 2018).
- Jeder zweite Erwerbstätige in Deutschland pendelt. Im Schnitt brauchen die Pendler für den Arbeitsweg von 23 km pro Tag hin und zurück insgesamt eine Stunde.
- An 17 Arbeitstagen im Jahr befinden sich die Deutschen auf Dienstreisen oder anderen beruflichen Terminen außerhalb des eigenen Büros (ohne Homeoffice-Zeiten). 10 % sind mehr als 60 Tage im Jahr beruflich unterwegs (StepStone 2015).
- Soviel Geld wie 2019 hat die deutsche Wirtschaft noch nie für Geschäftsreisen ausgegeben: 55 Mrd. Euro für mehr als 195 Mio. Trips. 2020 erschienen die meisten Dienstreisen aus ökonomischen Gründen und wegen des Infektionsschutzes abwegig (Salavati 2020).
- Die permanente Ablenkung am Arbeitsplatz durch E-Mails, Instant Messages und soziale Netzwerke kostet die Weltwirtschaft durch Produktivitätsverlust rund 500 Mrd. Euro pro Jahr (Sawall 2013). Wenn die Internetaktivität länger als fünf oder zehn Minuten dauert, stellt man sich hinsichtlich der Zeiteffizienz selbst ein Bein.

## Zeitdieben auf der Spur

In diesem Zusammenhang drängt sich einem die Bezeichnung „Zeitdiebe" förmlich auf. Zeitdiebe sind Arbeiten und Tätigkeiten, die lange dauern, ohne ein entsprechendes Ergebnis zu bringen. Jeweils typische Fehler begünstigen in unterschiedlichen Bereichen die Zeitverschwendung. In der folgenden Liste sind verschiedene Ursachen in sechs Kategorien untergeteilt aufgeführt:

### 1. Zeitplanung und Arbeitsmethodik

unklare Zielsetzung
unzureichende Tagesplanung
Multitasking
keine Übersicht über alle Aktivitäten
spontane Änderungen der Prioritäten

### 2. Persönlicher Arbeitsstil

überhäufter Schreibtisch
schlechtes Ablagesystem
Papierkram und Lesen
zu viele Berichte / Dokumentation
Mikromanagement

### 3. Störungen durch andere

Telefonanrufe
unangemeldete Besucher
langwierige Besprechungen
Ablenkung, Lärm
privater Schwatz

### 4. Persönliche Schwachstellen

Hast, Ungeduld
geringe Selbstmotivation
Unfähigkeit, „Nein" zu sagen
fehlende Selbstdisziplin
Aufschieben, Unentschlossenheit

### 5. Zusammenarbeit

mangelnde Koordination/Teamwork
zu wenig Delegation
unvollständige, verspätete Informationen
zu viel oder zu unpräzise Kommunikation
Wartezeiten bei Terminen

### 6. Sonstiges

zu viel Zeit für E-Mail
unnötige Dienstreisen
übertriebener Perfektionismus
weites Pendeln zur Arbeit
…

Zu jedem der genannten Punkte ließe sich viel berichten, doch sind sie mehr oder weniger selbsterklärlich. Einige Gegenmaßnahmen wurden in Abschn. 2.1 bereits aufgeführt, mit anderen werden wir uns noch beschäftigen, etwa mit Blick auf Multitasking, E-Mail, Telefon und Besprechungen sowie Dienstreisen. In allen Fällen erfordert es viel Geduld und Willensstärke, will man Zeitdieben konsequent begegnen. Hierbei mögen die nachfolgenden Tipps helfen:

- Betrachten Sie Zeit als Ressource, die nur in endlichem Maße zur Verfügung steht.
- Gehen Sie systematisch vor: Spüren Sie Zeitfresser auf, die diese wertvolle Ressource blockieren. Reduzieren Sie Zeitdiebstahl und nutzen Sie dazu Ihr Zeittagebuch.
- Verabschieden Sie sich von Perfektionismus.
- Reservieren Sie Zeit für Unvorhergesehenes und Krisen.
- Zeigen Sie trotz stringenten Zeitmanagements immer auch die Bereitschaft für Spontaneität.
- Überprüfen Sie alle Ihre Tätigkeiten auf ihre Sinnhaftigkeit und ermuntern Sie auch andere dazu.
- Setzen Sie sich quantitative Ziele, z. B. täglich eine halbe Stunde Ihrer Arbeitszeit durch ein besseres Zeitmanagement einzusparen und zusätzliche Aufgaben zu erledigen oder einfach früher nach Hause zu gehen.

## Multitasking

Ein weiterer Zeitmanagement-Tipp, der so simpel wie wichtig ist und bereits anklang, lautet:

> **Lassen Sie sich nicht ablenken!**

Der durchschnittliche Arbeitnehmer wird alle 40 Sekunden abgelenkt oder unterbrochen, wenn er am Computer arbeitet. Und die Forschung zeigt, dass es mitunter mehr als 20 Minuten dauert, bis man sich wieder voll auf die vorher begonnene Aufgabe konzentrieren kann. Dieses Verhalten mag entwicklungsgeschichtlich bei plötzlichem Auftreten von Gefahren sinnvoll gewesen sein – in der heutigen Berufswelt ist es oft von Nachteil (Bailey 2019).

Einer der größten Zeitdiebe im modernen Büro- und Managementbetrieb ist der Versuch von *Multitasking*, ein Schlagwort, das vielfach in Zusammenhang mit einer effizienten Nutzung der zur Verfügung stehenden (Arbeits-) Zeit fällt. Sie werden viele Kollegen in Ihrem Umfeld finden, die der festen Überzeugung sind, dadurch mehr leisten zu können als durch stures Abarbeiten von Anforderungen. Dabei kommt der Begriff aus der Datenverarbeitung und bezeichnet die Fähigkeit eines Betriebssystems, mehrere Aufgaben *(Tasks)* nebeneinander auszuführen. Die führt zu einer anderen Binsenweisheit:

> **Irrtum 4**
> „Multitasking führt zu einer Effizienzsteigerung."

Doch der Mensch ist kein Roboter und das menschliche Gehirn kein Computer. Multitasking ist entgegen der landläufigen Meinung *keine* erfolgreiche Strategie zur Realisierung von Zeitgewinnen – unser Gehirn ist kein Rechenautomat, nicht für solche parallelen Tätigkeiten konstruiert und daher nur in sehr begrenztem Umfang dazu fähig. Wissenschaftliche Untersuchungen belegen, dass die Effizienz beim Bearbeiten verschiedener Aufgaben abwechselnd in kurzen Zeitabschnitten im Vergleich zur seriellen Erledigung sinkt. Besonders deutlich werden die Grenzen der gleichzeitigen Verarbeitung von Eindrücken angesichts der Reizüberflutung durch unsere Umwelt. Das Gehirn filtert Informationen automatisch auf eine vom Menschen wahrnehmbare Menge.

Personen, die Multitasking zu ihren Arbeitsmethoden zählen, sind im Allgemeinen durch *polychrone Verhaltensmuster* geprägt. Polychrone Typen lassen sich leicht ablenken, sind unpünktlich und legen wenig Wert auf präzise Planung. Monochron veranlagte Menschen können demnach leichter ein Zeitmanagement aufbauen und konsequent einhalten als polychrone.

Zahlreiche Veröffentlichungen und Blogs beschäftigen sich mit der Frage nach der Effizienz von Multitasking, und bei genauerem Hinsehen findet sich der eine oder andere Beitrag, der Vorteile darin sieht. Doch die überwiegende Zahl der Autoren beobachtet und beschreibt die Nachteile des quasi-zeitgleichen parallelen Arbeitens an mehreren Teilprojekten. Hier einige Anregungen, wie Sie der Gefahr des Multitaskings entgegenwirken können:

- Schaffen Sie sich Arbeitszeit am Stück, weitgehend frei von Störungen. Dadurch erledigen Sie Ihre Aufgaben effizienter als durch hektisches Wechseln zwischen einzelnen Schwerpunkten.
- Schützen Sie sich gegen unnötige Störungen von außen. Zögern Sie nicht, unangemeldeten Besuchern zu signalisieren, dass Sie momentan keine oder nur wenig Zeit haben – vor allem zum Plaudern.
- Versuchen Sie nicht, parallel zu Ihrer jeweils begonnenen Tätigkeit E-Mails zu lesen bzw. zu beantworten. Jedes Mal, wenn Sie den Fokus wechseln, benötigen Sie mehrere Minuten, um wieder im neuen (oder vorherigen) Thema drin zu sein.
- Nehmen Sie Ihr Mittagessen nicht am Schreibtisch ein und arbeiten parallel weiter. Speisen Sie zusammen mit Kollegen oder gehen Sie an die frische Luft.

### Den richtigen Zeitpunkt für bestimmte Arbeiten finden
Zunächst einige Fragen, die im zukünftigen Kampf um die fähigsten Köpfe noch mehr an Relevanz gewinnen werden.

**Fragen**
- Was treibt uns an?
- Warum sitzen einige Kollegen bis spät abends im Büro – wie Japaner – und trauen sich anscheinend nicht, nach Hause zu gehen?
- Warum messen traditionell orientierte Vorgesetzte die Leistung ihrer Mitarbeiter vielfach über deren Präsenzzeit und nicht nach dem Grad der Aufgabenerfüllung?
- Warum leben manche Top-Manager im Unternehmen, während andere zeitig heimgehen können oder nachmittags auf dem Golfplatz gesehen werden?

Geschickter Umgang mit der zur Verfügung stehenden Zeit bedeutet nicht nur zu entscheiden, was bearbeitet und was gleichzeitig zurückgestellt wird, sondern ebenfalls, *wann* bestimmte Tätigkeiten durchgeführt werden. Menschen vergeuden regelmäßig die produktivsten Stunden des Tages (die individuell sehr unterschiedlich liegen können) mit Routinearbeiten, die besser in eine Zeitspanne geringerer Aufmerksamkeit passen. Darüber hinaus überschätzen die meisten, mit wie viel (bzw. *wenig*) Zeit für hochkonzentriertes Arbeiten sie an einem typischen Tag planen können.

> Es ist erwiesen, dass die Leistungskurve über den Tag enorm schwankt und die Menschen im Durchschnitt nur über maximal zwei wirklich hochproduktive Stunden am Tag verfügen.

Diese Erkenntnis wird in vielen Seminaren vermittelt. Doch befragte Angestellte, die ein Zeitmanagement-Training besuchten, gaben nach einigen Monaten zwar an, dass sie ihre Zeit besser kontrollieren könnten, aber ihre Arbeitsleistung verbesserte sich nicht, ebenso wenig ihre Zufriedenheit am Arbeitsplatz oder der empfundene Stress. Zeitmanagement scheint daher immer ein Handel mit Hoffnungen zu sein. Es ist unrealistisch, dass Experten oder Ratgeber durch einfache Rezepte jene unangenehmen Probleme lösen können, die für Hektik, Stress und den Zeitdruck verantwortlich sind (Peter 2007).

Inzwischen ist anerkannt, dass wir nicht gestresst sind, weil wir keine Zeit haben, sondern wir haben umgekehrt vielmehr keine Zeit, weil wir gestresst sind. Stresshormone beeinflussen und beschränken jenen Teil der Großhirnrinde, der für die Zeitwahrnehmung verantwortlich ist, in seiner Funktion. In Stress-Situationen büßt das Stirnhirn seine Fähigkeit ein, zwischen wichtigen und unwichtigen Informationen zu unterscheiden (Klein 2006; vgl. Abschn. 5.1).

## 2.3   Unter Kollegen und im Homeoffice

In Abschn. 1.5 wurde die Struktur von Arbeitskollektiven analysiert und der Aspekt beleuchtet, wie sich der Einzelne darin integriert und verhält. Nun soll es um die verschiedenen Kommunikationsmöglichkeiten innerhalb von Unternehmen, Abteilungen, Gruppen oder Teams gehen.

**Persönliche Treffen und Besprechungen**

Die Zusammenarbeit mit Kollegen und Geschäftspartnern und die Störung durch andere können wesentliche Zeitdiebe darstellen, denn der Umgang mit Menschen ist zeitaufwendig. Dies betrifft besonders Kontakte und Unterhaltungen *in persona,* die sich in der Regel nicht so schnell beenden lassen wie ein Telefonat, ohne unhöflich zu wirken. Doch gehören Einzelgespräche und Besprechungen zu den essenziellen Aufgaben im beruflichen Alltag.

*Meetings* sollten effektiv sein, und die Zeit dafür ist effizient zu nutzen. Die jeweilige Besprechungskultur in einem Unternehmen ist ein vieldiskutiertes Reizthema. Es geht bereits los mit der Frage, wer überhaupt zu einer Besprechung einladen und somit über die Arbeitszeit mehrerer Kollegen verfügen darf. Weiterhin benötigen zielorientierte Treffen einen Leiter und eine klare, vorher abgestimmte Agenda; in vielen Fällen ist die Führung eines Protokolls ratsam oder sogar vorgeschrieben. Die meiste Zeit wird erfahrungsgemäß dadurch verloren, dass Teilnehmer nicht auf den Punkt kommen. Ein anderes Ärgernis ist der verspätete Beginn von Treffen, da alle auf den Ranghöchsten warten. Der Besprechungsleiter muss unbedingt versuchen, derartige Zeitdiebe auszuschließen, um keine Frustration bei der überwiegenden Zahl der Teilnehmer zu erzeugen. Daneben sollten Sie diese Tipps beherzigen:

- Berufen Sie als Verantwortlicher nur dann eine Besprechung ein, falls keine andere Kommunikationsform möglich bzw. angemessen ist. Sorgen Sie dafür, dass jede Sitzung gut vorbereitet ist, und führen Sie am Ende gegebenenfalls eine kurze Manöverkritik durch.
- Sagen Sie Ihren Gesprächspartnern zu Beginn, was das Ziel (das erwartete Ergebnis) des Treffens ist und wie viel Zeit Sie dafür reserviert haben.
- Stellen Sie klar, welche Rolle Sie dabei spielen.
- Schenken Sie dem jeweiligen Redner Aufmerksamkeit.
- Wenn Besucher bei Ihnen im Büro zu Gast sind und Ihr Telefon klingelt – lassen Sie es klingeln (außer Sie erwarten einen dringenden Anruf) und rufen Sie später zurück.

Legen Sie schwierige Termine auf einen Dienstag. Dienstags sind nicht nur die Straßen am leersten, an diesem Wochentag ist auch unsere Leistungsfähigkeit am größten – dies kann gerade für ungeliebte Treffen und kritische Abstimmungen nützlich sein.

## E-Mail-Kommunikation

E-Mail ist heute einer der wichtigsten Kommunikationskanäle in der Wirtschaft und lässt sich z. B. über Notebooks, Tablets und Smartphones jederzeit und überall nutzen. (Dieses Format steht hier stellvertretend für alle elektronischen Kommunikationswege; mittlerweile gewinnen auch Instant-Messaging- und Mikroblogging-Dienste zunehmend an Bedeutung.) Bevor Ende der 1980er Jahre E-Mail und danach weitere Online-Dienste eingeführt wurden, erfüllten Telex und Telefax im Unternehmensalltag deren Aufgabe.

Doch man wird sich ab und an vor Augen halten müssen, dass E-Mail eine asynchrone Konversation bedingt, man also nicht gleichzeitig in der Kommunikation aktiv ist. Daher muss eine E-Mail-Nachricht im Gegensatz zu einem Telefonanruf nicht gleich beantwortet werden. E-Mail kann nicht die Funktion eines Telefonats wahrnehmen. Das Format repräsentiert im Prinzip die reine Textbotschaft, doch ganz so einfach ist es nicht: Eine E-Mail-Nachricht ist hinsichtlich Aussagekraft, Aufmachung und Fehlerfreiheit eine Visitenkarte des Absenders. Man sollte – gleich, wem man schreibt – darauf achten, fehlerfreie, vernünftig formatierte und gut lesbare Nachrichten zu versenden, um nicht als inkompetent angesehen zu werden. Daneben spielt auch die Zeit eine Rolle, die man sich zum Antworten lässt; sinnvoll ist eine Antwort am selben oder spätestens am nächsten Tag.

> E-Mail ist ein Kommunikationsmittel, das ausschließlich zum Informationstransfer geeignet ist, nicht zum Ausdrücken starker Gefühle. Wenn Ärger und vor allem emotional geprägte Unstimmigkeiten zu erwarten sind, sollte man das persönliche Gespräch suchen.

- Bearbeiten Sie Ihre elektronische Korrespondenz zu festen Zeiten im täglichen Arbeitsablauf. Starten Sie mit den aktuellsten und wichtigsten Mails. Das Ziel dabei ist eine dauerhaft fast leere Eingangsbox.
- Nach Deaktivierung der Benachrichtigungsfunktion werden Sie nicht mehr durch jede neue Nachricht in Ihrer Arbeit unterbrochen.
- Entscheiden Sie unmittelbar nach dem Lesen, was mit einer E-Mail geschehen soll: löschen, weiterleiten, beantworten oder ablegen.
- Erledigen Sie E-Mail-Anfragen sofort, falls es im Einzelfall nicht länger als drei Minuten dauert.
- Halten Sie Verteilerlisten möglichst klein und entscheiden Sie, auf welchen Sie stehen wollen.

**Telefonate**

Wenn – was heute glücklicherweise nicht mehr so oft vorkommt wie in früheren Zeiten – der Unternehmensserver oder das Internet ausfällt, bricht nicht nur die Bürokommunikation, sondern für viele Angestellte eine Welt zusammen: Sie müssen offline arbeiten, können nicht mal schnell Daten, Fakten oder Dokumente abrufen und Nachrichten verschicken und fühlen sich massiv eingeschränkt. Man kann sich allerdings mit Kollegen treffen, und wahrscheinlich funktioniert das Telefonsystem weiterhin.

Telefonate dürfen wie E-Mail-Korrespondenz weder im Hinblick auf Ihre Bedeutung noch bezüglich des Zeitmanagements vernachlässigt werden – auch hier lassen sich einige Dinge mit relativ wenig Aufwand zum eigenen Vorteil ändern. Unterschätzen Sie nicht, wie viel Zeit durch Telefonieren blockiert werden kann. Führen Sie eventuell Buch über Ihre Telefonate und die benötigte Zeit. Vielfach drehen sich dabei die Argumente (ähnlich wie in persönlichen Besprechungen) im Kreis. Bringen Sie ein Gespräch zu Ende, nachdem alles Relevante gesagt ist.

> Netzwerken benötigt Zeit – auch am Telefon.

Wichtige Telefonate sind etwa Verhandlungen oder Gespräche mit Kunden, Lieferanten oder in der Hierarchie Höherstehenden. Dazu bieten sich wiederum verschiedene Tipps an:

- Stellen Sie sicher, dass Sie verstehen, wer auf der anderen Seite teilnimmt. Sprechen Sie laut und deutlich. Fragen Sie nach, wenn Sie etwas nicht verstanden haben. Bleiben Sie insbesondere bei Konflikten ruhig und freundlich. Machen Sie sich Notizen – gegebenenfalls nach dem Telefonat.
- Falls Sie viel im Büro telefonieren, besorgen Sie sich ein Headset.
- Klopfen Sie bei Verwendung von Raummikrofonen z. B. in Telefonkonferenzen nicht auf den Tisch, denn dieser wirkt als Resonanzboden und verstärkt das Geräusch unverhältnismäßig.
- Stehen Sie bei wichtigen Telefonaten auf. Dadurch öffnen sich Brustkorb und Zwerchfell; die Stimme wird fester, und der Sprecher wird vom Telefonpartner automatisch als selbstbewusster und kompetenter wahrgenommen.
- Falls Sie einen Anruf verpasst haben, rufen Sie (möglichst am selben Tag) zurück. Sie sind allerdings nicht verpflichtet, nachts, am Wochenende oder im Urlaub Anrufe entgegenzunehmen – gewöhnen Sie am besten niemanden daran (s. Abschn. 2.5).

## Videokonferenzen

Eine Weiterentwicklung des Telefonierens sind Videokonferenzen zum synchronen Informationsaustausch mit Bild- und Tonübertragung, die vor allem seit Beginn des neuen Jahrtausends und insbesondere seit der Corona-Pandemie verstärkt genutzt werden. Dazu müssen Kamera und Mikrofon als Eingabegeräte sowie Bildschirm und Lautsprecher oder Kopfhörer als Ausgabegeräte vorhanden sein. Bei nur zwei Teilnehmern ist der Begriff *Bildtelefonie* zutreffender. Erfolgt die Übertragung der Daten über das Internet, spricht man von einer *Webkonferenz* oder einem *Online Meeting*.

Aufgrund der allgemeinen Verfügbarkeit von Computern mit Webcams bzw. Smartphones und eines überwiegend gut ausgebauten Internets lässt sich heutzutage sehr einfach eine Videokonferenz abhalten. Teilweise sind darauf ausgerichtete Dienste und die entsprechende Client-Software für eine private Nutzung kostenlos abrufbar. Zum Aufbau einer Konferenz werden die gewünschten Teilnehmer von einem Gastgeber zum Beispiel per E-Mail eingeladen und erhalten darin eine ID oder einen Internet-Link, um beitreten zu können.

Während der Konferenz können Teilnehmer vom Leiter stummgeschaltet werden, was insbesondere bei großen Runden üblich ist, und Einzelne von ihnen das Wort erhalten. Die Webkonferenz erlaubt die Anzeige von Bildschirminhalten (wie Dokumenten) eines Teilnehmers auf allen Teilnehmerbildschirmen *(Screen Sharing)*. Es stehen Chatoptionen und Bereiche für Fragen und Antworten zur Verfügung. Die Nachrichten können je nach Voreinstellung vertraulich an bestimmte Teilnehmer oder öffentlich an alle Teilnehmer gesendet werden (für eine Einführung s. z. B. Wikipedia 2020a, b).

## Arbeiten im Homeoffice

Vor dem März 2020 besaß das Format Homeoffice bei konservativen Vorgesetzten (analog zum Thema „Selbstbestimmung" in traditionellem Unternehmen) einen eher anarchischen Ruf: Mehr *Home* als *Office,* denn wer sich nicht im Blick der Führungskräfte befindet, ist ihrer Ansicht nach nur schwer kontrollierbar und arbeitet und leistet nicht genug. So wie vor vielen Jahren ein Computer (später der Laptop) oder das Dienst-Handy stellte für viele Mitarbeiter ein Homeoffice-Tag in der Woche ein Privileg dar. Mancher Manager konnte sich nicht verkneifen, durch Kontrollanrufe oder gar Hausbesuche bei den Betreffenden zu überprüfen, ob diese wirklich erreichbar und womit sie beschäftigt waren – was im ersten Fall lächerlich und im zweiten illegal ist.

Dann waren im Frühjahr 2020 bei deutschen Unternehmen teilweise 80 bis 90 % der Büros leergefegt. Wer für das Tagesgeschäft verzichtbar war, wurde ermuntert und vielfach aufgefordert, zu Hause zu arbeiten; inzwischen haben viele Arbeitnehmer die Freiheit, selbst zu entscheiden *[sic!]*, an welchen Tagen sie ins Büro kommen und wie lange sie bleiben. Der überwiegende Teil der Kontakte erfolgt telefonisch oder auf elektronischem Weg. Mit der zunehmend verbesserten Technik gelingen Telefon- und Webkonferenzen heute meist ohne Software-, Leitungs- und Serverabstürze, auch wenn die Bilder durch das hohe zu übertragende Datenvolumen mitunter etwas ruckeln.

Wie die Süddeutsche Zeitung im Juli schrieb (Fromm 2020), zieht mit Siemens einer der größten deutschen Konzerne die Lehren aus der Pandemie: 140.000 Mitarbeiter dürfen künftig zwei bis drei Tage in der Woche mobil arbeiten, zu Hause, im Café oder wo sonst sie am produktivsten sind oder es praktisch möglich ist. Der Grund für diese neue Normalität liegt darin, dass während der Hochphase der Pandemie die Produktivität keineswegs gesunken sei – im Gegenteil. Der Konzern schloss daraus, dass einige Vorurteile gegen Heimarbeit nicht mehr haltbar sind.

Bei Siemens gibt es heute weltweit mehr als 800.000 Online-Konferenzen am Tag. Allianz und andere große Konzerne gehen nun ähnliche Wege. Das Silicon Valley mit seinen modernen Gepflogenheiten lässt grüßen! Weltweit hingegen scheint es so zu sein, dass immer mehr Unternehmen ihre Beschäftigten quasi ins Homeoffice hinausdrängen, um Büroplätze und damit Geld zu sparen, ohne ihnen die Freiheit zur Entscheidung dafür oder dagegen einzuräumen.

Homeoffice ist ein zweischneidiges Schwert, das nur mit Bedacht und unter Vorgabe klarer Regeln verwendet werden sollte, damit es zum Vorteil von Arbeitgebern *und* Arbeitnehmern gereicht. Um als etabliertes und produktives Arbeitsformat bestehen zu bleiben, sind einige Voraussetzungen und Vereinbarungen notwendig.

- Angestellte sind primär nach der Erledigung ihrer Aufgaben zu bewerten (und zu entlohnen) und nicht nach der Anwesenheitszeit im Büro. Mit dem zunehmenden mobilen Arbeiten entfällt der Effekt, durch lange Stunden im Unternehmen einen guten Eindruck auf den Chef zu machen.
- Arbeitnehmer sind zu Hause ebenfalls an die betriebsüblichen Zeiten gebunden. Der Arbeitgeber ist berechtigt, Maßnahmen zur Zeitkontrolle einzuführen, die allerdings mitbestimmungspflichtig sind.
- Auch im Homeoffice-Betrieb hat der Arbeitgeber seine Fürsorgepflicht für die Mitarbeiter wahrzunehmen. Dazu gehört sicherzustellen, dass überhaupt die Rahmenbedingungen für eine Trennung von Arbeit und Privatleben gegeben sind, eine ergonomisch günstige Büroeinrichtung

vorhanden ist und unter „Homeoffice" nicht viel *Office* (= Überstunden) und wenig *Home* verstanden wird.

- Eigenständiges Arbeiten zu Hause erfordert einen hohen Organisationsgrad verbunden mit gutem Zeitmanagement und der dazu erforderlichen Selbstdisziplin. Dies ist nicht allen Beschäftigten gegeben, und daher müssen die Vorgesetzten in der Lage sein, die Leistung des Heimarbeiters zu beurteilen. Wer mit den neuen Freiheiten nicht umzugehen weiß, muss zurück ins Büro beordert werden.
- Selbst wenn zu Hause Platz und die notwendige Ruhe zum Arbeiten fehlen, sollte der Mitarbeiter die Möglichkeit haben, ins Unternehmen zu kommen. Die Einsparung von Arbeitsplätzen und Büroräumen durch Arbeitgeber darf nicht der hauptsächliche Beweggrund sein, mobiles Arbeiten zu gestatten bzw. zu fordern.
- Für das Arbeiten zu Hause sind klare Absprachen und Regeln mit der Familie, vor allem dem Lebenspartner, zu treffen. Die Ablenkung darf nicht so groß sein, dass die Leistung leidet; andererseits ist es ebenso wenig sinnvoll, sich acht oder neun Stunden am Tag in seinem Arbeitszimmer einzuschließen und von der Außenwelt abzuschotten.
- Wie im Beispiel Siemens erwähnt, sind zwei bis drei Präsenztage pro Woche im Büro angebracht, unter bestimmten Umständen vielleicht auch nur einer. Die ständige physische Abgeschnittenheit von den Kollegen kann zu Vereinsamung sowie fehlender Kreativität von Teams und Gruppen führen.
- Arbeitnehmer können für jeden Tag der Jahre 2020 und 2021, an dem sie ausschließlich im Homeoffice gearbeitet haben, fünf Euro von der Steuer absetzen – maximal 600 Euro und erst nach Überschreiten des Arbeitnehmerfreibetrags von 1000 Euro. Daneben hat der Arbeitgeber die Möglichkeit, den Fleiß des Mitarbeiters im Homeoffice durch eine steuerfreie Zahlung bis zu einem Betrag von 1500 Euro zu honorieren. Dieser Zuschuss ist – sofern er bis zum Juni 2021 gezahlt wird – steuer- und sozialversicherungsfrei und kommt damit dem Arbeitnehmer voll zugute. Falls der Arbeitgeber dies nicht von sich aus anbietet, sollte man als Betroffener möglichst bald danach fragen.

> Vorsicht: Wer zu wenig Zeit mit Vorgesetzten und Kollegen verbringt, für den gilt schnell: „Aus den Augen, aus dem Sinn." Er wird unter Umständen als verzichtbar angesehen.

Die Chance, temporär im Homeoffice zu arbeiten, bringt eine Reihe von Vorteilen mit sich, wenn Rahmenbedingungen wie die genannten erfüllt sind, und führt meist zu produktiveren und zufriedeneren Beschäftigten. Es beginnt mit der Zeiteinsparung durch den Wegfall des Pendelns an den Tagen mit mobiler Arbeit. Wichtige Arbeiten werden in die Zeiten des persönlichen Leistungshochs gelegt, und falls nicht gerade Termine oder Bereitschaftsdienst vereinbart sind, lassen sich private Aktivitäten in den Arbeitstag einbauen. Nach dem Verständnis dieses Buchs ist das ein Beitrag zu gelebter Selbstbestimmung.

Doch die immer wieder gezeigten Bilder gerade von jungen Leuten, die mit Laptop am Strand oder in einem Café zu arbeiten versuchen, halte ich für problematisch und teilweise in die Irre führend. Zur Heimarbeit gehört auch die im Büro mögliche Konzentration auf die zu bearbeitenden Themen, und dabei ist jede Art von Ablenkung störend. Homeoffice bedeutet vor allem, sich an einem ruhigen Ort (meist zu Hause) seinen Aufgaben mit der nötigen Ernsthaftigkeit und Fokussierung zu widmen. Das geht bereits damit los, dass man sich – auch wenn keine Videokonferenzen anstehen – nicht im Bademantel vor den Rechner setzt, sondern (annähernd) wie im Büro kleidet – Krawatte natürlich verzichtbar.

## 2.4  Dienstreisen: notwendig oder überflüssig?

In meinen Vertriebsseminaren bringe ich den Teilnehmern nahe, dass jeder Tag ohne Kundenkontakt ein verlorener Tag ist und dass ein Vertriebsingenieur oder Account Manager den Dialog mit potenziellen Abnehmern suchen und dort präsent sein muss. Dies führt gewöhnlich dazu, dass für dieses Aufgabenprofil nur sehr flexible Mitarbeiter infrage kommen, die 100 und mehr Reisetage pro Jahr absolvieren können, ohne dass ihr Wohlbefinden und ihr Privatleben gravierend darunter leiden.

**Von der Faszination des Fliegens**
Fliegen übt auf die Menschen seit jeher eine hohe Faszination aus. Doch was treibt den Manager an, kaum, dass er sich zu Hause eingewöhnt und die Nachwirkungen des Reisens verarbeitet hat, wieder hinauszuziehen? Warum nimmt er die negativen Begleiterscheinungen anscheinend gerne in Kauf? Zur Ehrenrettung der beruflichen Vielflieger darf vorausgesetzt werden, dass der Hauptgrund in den meisten Fällen die Erfüllung von beruflichen Pflichten und Zielen sein dürfte. Doch darüber hinaus spielen möglicherweise zusätzliche Faktoren eine Rolle:

- Reisen bildet bekanntlich und erweitert den Horizont. Es vermittelt zahlreiche neue Impulse und Erkenntnisse zu Land und Leuten – und schafft und stärkt die persönliche Beziehung zu auswärtigen Kollegen und Geschäftspartnern.
- Im räumlichen Umfeld des Fliegens (mit Shoppingbereich, Gates und vor allem den Lounges) befindet man sich in einer Art klimatisiertem künstlichen Biotop mit kontrollierten Bedingungen – keine Hitze und Schwüle, kein Staub, kein Heuschnupfen, und überall Service im Angebot.
- Noch ausgeprägter ist dieses Geborgenheitsgefühl in der Maschine selbst (sofern man nicht unter Flugangst leidet): Insbesondere in den teuren vorderen (oder oberen) Bereichen kann man es sich gut gehen lassen und wird verwöhnt – ohne Störung durch Besucher oder eingehende Nachrichten. (Außer man hat einen nervigen Sitznachbarn …)
- Fliegen ist mit den damit verbundenen Privilegien auch heute teilweise noch ein Statussymbol – ebenso wie der Dienstwagen. Die Luftfahrtgesellschaften pflegen dieses Image natürlich ganz gezielt.

### Statusdenken

Rund um Dienstreisen und das Fliegen gibt es viel Interessantes zu erzählen – Geschäftsleute finden darin auch immer ein Gesprächsthema. Dabei spielt der Status der Fluggäste eine wichtige Rolle: *gold* oder *silber, Senator* oder „nur" *Frequent Traveller?* Bei Lufthansa (Abb. 2.4) ist der höchste Status der des *HON Circle Members,* wobei HON für „honorary" steht, ein geehrtes Mitglied also. Für den HON-Status sind in zwei aufeinanderfolgenden Jahren 600.000 geflogene Meilen in der *First* oder *Business Class* erforderlich – das heißt man muss 24-mal komplett um den Erdball fliegen oder 78-mal von Frankfurt nach New York und zurück.

Die Privilegien, die man als Gegenleistung von der Fluggesellschaft erhält, sind umfassend (Wanderer 2018). HONs sind ein überschaubarer Kreis, über dessen genaue Größe (man schätzt ca. 12.000 Mitglieder) sich Lufthansa ausschweigt; es gibt sogar gelegentlich stattfindende Treffen dieses „Ordens" der Ehrenmitglieder. Da angeblich noch nie eine der schwarzen HON-Circle-Karten verschenkt wurde, ist der *Honorary Circle* die Elite der Unbekannten: Den Großteil der Mitglieder machen unauffällige Angestellte im Getriebe der Globalisierung aus (Karabasz 2014).

Für die Flugtickets wird insbesondere in den höheren Klassen viel Geld ausgegeben (rechnen Sie mal den Stundenlohn aus!), die Bordzeitungen bewerben überteuerte, unnütze Luxusartikel, die Sie als Mitbringsel kaufen sollen, und wenn Sie erster Klasse fliegen, werden Sie mit einem Limousinenservice direkt zum Flieger gebracht. Und Sie bekommen an Bord schlechte Filme, ungesundes Essen und zu viel Alkohol serviert. Dafür haben Sie wie alle anderen Fluggäste – und sinngemäß auch Bahnreisende und Autofahrer – mit Verspätungen und Flugausfällen zu rechnen, mit Streiks, beschädigten Koffern,

**Abb. 2.4** Faszination Fliegen: am liebsten auf dem Oberdeck. Lufthansa Boeing 747–830 D-ABYP. (Foto: lapping, Pixabay)

unfreundlichem Personal und verschmutzten Toiletten. Von der Strahlenbelastung über den Wolken gar nicht zu sprechen.

Ich bin als Angestellter ca. eine Million Meilen geflogen, aber viele Kollegen bringen es leicht auf das Zehnfache. Allerdings kenne ich persönlich nur wenige Mitglieder des angesprochenen HON Circle. Dabei kann ich mich bis heute des Eindrucks nicht erwehren, dass viele Dienstreisen verzichtbar sind – wie die jüngste Vergangenheit demonstriert hat. Ich selbst habe mich immer auf das Fliegen gefreut (sogar in der *Economy Class*); wenn ich dann in engen Flugzeugen saß oder nachts wegen des Jetlags nicht schlafen konnte, musste ich mich allerdings manchmal fragen: Warum?

Hier einige Tipps für Vielflieger aus eigener Erfahrung (vgl. Wenski 2020a, S. 157–204).

- Machen Sie das Reisen nicht zum Selbstzweck und überlegen Sie bei jeder Verpflichtung, ob es ökonomisch und ökologisch besser geeignete Formate gibt.
- Gehen Sie immer positiv an eine Dienstreise heran. Wer sich bewusst dafür entscheidet, steckt den Druck besser weg als jemand, der dazu gedrängt wird.

- Bereiten Sie Ihre Trips sehr gut vor und verlieren Sie das Zeitmanagement nicht aus den Augen. Berücksichtigen Sie, dass in vielen Ländern etwa in Asien Abstimmungen deutlich länger dauern als bei uns.
- Setzen Sie die geschäftlichen Termine nicht zu eng und reservieren Sie Freizeit dazwischen, um sich zu erholen und fit zu bleiben.
- Verlassen Sie sich nicht ausschließlich auf andere, z. B. auf die Vorschläge des Reisebüros für den günstigsten Flug.
- Erstellen Sie Checklisten darüber, wie Sie bei Problemen unterwegs vorgehen (verpasste Flüge, verlorene Papiere, Krankheit, PC-Probleme etc.).
- Verzichten Sie weitgehend darauf, im Flugzeug zu arbeiten, und wenn, dann beschränken Sie Ihr Tun auf Routinetätigkeiten. Denn die Konzentration ist reduziert und die Fehlerhäufigkeit drastisch erhöht. Insbesondere auf Transkontinentalflügen sollten Sie jede Gelegenheit zum Entspannen und Schlafen nutzen.
- Ernähren Sie sich auf Dienstreisen (und somit auch im Flugzeug) weitgehend bewusst und leicht: Essen Sie möglichst Vollwertgerichte und halten Sie sich mit Fast Food, Süßigkeiten, Kaffee und Alkohol zurück.
- Akzeptieren Sie das Phänomen des Jetlags und verzichten Sie auf Schlafmittel oder Melatonin-Einnahmen. Legen Sie sich stattdessen passende Lektüre auf den Nachttisch.
- Wenn Sie trotz Müdigkeit nicht einschlafen können, versuchen Sie, Ihr Gehirn vor störenden Gedanken abzuschirmen und so zur Inaktivität zu degradieren. Diese autosuggestive Entspannungsmethode existiert in zahlreichen Variationen, und Betroffene sollten sie individualisieren und regelmäßig anwenden (vgl. Abschn. 5.3).

**Im Ausland unterwegs**

Falls die Karriere nicht bereits mit einem Marketing- oder Sales-Job begonnen hat, gilt für den durchschnittlichen Mitarbeiter eines größeren Wirtschaftsunternehmens die Daumenregel: Je höher er in der Hierarchie kommt, desto mehr Zeit verbringt er auf Dienstreisen. Und damit sind nicht nur die Fahrten mit dem Auto (mit oder ohne Chauffeur) oder der Bahn gemeint, sondern vor allem transkontinentale Flugreisen.

Wenn Sie in einem größeren Unternehmen arbeiten, wird Ihr Arbeitgeber Sie bei der Reisevorbereitung durch Fachstellen (Reisebüro, Gesundheits-, Versicherungs- und Schulungsabteilung etc.) unterstützen. Bei Reisen mit besonderen klimatischen Belastungen und Infektionsgefährdungen sowie in Länder mit Hygienemängeln oder unsicherer medizinischer Versorgung muss er eine G-35-Vorsorge veranlassen – auch bei einem Kurztrip. Dazu erfasst der Arzt die medizinische Vorgeschichte des Reisenden und vorhandene Impfungen und sorgt für ausreichende Malaria- und Impfprophylaxe. Meist existiert eine ärztliche Station, die Sie kompetent berät und untersucht und mit den notwendigsten Reiseinformationen und Medikamenten versorgt. Wenn nicht, sollten Sie sich unbedingt selbst um diesen Punkt kümmern und die Leistungen gegebenenfalls extern über Hausarzt, Krankenhaus oder Versicherung beziehen – Ihr Arbeitgeber wird diese Kosten im Rahmen der Reisekostenabrechnung dann gewöhnlich erstatten.

Da die Leistungen der gesetzlichen Unfallversicherung und der gesetzlichen Kassen im Ausland begrenzt sind, schließt der Arbeitgeber Auslandskranken- und -notfall-Versicherungen für seine Dienstreisenden ab. Tut er dies nicht, verletzt er seine Fürsorgepflicht und muss mit Schadenersatzforderungen von Mitarbeitern rechnen, die etwa eine Krankenhausbehandlung aus eigener Tasche bezahlt haben.

> Vorsicht ist immer geboten, wenn eine Dienstreise (oder Abordnung) in ein Krisengebiet geplant ist.

Und davon gibt es inzwischen sehr viele, in denen europäische Unternehmen dennoch Geschäfte machen. Organisation und Mitarbeiter sollten gut vorbereitet sein, sonst drohen im schlimmsten Fall Überfälle und Entführungen. Dies geht bereits bei der Wahl des richtigen Hotels und eines sicheren Anfahrtswegs los. Überfälle haben vielfach das Ziel, mit dem Opfer zum nächsten Bankautomaten zu gehen, um Geld abzuheben. Gerade für Top-Manager hat es sich in bestimmten Gegenden bewährt, nur neutrale Visitenkarten ohne Titel mit sich zu führen.

### Reisen in Zeiten von Corona
Während der ersten Corona-Welle in Europa im Frühjahr 2020 wurden viele Angestellte, die sich das vorher überhaupt nicht vorstellen konnten, ins Homeoffice beordert, und es fanden ebenfalls keine internationalen Urlaubs- und kaum noch Dienstreisen statt. Die Wirtschaft hat unter den Beschränkungen gelitten, doch die Luft war durch den 95-%igen Rückgang des Flugbetriebs und einer signifikanten Reduktion des Straßenverkehrs deutlich besser geworden (was allerdings nicht lange währte). Dies hat zwingend die Frage aufgeworfen, in welchem Umfang Dienstreisen notwendig sind und welche alternativen Kommunikationswege gewählt werden können.

Im Rahmen Ihres persönlichen Selbst- und vor allem Zeitmanagements sowie mit Blick auf den Umweltschutz sollten Sie immer wieder kritisch hinterfragen, wie viel Sie reisen wollen und müssen.

Gesundheitlich und ökologisch nachhaltig sind vor allem Flugreisen keineswegs. Bisher war die Lehrmeinung, dass manche Jobs ohne umfassendes Reisen nicht zu erledigen seien. Noch vor wenigen Jahren hielten 90 % aller Fach- und Führungskräfte Geschäftsreisen für unersetzlich – Vertrauen entstehe eben nicht auf Distanz. Doch möglicherweise findet im Zuge der Pandemie ein Umdenken statt, denn es ist schnell klargeworden, dass es vielfach auch elektronische Formate tun. Es bleibt zu hoffen, dass in Zukunft von den Angestellten nicht mehr erwartet wird (oder diese sich in vorauseilendem Gehorsam dazu entscheiden), für ein zweistündiges Meeting mit einem Geschäftspartner oder sogar innerhalb des eigenen Unternehmens einen Transkontinentalflug zu unternehmen.

Zu vielen Gelegenheiten bieten sich mit Telefon- und Videokonferenzen Alternativen an, die natürlich teilweise technische Schwächen offenbaren. Selbst Spitzentreffen in Politik und Wirtschaft greifen inzwischen auf diese Formate zu, und auch die vorgeschriebenen Jahreshauptversammlungen von Aktiengesellschaften und anderen Organisationen werden virtuell abgehalten. Doch oft geht es leider nicht anders, als sich zu treffen und dafür zu reisen. Gespräche, in denen das Auftreten mit Rhetorik und zugehöriger Körpersprache eine gewichtige Rolle spielt (etwa in komplexen Verhandlungen; s. z. B. Wenski 2019, 2020a, b), lassen sich in den wenigsten Fällen ohne persönliche Zusammenkünfte erledigen.

**Beispiel**

Herbert Langwasser ist Gruppenleiter im strategischen Einkauf des Halbleiterunternehmens WAFAG („Wafer AG") mit Hauptsitz in Dresden, mit globaler Verantwortung für die Beschaffung von Großanlagen im Heißprozess- und Messgerätebereich. In dieser Funktion besuchte er – bislang – regelmäßig ausländische WAFAG-Niederlassungen unter anderem in Singapur, Japan und Kalifornien. Da er seine Reisen weitgehend selbstbestimmt planen und organisieren kann und sogar über ein Jahresbudget für seine Gruppe verfügt, freut er sich auf die meisten Dienstreisen zu den Standorten sowie zu Lieferanten beispielsweise im Rahmen von Qualitätsaudits.

Langwasser weiß: Jedes Reiseziel und jeder individuelle Trip können sich unterschiedlich auswirken, was den Jetlag betrifft. Während ihm eine Reise westwärts oder in die Nähe der Antipoden (Australien oder Neuseeland, Länder, die er privat besucht hat) zumindest nach dem Hinflug keine größeren Probleme bereitet, sind Flüge in östlicher Richtung eine Belastung. In Singapur

(+6 Stunden Zeitdifferenz) wacht er oft um zwei Uhr nachts Ortszeit auf und hat schon ein spannendes Buch auf dem Nachttisch liegen, in dem er liest, bis er wieder müde genug ist, um weiterzuschlafen. Bei einer auf angenehme 23 °C eingestellten Klimaanlage gelingt dies gewöhnlich.

Beeindruckend und interessant empfindet Langwasser Reisen rund um den Erdball, etwa Deutschland – Singapur – Japan – USA – Deutschland. Da er ostwärts fliegt, verbringt er vier Nächte im Flugzeug, was in der *Business Class* ganz gut auszuhalten ist. Nach einer Woche Asien gewinnt er dann durch das Überqueren der Datumsgrenze einen zusätzlichen Tag und hat somit ein langes Wochenende in den USA zur freien Verfügung. In der ersten Nacht in den USA ist Herbert Langwasser meist in der Lage, lang und ausgezeichnet schlafen, da seine innere Uhr inzwischen völlig aus dem Rhythmus und das Schlafbedürfnis groß ist. Entsprechend ausgeruht und konzentriert kann er dann an die dortigen Aufgaben gehen.

Im Zuge der Corona-Pandemie kam seine Reisetätigkeit für einige Monate komplett zum Erliegen, und Herbert Langwasser hat die Kontakte zu internationalen Kollegen und externen Geschäftspartnern telefonisch und mit elektronischen Mitteln gepflegt. Auch in Dresden war der Betrieb beeinträchtigt: An vier von fünf Wochentagen arbeitete er im Homeoffice. Doch trotz reibungsloser Abwicklung der Beschaffungsgeschäfte über die elektronische Kommunikation fehlt ihm und seinen Mitstreitern der direkte Kontakt untereinander und zu den Gesprächspartnern. Dies wird sich mit weiteren geplanten Großanlagenbeschaffungen und Lieferantenbesuchen ändern, und er ist inzwischen auch wieder häufiger in seinem Büro anzutreffen. Allerdings hat sich die WAFAG vorgenommen, die Erfahrungen aus der Lockdown-Phase zu nutzen und den Austausch intern und mit anderen Gesellschaften weiterhin zumindest teilweise auf elektronische Weise durchzuführen.

Herbert Langwasser von der WAFAG hat es in seinem Job gut erwischt: Im Alter von 40 Jahren hat er als Diplom-Kaufmann eine verantwortungsvolle Position im mittleren Management inne, auf die er über verschiedene andere Positionen im Unternehmen gezielt vorbereitet wurde und deren Aufgaben er weitgehend selbstbestimmt und gut vernetzt wahrnehmen kann. Glücklicherweise tangieren ihn viele problematische Themen kaum: Der Einkäufer hat weder zu viele Reisetage und/oder ist ständig auf Abruf, noch ertrinkt er in einem Strudel aus Überstunden und nicht erfüllbaren Anforderungen. Er sollte die Gefahren jedoch kennen, um nicht sukzessive in derartige Abhängigkeiten hineinzurutschen.

## 2.5  Lange Arbeitszeiten und ständige Erreichbarkeit

Bleiben wir noch beim Thema Zeit- und Ressourcenmanagement. Mit dem durch Zeitdruck verursachten *Stress* befasst sich Abschn. 5.1. In diesem Zusammenhang sei bereits hier darauf hingewiesen, dass die bloße

Arbeitszeit nicht das alleinige Maß für Belastung ist. 14 Stunden Arbeit am Tag sind nicht gleichzusetzen mit einem hohen Stresslevel – falls die Arbeit Freude bereitet und im Flow erfolgt, im Gleichgewichtsbereich zwischen Über- und Unterforderung (Abschn. 5.2), und sich an diese Arbeitszeit eine zeitlich, räumlich und inhaltlich sauber abgetrennte Regenerationsphase anschließt – die z. B. der Beschäftigung mit Hobbys oder Zeit mit der Familie vorbehalten ist.

### Power Nap

Sie haben es vielleicht schon einmal in einer Biografie oder einem Artikel über Konrad Adenauer (Abb. 2.5) gelesen: Der *Alte aus Rhöndorf*, wie man ihn anerkennend nannte, wurde mit 73 Jahren Bundeskanzler und übte das Amt bis ins Alter von 87 Jahren aus. Allein das war ein Grund dafür, dass er nicht wie ein Besessener arbeiten konnte, obwohl er als extrem fleißig und selbstdiszipliniert galt. Während seiner Amtszeit – und darauf will ich hinaus – stand er zwar sehr zeitig auf, hielt jedoch, wann immer es die Umstände zuließen, im Bundeskanzleramt einen einstündigen Mittagsschlaf, wofür er sogar einen Pyjama anzog (Koch 1988, S. 270). Heute nennt man dies *Power Nap* und hat es als neues Element im Management eingeführt: 20 Minuten Intensivschlaf in der Zeit kurz nach Mittag sollen die Lebensgeister und Energien wieder wecken. (Doch wenn Ihr Arbeitgeber nicht extrem progressiv ist, werden Sie in Deutschland entsprechende Schlafmöglichkeiten vergeblich suchen.)

In Japan heißt dieses gelegentliche Nickerchen am Arbeitsplatz, aber auch in öffentlichen Verkehrsmitteln *Inemuri* (居眠り), was sich in etwa als „anwesend sein und schlafen" übersetzen lässt. Inemuri ist gesellschaftlich durchaus hoch angesehen, zeigt es doch den Einsatz und die Erschöpfung eines Menschen, der sich voll für seine Aufgaben einsetzt. Man kann sich in den Großstädten sogar Schlafkabinen für einen kurzen Zeitraum mieten. Dieser Trend überdeckt die Tatsache, dass die Japaner bei gleicher Aufstehzeit immer später zu Bett gehen

**Abb. 2.5**   Konrad Adenauer 1952. (Foto: Katherine Young, New York. Bundesarchiv, CC BY-SA 3.0 DE)

und mit durchschnittlich sechs Stunden und 22 Minuten am Tag deutlich kürzer als Vertreter anderer Nationen schlafen.

Die Überschrift dieses Abschnitts hat zugegebenermaßen einen latent negativen Unterton. Dies liegt daran, dass in unserer modernen Wirtschaftswelt die Willensstärke des Individuums und seine Bereitschaft, sich für ein Ziel zu quälen, von manchen Arbeitgebern in unredlicher Weise ausgenutzt wird. Gutes und erfolgreiches Personal erhält noch mehr und noch schwierigere Aufgaben. Wer sich damit schwer tut oder sich gar beklagt, wird von den Vorgesetzten und sogar den Kollegen möglicherweise als nicht belastbares „Weichei" diffamiert und als ungeeignet für umfassendere Verantwortlichkeiten eingestuft. So kann ein Gruppendruck entstehen, dem der Einzelne nur schwer ausweichen kann. Teilweise wird dieses System aufgrund ungeschriebener Gesetze – und dem einen oder anderen Präzedenzfall, bei dem jemand wegen fehlender „Leistungsbereitschaft" gravierende Nachteile erleidet – in einer Weise gepflegt, dass sich der Leistungsdruck fast schon intrinsisch bildet.

Man sollte sich das (Arbeits-)Leben keineswegs zu leichtmachen. Im Gegenteil: Kämpfen Sie mit Energie, Einsatzwillen und Hingabe für Ihre Ziele. Allerdings *mit Maß und Ziel* – und einem nachhaltigen Ressourcenmanagement, wie wir in Kap. 5 noch sehen werden.

Als Angestellter müssen Sie mindesten vier Jahrzehnte arbeiten und durchhalten – eine viel zu lange Zeit, um ständig bis ans Limit zu gehen.

Oft führen Innehalten und Nachdenken zu wesentlich effektiverem Handeln als blindwütiger Eifer. Letztlich scheint es doch so, dass gerade diese Effektivität und Effizienz von uns Deutschen im globalen Wettbewerb mit Entwicklungs- und Schwellenländern einen gravierenden Vorteil darstellt.

**Lange Arbeitszeiten**

Ob Sie 40 Stunden in der Woche arbeiten und 80.000 Euro im Jahr verdienen oder 70 Stunden arbeiten und dafür 140.000 Euro bekommen – wo ist da der große Unterschied? Rein betriebswirtschaftlich gesehen ist der Brutto-Stundenlohn derselbe. Vielmehr geben gewöhnlich subjektive Faktoren wie Karriereerwartung, Anspruchshaltung, Selbsterfüllung, Stresslevel und Vorhandensein oder Abwesenheit einer ausgeglichenen Work-Life-Balance den Ausschlag, was man präferiert (sofern man überhaupt die Wahl hat).

Besonders in den westlichen Industriegesellschaften wird von ihren Mitgliedern bereits früh Leistung gefordert – Schule, Studium, Beruf und vielleicht Aufstieg ins Management. Dem einen fallen die Dinge leicht und die Erfolge in den Schoß, der andere muss dafür viel, hart und gewissenhaft arbeiten. Das kostet natürlich Zeit, die oft nicht im benötigten Umfang vorhanden ist und im privaten Bereich abgezweigt werden muss – Stunden, die eher für Erholung, Hobbys und Familie zur Verfügung stehen sollten. So können es schon mal die erwähnten 70 Wochenstunden werden, und ehe man sich versieht, ist dies die Regel und nicht die Ausnahme – Arbeitszeitgesetzgebung hin oder her.

Wenn zahlreiche Mitglieder des Top-Managements in Unternehmen oder in hohen Ämtern in Verwaltung und Politik nahezu rund um die Uhr arbeiten, lässt dies nicht nur auf eine schlechte Zeitökonomie schließen, sondern stellt ebenso ein schlechtes Vorbild für ihre Mitarbeiter dar. Wie sollen diese zu effizientem Arbeiten angeleitet und motiviert werden, wenn der eigene Chef dies nicht beherrscht? Die Unternehmenskultur bestimmt, was gang und gäbe ist, und es ist nie zu spät, an der Verbesserung dieser unsichtbaren Gesetzgebung zu arbeiten. Doch besteht die Hoffnung, dass der zunehmende Zeitanteil im Homeoffice diesbezüglich zu völlig neuen Betrachtungen und Bewertungen führt.

In Deutschland ist die ungezügelte Anhäufung von Überstunden wie in Japan oder angelsächsischen Ländern zumindest im Geltungsbereich des Arbeitszeitgesetzes illegal:

> **Höchstarbeitszeit** § 3 ArbZG lautet: „Die werktägliche Arbeitszeit der Arbeitnehmer darf acht Stunden nicht überschreiten. Sie kann auf bis zu zehn Stunden nur verlängert werden, wenn innerhalb von sechs Kalendermonaten oder innerhalb von 24 Wochen im Durchschnitt acht Stunden werktäglich nicht überschritten werden." Bei der daraus ableitbaren zulässigen Wochenarbeitszeit wird von einer Sechstagewoche ausgegangen.

Für leitende Angestellte gemäß § 5 Abs. 3 und 4 BetrVG gilt das Arbeitszeitgesetz hingegen nicht. Allerdings sollte auch in dieser Führungsebene auf eine verträgliche Belastung geachtet werden. Die Einschränkungen durch § 3 ArbZG sind einerseits im Sinne des Arbeitnehmerschutzes als positiv anzusehen, um einer gezielten Ausnutzung von Tarifmitarbeitern entgegenzuwirken. Andererseits bedeutet es aber auch teilweise Stress für Arbeitnehmer, ihre Aufgaben in einer vorgegebenen limitierten Zeit erledigen zu müssen: Sie besitzen nicht die Freiheit von leitenden Angestellten, die

Arbeitsdichte durch bewusste Entzerrung der Tätigkeiten in den Feierabend hinein zu beeinflussen.

**Zeiteinsparung im Management**

Viele Nachwuchskräfte versuchen insbesondere nach einer Beförderung, fehlende Führungserfahrung durch vermehrte Detailarbeit auszugleichen. Dabei gelingt eine effiziente Zeitnutzung nur, wenn der Manager mit der Beförderung zur Führungskraft loszulassen lernt; dies wurde bereits angedeutet. Er ist nun nicht mehr der Spezialist von vorher, sondern muss Tätigkeiten abgeben, um neu hinzugekommene Anforderungen bewältigen zu können. Dazu ist es erforderlich, dass den Mitarbeitern Vertrauen geschenkt wird und Aufgaben delegiert werden.

Experten aus den Bereichen Personalwirtschaft und Organisationslehre sind sich einig, dass die heutigen in Führungsfunktionen und im Top-Management üblichen exzessiven Arbeitszeiten reduzierbar sind. Vielfach handelt es sich um eine sich selbst erfüllende Prophezeiung: In der Angst, etwas zu übersehen oder falsch zu machen, gehen Führungskräfte übergenau vor, lassen die für erfolgreiche Arbeit erforderliche Lockerheit und den Mut zur Lücke vermissen und machen sich und anderen unnütz Arbeit.

Der Fähigkeit zu kommunizieren, intrinsisch zu motivieren, *zu führen* kommt eine hohe Bedeutung zu. Vorausgesetzt, das eigene Umfeld – die konkrete Arbeit, der direkte Vorgesetzte und die Unternehmensleitung – lassen einen derartigen Ansatz zu und bewerten die Führungskraft nicht primär danach, wie lange sie abends im Büro sitzt. Wenn Letzteres Ihr Erfolgskriterium ist, kommen Sie doch einfach später oder nutzen Sie eine verlängerte Mittagspause zu sportlicher Betätigung (s. Abschn. 6.3).

**Ständige Erreichbarkeit**

Es ist an der Zeit, diesen verbreiteten Irrtum zu korrigieren:

**Irrtum 5**

„Ich muss ständig erreichbar sein."

Immer mehr Arbeitnehmer beantworten dienstliche E-Mails nach Feierabend, oder sie arbeiten zu Hause an Laptop, Tablet oder Smartphone einfach weiter. Viele fühlen sich verpflichtet, ihre Mails und Netzwerke auch in der Freizeit laufend zu checken. Für nicht-leitende Angestellte zieht jedoch wiederum das Arbeitszeitgesetz die Grenzen. Nur in Notfällen darf der Arbeitgeber vom Arbeitszeitgesetz abweichen und eine Reaktion des Mitarbeiters erwarten oder ihn zu Mehrarbeit verpflichten. Es gibt bis auf wenige Ausnahmen keine Verpflichtung, über das dienstliche Handy – und schon gar nicht über das private – immer erreichbar zu sein. Sind Bereitschaftsdienst oder Rufbereitschaft vereinbart (diese sind zu vergüten und mitbestimmungspflichtig), muss der Mitarbeiter „unverzüglich" reagieren.

Es ist vielfach so, dass Arbeitnehmer persönlich das Gefühl haben, erreichbar sein zu müssen – unabhängig von den Wünschen der Vorgesetzten. Bekommt man eine E-Mail, fällt es manchem schwer, nicht zu reagieren. Der moderne, auf Leistung getrimmte Angestellte ist da extrem empfänglich. Hat man das Smartphone ohnehin immer dabei, kann man schwerlich der Versuchung widerstehen, in die Mailbox zu blicken – und eventuell auch auf Nachrichten zu antworten. Und es geht für viele mit einer latenten Aufregung einher, wenn sie beispielsweise eine Mail vom Chef oder gar Vorstand erhalten. Dieses Verhalten reiht sich nahtlos in den heutigen generellen Trend ein, permanent online sein zu wollen mit der Gefahr digitaler Abhängigkeit als Suchtverhalten.

Wenn der Mensch mit Arbeitsbelastung konfrontiert wird oder ihm etwas als Herausforderung erscheint, stellt der Körper Reserven zur Verfügung, und er richtet sich in einem Arbeitsmodus ein. Das ist vorteilhaft, weil man so aufmerksamer und konzentrierter ist. Allerdings wird zwischen diesen Phasen auch Entspannung benötigt. Wer am Wochenende oder im Urlaub permanent mit beruflichen Dingen beschäftigt ist – vielleicht mit Vor-/Nachbereitungsarbeiten oder durch die elektronische Verfolgung von Unternehmensangelegenheiten –, sorgt dafür, dass sein Körper weiterhin Stresshormone ausschüttet. Eine Regeneration ist dann nicht möglich.

Nach meiner Erfahrung kann man – in gewissem Rahmen – seine Vorgesetzten, Kollegen und Geschäftspartner sehr wohl dazu erziehen, sich in Routineangelegenheiten ausschließlich zu bestimmten Kernarbeitszeiten zu melden – etwa werktags zwischen acht und 17 oder 18 Uhr. Denn wenn der Abteilungsleiter oder Vorstand weiß, dass man regelmäßig bis 20 Uhr im Büro sitzt, wird er gerne auch bei weniger wichtigen Angelegenheiten um 19:30 Uhr und nicht um 16 Uhr anrufen.

Viele Gesellschaften haben gemerkt, dass es ineffizient ist, Mitarbeitern die Möglichkeit zur Entspannung zu verwehren. Es gibt bereits Unternehmen, die am Wochenende oder am Abend die Server herunterfahren, sodass keine geschäftlichen E-Mails mehr zugestellt und eingehende Mails während der Ferien automatisch gelöscht werden. Diese Vorgehensweise ist allerdings nicht unumstritten, da dies nur die Symptome und nicht die Ursachen behandelt und durch die Notwendigkeit einer erneuten Sendung vermeidbare Zusatzarbeit geschaffen werden. Allerdings besitzt der Anspruch auf Erholung nach verbreiteter Ansicht einen höheren Stellenwert.

Problematisch kann das Arbeiten über verschiedene Zeitzonen hinweg sein (Abb. 2.6). Bei Kontakten mit Kunden oder Kollegen an der US-amerikanischen Westküste gilt es, neun Stunden Zeitdifferenz zu überbrücken. Wenn in Deutschland um 17 Uhr die Computer heruntergefahren werden, geht es dort erst so langsam los. Viele Telefon- oder Webkonferenzen *(Conference Calls)* dauern bis 21 Uhr unserer Zeit und länger. Gegenmaßnahmen wären, wie bereits erwähnt, morgens später mit der Arbeit zu beginnen oder die Mittagspause zu verlängern. Eine gleichzeitige Betreuung von Kontakten und Geschäften in Fernost (+8 Stunden) ist daher nicht ratsam, will man nicht nahezu rund um die Uhr arbeiten.

**Mit dem Auto unterwegs**
Telefonieren beim Autofahren ist ebenfalls eine moderne Zeiterscheinung, in der vermeintlich zeitsparendes Multitasking eher negative Auswirkungen hat, nämlich die fahrlässige Schaffung einer Gefahrensituation. Das Telefonieren beim Autofahren wird heutzutage leider als Selbstverständlichkeit betrachtet. Zwar ohne Freisprechanlage verboten, ist es *mit* einer solchen – unverständlicherweise – gestattet. Es gilt inzwischen als erwiesen, dass diese Geräte die Sicherheit im Straßenverkehr im Vergleich zum normalen Handy-Telefonieren nicht erhöhen, da die Aufmerksamkeit bereits durch das Gespräch als solches abgelenkt wird. Bei einem Telefonat im Auto kann der Sehsinn auf den sogenannten *Tunnelblick* reduziert werden. Diese Einschränkung bleibt unter Umständen sogar nach dem Telefonieren noch für einige Minuten bestehen.

**Abb. 2.6** Arbeiten mit Kontakten in verschiedenen Zeitzonen. (Foto: Michal Jarmoluk, Pixabay)

Freisprecheinrichtungen in Pkw verführen zu häufigeren und längeren Telefongesprächen während der Fahrt. Die Beeinträchtigung für den Fahrer entspricht jener von 0,8 Promille Alkohol im Blut, und das Unfallrisiko steigt auf das Vierfache.

Dazu sollte man wissen, dass 0,8 Promille die Reaktionsfähigkeit um 35 % herabsetzen, weshalb erwischte Sünder mindesten vier Wochen auf ihren Führerschein verzichten müssen und eine hohe Geldbuße zu zahlen haben. Ähnliches gilt übrigens auch für Autofahrten bei Vorliegen einer Krankheit (und auch hier sind rechtliche Konsequenzen möglich): Ein Grippekranker fährt Auto wie ein Angetrunkener, insbesondere mit Fieber und nach Einnahme verschreibungspflichtiger Medikamente.

Zum Thema Autofahren und Arbeitszeit sei dies noch ergänzt: Als leitender Angestellter unterliegt man zwar wie erwähnt nicht der deutschen Arbeitszeitgesetzgebung. Nach höchstrichterlicher Auffassung zählen jedoch die Zeiten von angeordneten Selbstfahrer-Dienstreisen für *alle* abhängig beschäftigten Mitarbeiter ebenfalls zur Arbeitszeit (davon ausgenommen ist der reguläre Arbeitsweg) (BAG 2006, 2009). Dies führt zu der weitgehend unbekannten Tatsache, dass Selbstfahrer-Unfälle auch von leitenden Angestellten, die nach einer Dauer von zehn Stunden Arbeitszeit plus Fahrzeit verursacht werden, regelmäßig zu großem Ärger mit der Berufsgenossenschaft führen können – beispielsweise über eine signifikante Kürzung der Hinterbliebenenrente für den Ehepartner.

Die beiden Schlüsse daraus für den einigermaßen vernünftigen Manager können nur sein,

a) das Telefonieren als Pkw-Lenker auf ein Minimum zu begrenzen und das Auto nicht als erweitertes Büro zu begreifen und

b) nicht erst um 17 Uhr nach Dienstschluss eine fünfstündige Selbstfahrer-Dienstreise anzutreten. Beides fällt in die Rubrik „gefährlicher Leichtsinn".

**Fragen**

Stellen Sie sich hin und wieder folgende Fragen:

- Arbeite ich solange, wie ich arbeite, weil ich will oder weil ich muss?
- Werde ich nach Zielerreichung oder nach Arbeitsstunden bezahlt?
- Bleibe ich lange im Büro, damit ich bei anderen einen guten Eindruck mache?

- Und: Habe ich ein schlechtes Gewissen, wenn ich früher heimgehe und/oder mein Smartphone abschalte? (Zur Theorie des „schlechten Gewissens" s. Abschn. 5.5)
- Habe ich mein Zeitmanagement im Griff, oder verschenke ich Zeit durch Ineffizienz?
- Gibt es in meinem Umfeld Zeitfresser, die ich eliminieren oder reduzieren könnte?
- Welcher Prozentsatz meiner (Arbeits-)Zeit ist fremdbestimmt?

Mit solchen Fragen gelingt in den meisten Fällen eine Erfolgsmessung des persönlichen Zeit- und Selbstmanagements, sofern man ehrlich mit sich selbst ist und die Augen nicht aus Angst vor den Implikationen bzw. möglichen Konsequenzen verschließt. Insbesondere vor dem Hintergrund einer drohenden Überlastung durch den Job, der man sich kaum erwehren kann (oder dies zumindest so empfindet), ist ein schonungsloses Selbstaudit vonnöten. Damit kommen wir zum Thema Standortbestimmung im Beruf, auf das wir in Kap. 3 näher eingehen werden.

## Zusammenfassung

1. Zeit ist eine wertvolle Ressource und sollte nicht verschwendet werden.
2. Investieren Sie ausreichend Zeit in die Planung eines Projekts, bevor Sie mit der Ausführung beginnen.
3. Erledigen Sie alle Vorgänge so, dass sie nicht ein zweites Mal auf Ihren Schreibtisch kommen.
4. Keine Zeit bedeutet in Wahrheit keine Priorität. *Setzen Sie Prioritäten!*
5. Zerlegen Sie größere – auch persönliche – Aufgaben zum Erhalt der Motivation in Teilpakete, die jeweils mit Meilensteinen versehen werden können.
6. Multitasking führt nicht zu einer Effizienzsteigerung. Verschaffen Sie sich Arbeitszeit am Stück und lassen Sie sich nicht ablenken.
7. Wer zu wenig persönliche Zeit mit Vorgesetzten und Kollegen verbringt, wird möglicherweise als verzichtbar angesehen.
8. Hinterfragen Sie im Rahmen Ihrer Tätigkeit kritisch, wie viel Sie reisen wollen und müssen.
9. Versuchen Sie frühzeitig, Ihre Kollegen und vor allem Vorgesetzten daran zu gewöhnen, dass Sie außer in Notfällen nur während der regulären Arbeitszeit erreichbar sind.
10. Verzichten Sie weitgehend auf die Nutzung von Freisprecheinrichtungen bei der Autofahrt, denn das Unfallrisiko steigt auch damit auf das Vierfache.

# Literatur

BAG (2006) Bundesarbeitsgericht, Urteil vom 11. Juni, Az: 9 AZR 519/05. https://openjur.de/u/171127.html. Zugegriffen: 21. Juli 2020

BAG (2009) Bundesarbeitsgericht, Urteil vom 22. April, Az: 5 AZR 292/08. https://openjur.de/u/171711.html. Zugegriffen: 21. Juli 2020

Bailey C (2019) Lassen Sie sich nicht ablenken! Harv Bus Manager Januar, S 80–81

Eisenhower DD (1954) Address at the Second Assembly of the World Council of Churches. Evanston, IL, August 19. Online by Gerhard Peters and John T. Woolley, The American Presidency Project. https://web.archive.org/web/20150402111315/http://www.presidency.ucsb.edu/ws/?pid=9991. Zugegriffen: 14. Juli 2020

Fromm T (2020) Bleibt doch zu Hause. Süddeutsche Zeitung, 17. Juli

Hofer J (2014) Ein Tag pro Woche nur für E-Mails. Handelsblatt, 15. August

Karabasz I (2014) Nahaufnahme Vielflieger: Im Bann der Ente. Handelsblatt Magazin Nr. 3, S 28–34

Klein S (2006) Zeit: Der Stoff, aus dem das Leben ist. Eine Gebrauchsanleitung. Fischer, Frankfurt a. M.

Koch P (1988) Konrad Adenauer – eine politische Biographie. Rowohlt Taschenbuch, Reinbek

Mankins M, Brahm C, Caimi, G (2014) So managen Sie Ihr knappstes Gut. Harv Bus Manager Oktober, S 20–29

Peter L (2007) Seminare zum besseren Zeit-Management versprechen mehr Zeit für die wichtigen Dinge des Lebens – doch sie nutzen kaum. Bild der Wissenschaft. Focus online, Internet-Veröffentlichung, 18. Dezember. https://www.focus.de/wissen/bild-der-wissenschaft/zeitmanagement_aid_230010.html. Zugegriffen: 16. Juli 2020

Porter ME, Nohria N (2018) Wie Manager ihren Tag planen. Harv Bus Manager September, S 18–31

Salavati N (2020) Dienstreisen: Jetten ist endlich out. Süddeutsche Zeitung, 17. November

Sawall A (2013) Soziale Netzwerke und E-Mail: 500 Milliarden Euro Schaden durch Ablenkung am Arbeitsplatz. Internet-Veröffentlichung, 18. April. https://www.golem.de/news/soziale-netzwerke-und-e-mail-500-milliarden-euro-schaden-durch-ablenkung-am-arbeitsplatz-1304-98805.html. Zugegriffen: 14. Juli 2020

Seiwert L (1998) 30 Minuten Zeitmanagement. Gabal, Offenbach

StepStone (2015) Trendstudie Arbeiten 4.0|Job & Karriere|Recruiting. https://www.presseportal.de/download/document/337936-stepstone-trendstudie-2015.pdf. Zugegriffen: 14. Juli 2020

Wanderer J (2018) Alles zum Lufthansa HON Circle Status. Internet-Veröffentlichung, 6. November. https://reisetopia.de/guides/lufthansa-hon-circle-status/. Zugegriffen: 16. Juli 2020

Wenski G (2019) Lösungsorientiert verhandeln im Technischen Vertrieb. Springer Gabler, Wiesbaden. https://doi.org/10.1007/978-3-658-27448-1

Wenski G (2020a) Beraterverkauf im globalen B2B-Equipmentgeschäft. Springer Gabler, Wiesbaden. https://doi.org/10.1007/978-3-658-27450-4

Wenski G (2020b) Nachhaltig verhandeln im Technischen Einkauf. Springer Gabler, Wiesbaden. https://doi.org/10.1007/978-3-658-30439-3

Wikipedia (2020a) Videokonferenz. In: Wikipedia, Die freie Enzyklopädie. https://de.wikipedia.org/wiki/Videokonferenz. Zugegriffen: 20. Juli 2020

Wikipedia (2020b) Webkonferenz. In: Wikipedia, Die freie Enzyklopädie. https://de.wikipedia.org/wiki/Webkonferenz. Zugegriffen: 20. Juli 2020

Wikipedia (2020c) Zeitmanagement. In: Wikipedia, Die freie Enzyklopädie. https://de.wikipedia.org/wiki/Zeitmanagement. Zugegriffen: 13. Juli 2020

# 3

# Standortbestimmung Job und Karriere

Bekanntlich versetzt der Glaube ja Berge, und dennoch ist es realistisch betrachtet äußerst unwahrscheinlich, dass sich das Rote Meer nochmals teilt, wenn wir wie der Stamm Moses in Not sind. Damit diese Hoffnung unnötig wird, ist eine Berufswahl aus Berufung notwendig, und überdies wird Hilfe zur Selbsthilfe benötigt. Unter anderem kann der Weg zum Erfolg mit einer einfachen Gleichung vorgezeichnet werden.

Unerledigte Probleme lösen sich in der Regel nicht plötzlich in Luft auf, ohne dass man etwas für deren Lösung tut. Die Hoffnung, dass sich alles irgendwie von selbst erledigen werde, bringt uns also nicht weiter. Pauschaler ausgedrückt:

**Irrtum 6**

„Ab morgen wird alles anders."

Wahrscheinlich von Aristoteles stammt der lateinischen Satz *„Natura non facit saltus"* („Die Natur macht keine Sprünge"), eine Grundannahme der antiken Philosophie und Naturwissenschaft. Damit wird ausgedrückt, dass sich Prozesse und Veränderungen in der Natur nicht sprunghaft und plötzlich – diskontinuierlich – vollziehen, sondern prinzipiell stetig. Später schlossen Gottfried Wilhelm Leibniz, Isaac Newton und Immanuel Kant dieses Axiom in ihre Betrachtungen ein; erst in unserer Zeit hat die Quantenphysik daran gerüttelt.

© Der/die Autor(en), exklusiv lizenziert durch Springer Fachmedien Wiesbaden GmbH, ein Teil von Springer Nature 2021
G. Wenski, *Selbstmanagement im Beruf*, https://doi.org/10.1007/978-3-658-33249-5_3

Mit etwas Fantasie kann man Irrtum 6 durch Aristoteles' Satz präzisieren, nämlich dann, wenn unter „anders" vor allem „besser" verstanden wird. Aus einem unsozialen, schlecht geführten Unternehmen entwickelt sich in naher Zukunft keine auditfeste Vorzeigegesellschaft. Es wird auch nicht so sein, dass der cholerische oder chaotische Chef ab nächstem Monat plötzlich freundlich-kooperativ und strukturiert sein wird, nur weil wir es uns erhoffen oder er dies verspricht. Genauso ist ohne strukturelle Veränderungen kaum damit zu rechnen, dass die Arbeit gerechter verteilt und die Überstundenlast reduziert wird, eine vernünftige Karriereplanung erfolgt und das Management zukunftsweisende unternehmerische Entscheidungen trifft.

In Kap. 7 wird es um Veränderungsmanagement gehen, das jedes Individuum und alle Organisationen betrifft, die Veränderungsschritte und -prozesse durchlaufen. In diesem Kapitel soll der Blick zunächst auf die Planung und Möglichkeiten zur Beeinflussung des Werdegangs gerichtet werden, denn beruflicher Erfolg lässt sich im Rahmen des gezielten Selbstmanagements durchaus durch eigenes Zutun fördern. Die darauf verwendete Energie ist insofern gut investiert, als dass gewisse frühzeitige Weichenstellungen – teilweise bereits in der Ausbildung bzw. zu Studienzeiten – den späteren Kurs zur Erhöhung von Erfüllung und Zufriedenheit entscheidend mitbestimmen können.

> **Karrieremanagement** Unter Karriere versteht man die aktive Gestaltung der persönlichen Laufbahn eines Menschen in seinem Berufsleben. Management ist die nach ökonomischen Prinzipien ausgerichtete menschliche Handlungsweise der Leitung, Organisation und Planung. Karrieremanagement bedeutet also, seine berufliche Laufbahn durch gezielte Schritte selbst in die Hand zu nehmen.

## 3.1 Einige kritische Fragen

*Eat, work, sleep, repeat* – die tägliche Tretmühle des Berufslebens drückt sich für viele in diesen vier Wörtern aus, die es inzwischen sogar auf das Cover eines Ratgebers geschafft haben (Daisley 2020). Das Leben scheint nur noch aus Büro und Erschöpfung zu bestehen und geht gnadenlos voran, ohne dass man wirklich vorwärtskommt. Die Fragen „Was mache ich hier eigentlich?" und „Was ist aus meinen Träumen geworden?" verdrängt man aus Angst vor den Antworten. Und so wird der Kreislauf aus Arbeiten, Essen und Schlafen als gegeben hingenommen, ohne den Sinn zu hinterfragen und notwendige Veränderungen vorzunehmen.

**Fragen**

- Lebe ich jeden Tag so, wie ich ihn gerne leben möchten?
- Gehe ich dem Job nach, dem ich gerne nachgehen würde, oder arbeite ich nur, weil ich das Geld brauche?
- Macht mir meine Arbeit Spaß, oder gibt sie mir wenigstens das Gefühl, etwas Sinnvolles zu tun?
- Lebe ich in einer Partnerschaft mit dem Menschen, der wirklich zu mir passt, oder bilden wir eine Zweckgemeinschaft mangels Alternativen?
- Gehe ich selbstbewusst und aufrichtig durchs Leben, oder habe ich ständig das Gefühl, ich müsste mich verbiegen, damit Menschen mich akzeptieren?
- Leide ich öfters an Schuldgefühlen?

In derartig provokanten Fragen findet sich vielfach bereits deren Antwort. Je gereizter und emotionaler Sie darauf reagieren, desto mehr sträuben Sie sich davor, der Wahrheit ins Auge zu blicken und Ihre Komfortzone (s. Abschn. 7.2) zu verlassen – desto mehr schrecken Sie anscheinend vor Veränderungen zurück und klammern sich daher an den Status quo.

Wagen Sie eine ehrliche Bestandsaufnahme, um Abweichungen vom Zielkorridor auszumachen und diese möglichst zu korrigieren. In vielen Punkten werden Sie erkennen, dass die Situation gar nicht so übel ist. Vielleicht reichen kleinere Korrekturen, um Ihr Selbstmanagement noch weiter zu optimieren. Eventuell können ein Gespräch hier, ein Angebot da und eine neue Initiative dort entscheidende Impulse für eine Verbesserung der Situation geben. Das Glück liegt oft unbemerkt am Wegesrand.

In den meisten Fällen ist es nicht sinnvoll, dass Sie morgen zu Ihrem Arbeitgeber gehen und den Job hinwerfen. Gewonnen ist damit überhaupt nichts, denn woanders ist es unter Umständen auch nicht besser. Und geben Sie nicht anderen Leuten und dem Umfeld die Schuld an der Misere, falls es Ihnen nicht gut geht – Selbstmitleid ist das Letzte, was Ihnen weiterhilft. Arbeiten Sie systematisch für sich Pläne, Vorgehensweisen und Spielregeln aus – dies kann durchaus ab einem bestimmten Leidensdruck auch einen internen Stellen-, Arbeitgeber- oder sogar Berufswechsel beinhalten. Keine Arbeit ist so wichtig, als dass man dafür auf Dauer Gesundheit, Zufriedenheit und Lebensqualität opfern sollte.

**Wo stehe ich persönlich?**

In der Arbeitsorganisation muss sich jeder Einzelne irgendwie zurechtfinden – und alle abhängig Beschäftigten haben disziplinarische und auch fachliche Vorgesetzte, Kollegen, teilweise direkte und in höheren Funktionen auch indirekte Mitarbeiter. Dazu kommen interne und externe Kunden und

Lieferanten, ein Netzwerk an Kontakten und Schnittstellen. Wem ist man primär verpflichtet, wessen Bedürfnisse gilt es, zuvorderst zu befriedigen?

In hierarchisch strukturierten Organisationen sollte man den Chef nicht unnötig gegen sich aufbringen, denn von seinem Wohlwollen ist man letztlich anhängig, und er kann einem sehr viel Ärger und Ungemach bereiten. Dem Umgang mit Vorgesetzten kommt im Rahmen des Selbstmanagements daher eine ebenso hohe Bedeutung zu wie dem Umgang mit den zugeordneten Beschäftigten, die ihre Aufgaben zu Ihrer Zufriedenheit erledigen sollen und dazu motiviert werden müssen. Allerdings gilt mit Blick auf die Wertschätzung und Priorisierung diese generelle Reihenfolge: 1. Kunde, 2. Mitarbeiter, 3. Vorgesetzter. Der Kunde ist derjenige, auf den das gesamte kommerzielle Modell zugeschnitten ist – seine Wünsche haben Priorität. An zweiter Stelle kommen immer die Mitarbeiter, noch vor dem übergeordneten Führungspersonal.

Wir selbst mit unseren berechtigten Interessen werden dabei zunächst nicht berücksichtigt. Der Wettbewerb ist vor allem für Berufsneulinge hart, und alternative Bewerber stehen in einigen Branchen bereits Schlange, wenn man es nicht packt. In der Unternehmensberatung gilt allgemein *up or out,* und ein Grundsatz bei McKinsey & Company lautet „*Client first, firm second, self third“.*

---

**Beispiel**

Ein Zugang zum Umgang mit dem „self" ergibt sich vielleicht über folgende Betrachtung: Wenn Sie – im mittleren Lebensalter – in der letzten Zeit auf einer Party oder einer anderen Veranstaltung waren, die bis drei Uhr morgens ging, haben Sie vielleicht festgestellt, dass der Körper das inzwischen nicht mehr so gut wegsteckt wie mit Mitte 20. Sie benötigen meist ein bis zwei Tage zur Erholung und zum Ausgleich des Schlafdefizits. (Falls Sie das nicht so sehen, haben Sie entweder eine herausragende Physis oder sollten versuchen, ehrlicher mit sich und Ihren Möglichkeiten zu sein.)

Gleichzeitig gehen viele moderne Angestellte und vor allem Führungskräfte in diesem Alter wie selbstverständlich davon aus, im Beruf beliebig belastbar zu sein – und ihre Vorgesetzten und die gesamte Organisation oft ebenfalls. Ich halte das für einen leichtsinnigen Umgang mit der körperlichen und mentalen Widerstandsfähigkeit und der Gesundheit von Beschäftigten – und mit uns selbst. Insbesondere wenn die Arbeit und die Erledigung von Aufgaben stressbehaftet sind, muss ein Ausgleich vorhanden sein, denn man kann nicht immerfort so arbeiten wie eine Kerze, die auch von unten brennt.

---

„Jeder ist seines Glückes Schmied", sagt der Volksmund. Die Mitarbeiter sind letztlich persönlich dafür verantwortlich, wie viel sie sich an Belastung zutrauen und wann der Zeitpunkt gekommen ist, etwas zu ändern. Dazu sollte sich der Einzelne ab und zu einige kritische Fragen stellen und diese sich selbst (oder dem Lebenspartner oder engen Freunden gegenüber) offen und ehrlich beantworten. Nur so lässt sich vermeiden, dass man auf eine gefährliche Schiene gerät, von der es später kein Entkommen mehr zu geben scheint. Ein paar Aufwärmfragen kennen Sie nun bereits.

Prüfen Sie, ob ein Sachverhalt oder ein (geplantes) Vorgehen im Gesamtkontext überhaupt vernünftig ist und Sie noch sinnvoll handeln. Beispielsweise, wenn Sie als Top-Manager mehr Geld verdient haben, als Sie in drei Leben ausgeben könnten, aber dennoch Tag für Tag auf einem stressbehafteten Schleudersitzjob Ihre Gesundheit aufs Spiel setzen. Sind der vermeintliche Ruhm oder die Machtausübung und Selbstbestätigung den Aufwand und das Risiko wirklich wert?

Jetzt möchte ich Ihnen vorschlagen, sich entspannt zurückzulehnen und ein Resümee Ihres bisherigen Werdegangs zu ziehen. Versuchen Sie, eine ehrliche Bestandsaufnahme durchzuführen und nicht Opfer von Wunschdenken oder Schönfärberei zu werden. Hierzu mögen einige weitere kritische Fragen als Anregung hilfreich sein:

**Fragen**

- Wie bewerten Sie das Unternehmen, bei dem Sie beschäftigt sind – fühlen Sie sich gut aufgehoben? Würden Sie dort wieder anfangen oder es anderen Bewerbern empfehlen?
- Können Sie die Arbeitsanforderungen bewältigen? Gehen Sie im Wesentlichen gerne zur Arbeit oder eher mit Grauen?
- Haben Sie Vertrauen in die höheren Managementebenen und die Unternehmensleitung? Kennen Sie – zumindest in Grundzügen – die Unternehmensstrategie? Werden Sie ausreichend informiert?
- Wie ist das Arbeitsklima? Kommen Sie gut mit Ihrem Chef und den Kollegen zurecht? Oder sind Ungerechtigkeiten, Spannungen und eventuell sogar Mobbing an der Tagesordnung?
- Sind Sie mit der Bezahlung und den Sozialleistungen zufrieden? Steht die Vergütung in einem gesunden Verhältnis zum Aufwand, den Sie haben?
- Bestehen Weiterbildungs-, Entwicklungs- und Aufstiegschancen? Oder haben Sie den Eindruck, dass Ihre Karriere mangels Möglichkeiten in einer Sackgasse steckt?
- Können Sie nach der Arbeit von Ihren Aufgaben sinnvoll abschalten? Stellt sich am Feierabend, an Wochenenden und im Urlaub eine Stimmung von Gemütlichkeit ein, in der Sie regenerieren können? Oder geht der Stress da nahtlos weiter?
- Treiben Sie Sport? Pflegen Sie andere Hobbys, die langfristig angelegt sind? Sind Sie gesund? Folgt hier mindestens ein „Nein", sollten Sie sich Gedanken machen und dringend Abhilfe schaffen.

- Sind Sie glücklich und zufrieden? (Mal *ganz* ehrlich!) Wenn Sie nicht spontan „ja" sagen – suchen Sie nach den Gründen! Falls der Job die Ursache für Ihr Zögern ist, werden Sie sich fragen müssen, was zu tun ist.

## Die Umstände infrage stellen

Im Rahmen meiner Führungskräfteentwicklung besuchte ich vor vielen Jahren ein mehrtägiges Seminar, wobei eine sehr beeindruckende Persönlichkeit einen der Schulungstage gestaltete. Dabei wurde eine schillernde Biografie schrittweise ausgerollt, und erst im Laufe des Tages stellte sich heraus, dass der Trainer von seinem eigenen Werdegang sprach.

### Beispiel

Der promovierte Jurist und Betriebswirt Heinz Schenkel war nach verschiedenen Managementstationen von 1992 bis 1994 CEO des renommierten Schweizer Tonbandherstellers Revox (Abb. 3.1), einer Ausgliederung aus der Studer-Gruppe, von deren knapp 1600 Arbeitsplätzen in diesem Zeitraum etwa 1000 wegrationalisiert wurden.

Im Nachhinein musste man erkennen, dass Unternehmensgründer Willi Studer, damals bereits Mitte 70 und immer noch ein Arbeitstier, sein Unternehmen nur unzureichend auf technologische Neuentwicklungen und die Übergabe an einen Nachfolger vorbereitet hatte – das gab dem Betrieb fast den Todesstoß. Im Zuge der dramatischen Rettungsaktion, bei der der alte Studer mitredete und ein neuer Investor ebenfalls Zeichen setzen wollte, geriet Heinz Schenkel zwischen die Fronten. Nach zwei Jahren waren seine Reserven vom Kampf gegen Windmühlen erschöpft, und er erlitt einen Nervenzusammenbruch gepaart mit einem Burnout. „Ich begann, viel mehr an mich zu reißen, weniger zu delegieren, meinen Mitarbeitern Misstrauen entgegen zu bringen, habe überall eine Verschwörung gewittert und habe damit genau das Gegenteil dessen gemacht, was nötig gewesen wäre, nämlich: abzugeben", sagte er später dazu.

Heinz Schenkel gelang in diesem Zustand etwas, was vielen Burnout-Opfern versagt bleibt: Er begann, über seine Lebensumstände nachzudenken, diese infrage zu stellen und machte sich – suizidgefährdet – auf seinen Weg. Ziel und Dauer der Reise: unbestimmt. Er wollte herausfinden, wohin er sein Leben wirklich lenken wollte; Natur, Ruhe und Abgeschiedenheit sollten ihm dabei helfen (NZZ 2005). Er absolvierte eine Weiterbildung und bietet heute Seminare und Coachings an, die Themen wie Teamentwicklung, Management Development und Laufbahnberatung einschließlich *Newplacement* umfassen. Aus der Veranstaltung sind mir folgende Botschaften in Erinnerung geblieben:

**Abb. 3.1**  Revox Tonbandmaschine B77 mit digitaler Laufwerksteuerung (1977–1999) – Symbol für eine vergangene Technologieepoche. (Foto: Revox GmbH. CC BY-SA 3.0, Wikipedia 2020c)

- Bei Stellenbesetzungen müssen die Verantwortlichen mit den Mitarbeitern hinsichtlich der zu erwartenden Anforderungen Klartext reden.
- Bei der Übernahme höherer Aufgaben ist die Klärung wichtig, ob man die richtige Person für den angebotenen Job ist – sonst sollte man sich die Freiheit nehmen abzulehnen. Es ist nicht ratsam, etwas in Angriff zu nehmen, was man sich nicht zutraut.
- Die Frage nach der persönlichen Absicherung (Was ist mir das wert? Welche Rückfallposition habe ich?) ist durchaus adäquat.
- Es gilt, die eigenen Kräfte richtig einzuschätzen und rechtzeitig individuelle Szenarien festzulegen, um beispielsweise Erschöpfungszustände und Burnout zu vermeiden.
- Externe Personen können vielfach den Spiegel hochhalten, was zu einer sinnvollen Selbsterkenntnis beitragen kann.

## 3.2  Beruf und Berufung

Viele Berufsanfänger mit einem qualifizierten Abschluss streben eine „höhere Karriere" an, was auch immer genau darunter zu verstehen ist. Andererseits betrachtet die Mehrheit der Deutschen – im Gegensatz zu vielen Vertretern anderer Nationen – ihre berufliche Stelle nur als *Job,* nicht als Karriere. Das Wort Karriere heißt übersetzt „Fahrstraße", wird im Volksmund aber eher als Richtung „nach oben" verstanden. Neutralere und hier besser passende Begriffe wären *beruflicher Werdegang* oder *Laufbahn,* im Sinne von Fach-, Führungs- oder Projektlaufbahn. Bei diesen Überlegungen ist Flexibilität gefragt, denn viele Berufseinsteiger müssen davon ausgehen, dass sie sofort oder zumindest nach zehn oder 20 Jahren nicht mehr in ihrem ursprünglichen Fachgebiet tätig sein werden – und darüber hinaus nicht mehr beim ersten Arbeitgeber.

Dennoch hat die Berufswahl einen entscheidenden Einfluss auf die spätere Entwicklung und das Wohlbefinden des Betreffenden. So mancher findet seinen Weg und seine wahre Berufung erst sehr spät oder überhaupt nicht. Wichtig ist, dass man sich für ein Berufsbild und eine Aufgabe entscheidet, mit der man sich identifizieren kann: die einem Freude, Erfüllung und Genugtuung bereitet. Mit den entsprechenden Entscheidungen sind viele Schulabgänger überfordert. Aus Mangel an sichtbaren Alternativen werden das nächstbeste Studienfach oder ein bequemer Ausbildungsplatz gewählt, ohne tief in sein Inneres hineinzuhören, was einem wirklich liegt und wozu man sich berufen fühlt. Erste Anzeichen dafür findet man oft bereits in früheren Jahren, und nur falls eine gewisse Leidenschaft für die zukünftige Profession besteht, wird jemand wirklich gut darin sein (vgl. Greene 2018, S. 356–390). Den Wenigsten gelingt es, ihr Hobby zum Beruf zu machen – und sollte dies doch gelingen, ist das Hobby meist kein Hobby mehr.

> Erstellen Sie im Hinblick auf Ihre Berufswahl eine persönliche Stärken-Schwächen-Liste mit Dingen, die Sie gut und weniger gut können. Diskutieren Sie die aufgeführten Punkte mit erfahrenen Ratgebern aus dem Verwandten- oder Freundeskreis.

Im Zuge der Digitalisierung und zunehmenden Automatisierung und der Entwicklung künstlicher Intelligenz (KI) werden in naher Zukunft Arbeitsplätze wegfallen und durch Maschinen ersetzt. Besonders dort, wo Menschen standardisierte und routinemäßige Tätigkeiten ausführen, sind Roboter wohl tatsächlich die effizienteren Arbeiter. Dabei wird es sich keineswegs ausschließlich um niedrig-qualifizierte Arbeitsplätze handeln: Auch bestimmte Aufgaben akademisch ausgebildeter Beschäftigter, wie Chirurgen, Juristen oder Personalreferenten, können in Zukunft Roboter und Computerprogramme erledigen. Allerdings werden stattdessen neue Möglichkeiten in anderen Bereichen entstehen; dies betrifft vor allem

Jobs im zwischenmenschlichen Bereich, die eine hohe soziale Intelligenz erfordern.

Unter Karriere versteht der eine, seine Familie zu ernähren, seine Arbeitsstelle zu sichern und keine Schulden anzuhäufen; andere meinen damit einen Vorstandsposten in einem börsennotierten Unternehmen. Zwischen Karriere und Zufriedenheit besteht jedoch keineswegs ein direkter Zusammenhang: (Un-)Zufriedenheit gibt es – aus den verschiedensten Gründen – sowohl „oben" als auch „unten" (und in allen Zwischenebenen). Klare Ziele und ein regelmäßiger Soll-Ist-Vergleich können beim Karrieremanagement sehr hilfreich sein, um den größtmöglichen persönlichen Nutzen zu realisieren.

Niemand sollte etwas gegen seine Überzeugung tun – das ist von den meisten Studienabbrechern vermutlich im Vorfeld nicht beachtet worden. Wenn der Opa und der Vater Anwalt oder Arzt waren oder sind, heißt das noch lange nicht, dass auch der Nachwuchs ein guter Jurist oder Mediziner wird, auch wenn die Familie das von ihm erwartet. Falls der Vater Handwerker ist und der Sohn oder die Tochter über die Fähigkeiten verfügt zu studieren, sollte er oder sie es wagen. Dass junge Menschen aus einfacheren Verhältnissen weniger Aufstiegschancen besitzen, liegt vielfach nicht am Staat; dankenswerterweise besteht in dieser Hinsicht in Deutschland zumindest formale Chancengleichheit, auch wenn dies nicht immer so wahrgenommen wird.

**Irrtum 7**

„Du kannst alles, du musst es nur wollen."

Irrtum 7 ist ein Spruch aus dem Werkzeugkasten von Motivationstrainern, ebenso wie „Lauf Marathon!" und viele andere Mantras, die einen Kern Wahrheit enthalten, jedoch nicht vollumfänglich gültig sind und zu Frustration und auf manchmal gefährliche Irrwege führen. Neben Willen und Übung braucht es für die meisten Fertigkeiten gleichzeitig Talent – sei es in Form von Musikalität, Ballgefühl, Kommunikationsfähigkeit, *Management Skills* oder technischem Verständnis. Und dies kann man, sofern es daran grundlegend fehlt, in der Regel nicht lernen.

An vielem, das man tut – sei es in Beruf, Ehrenamt oder Hobby –, wird man erst richtig Spaß und Erfüllung gewinnen, wenn man es beherrscht. Die nicht unumstrittene 10.000-Stunden-Regel bietet zumindest *einen* unter mehreren Anhaltspunkten dafür, was notwendig ist, um eine zufriedenstellende Tätigkeit ausüben zu können. Die gewagte These hinter dieser Regel besagt, dass Fähigkeiten nicht angeboren seien, sondern ein Resultat von Fleiß und Disziplin, wozu die genannte Zeitspanne zum Lernen und Üben notwendig sei. „Ohne Fleiß kein Preis", heißt es nicht von ungefähr, was jedoch nicht aus jedem Menschen einen Experten oder Champion in einer bestimmten Profession werden lässt. Daneben sollte die ausgeübte Beschäftigung zum eigenen Naturell und den Neigungen passen, und eine natürliche Befähigung, das *Talent* als Begabung in Abgrenzung zu erlerntem Wissen, bildet die dritte Grundvoraussetzung (vgl. Abschn. 3.5). Doch egal, was Sie tun, mit Freude oder teilweise vielleicht auch Frustration oder gar Widerwillen:

> Erledigen Sie Ihre Arbeit immer so gut und sorgfältig, wie es Ihnen möglich ist.

## 3.3   Innere Kündigung und Intrapreneurship

Auf das Thema Selbstmotivation kommen wir in Kap. 4 noch ausführlich zu sprechen. Aus Unternehmens- und Arbeitgebersicht stellt sich die Frage, wie sich über Jahre und Jahrzehnte die Motivation der gesamten Belegschaft aufrechterhalten lässt. Die Spannung, die beim einzelnen Mitarbeiter mit der Annahme einer neuen Herausforderung auftritt, wird sukzessive nach der Einstellung einer gewissen Routine weichen, und Ruhe kehrt ein – früher oder später möglicherweise auch Gleichgültigkeit oder sogar Langeweile, weil der Kick des Neuen fehlt. Erschwerend kommen in der mittleren Lebensphase (vielleicht auch schon vorher) bei manchen die Symptome einer Midlife-Krise hinzu. Meist berichten die Betroffenen von Stimmungsschwankungen, Grübeleien, innerer Unsicherheit sowie Unzufriedenheit mit dem bisher Erreichten, sei es in beruflicher oder auch familiärer Hinsicht.

**Beispiel**

Georg Firneisen war Abteilungsleiter im Technologiebereich eines größeren Unternehmens und erledigte seine Arbeit solide und sehr motiviert. Andererseits gehört er zu den Menschen, die meine Anschauung teilen, dass es ein Leben außerhalb des Werkszauns gibt. Und so entschied er sich an seinem 59. Geburtstag, ein Gesuch für Altersteilzeit einzureichen („2 + 2", das heißt zwei Jahre aktive und weitere zwei Jahre passive Phase jeweils zu reduzierten Bezügen), um mit 61 Jahren aus dem Arbeitsleben auszuscheiden. Die Unternehmensleitung war überhaupt nicht amüsiert: „Obere Führungskräfte gehen bei uns nicht in den Vorruhestand, wo kämen wir denn da hin?!", hieß es. Dennoch gab man dem Ersuchen statt, allerdings kochte die Aktion bis zum Hauptvorstand und zum Aufsichtsrat hoch.

Es kam, wie es kommen musste: Firneisen war seinen Abteilungsleiterposten bereits wenige Wochen später los und wurde mit der Leitung eines „wichtigen" Projekts betraut, das die bürokratischen Abläufe im Unternehmen restrukturieren und vereinfachen sollte. Dies verschaffte ihm viel „Frei"-Zeit, weil niemand – nicht einmal sein eigenes Projektteam, das aus lediglich fachlich zugeordneten Mitarbeitern mit konkurrierenden Zielen und Aufgaben aus den jeweiligen Fachbereichen bestand – das Projekt und seine Ergebnisse übermäßig ernst nahm.

Als bis dahin sehr motivierte und wirksame Führungskraft litt Georg Firneisen stark während dieser zwei Jahre der Unterbeschäftigung und realisierte, dass man einen Beschäftigten durch Zuteilung von zu wenig Arbeit deutlich mehr abstrafen kann als durch Überbeanspruchung (mit dem „Boreout" befassen sich Abschn. 5.2 und 5.5 noch genauer). Er kam um 9 Uhr morgens, las zunächst ausführlich die Tageszeitung und trank Kaffee, studierte die Medien im Internet, beschäftigte sich zwischendrin auch mit seinem Projekt und bearbeitete seine Mails. Kurz nach vier ging er dann meistens heim. Ein völlig frustrierter Mitarbeiter ohne sinnvolle Beschäftigung, der keine Wertschätzung mehr erfuhr und dessen Erfahrung, Energie und Arbeitskraft das Unternehmen aus disziplinarischen Gründen links liegen ließ.

Der Punkt im vorliegenden Fall ist nicht nur, dass die Fürsorgepflicht von Unternehmen und oberer Leitung für den betroffenen Mitarbeiter komplett abhandengekommen ist. Auch wenn der Einzelne manchmal zwischen die Fronten gerät, ist das Hauptproblem vielmehr die Tatsache, dass eine solche (hier quasi erzwungene) innere Kündigung ansteckend wirkt – der damit verbundene Ausdruck einer pessimistischen Grundeinstellung kann schnell um sich greifen. Verschuldet oder unverschuldet passiert es jedem Mitarbeiter immer wieder mal, dass er unterfordert ist, keine Lust mehr hat und/oder völlig durchhängt und damit auch den letzten Rest, den er zu tun hat, eher schlecht als recht erledigt.

**Emotionale Mitarbeiterbindung als wirksames Mittel gegen Fluktuation**

Seit 2001 untersucht das US-Markt- und Meinungsforschungsinstitute Gallup jährlich den Grad der emotionalen Bindung der Arbeitnehmer. Laut den Studien „Gallup Engagement Index" der letzten Jahre macht ein Großteil der Beschäftigten Dienst nach Vorschrift. Vielen fehlt es an Förderung, und so fühlt sich ein Drittel der Mitarbeiter hinsichtlich der digitalen Weiterbildung vom Unternehmen im Stich gelassen.

Die für Deutschland repräsentative Befragung Anfang 2019 ergab, dass derzeit nur 15 % der Mitarbeiter in Deutschland eine emotionale Bindung zu ihrem Arbeitgeber hatten. Gut zwei Drittel fühlten sich wenig gebunden. Die restlichen 16 % und damit fast sechs Millionen Beschäftigte empfanden gar keine emotionale Bindung zu ihrem Unternehmen und hatten bereits innerlich gekündigt; davon waren 650.000 Mitarbeiter aktiv auf Jobsuche (Wolter 2019).

Dennoch hat in den Jahren vor Corona das Thema Wohlergehen in den Unternehmen kontinuierlich an Bedeutung gewonnen, um die Arbeitgeberattraktivität positiv zu beeinflussen – als Reaktion auf den Fachkräftemangel und die zunehmende Sensibilisierung für psychische Erkrankungen am Arbeitsplatz. Eine erneute telefonische Blitzbefragung Ende März 2020 (während der ersten Kontaktsperre) verdeutlichte jedoch zunehmende Zweifel am Führungsverhalten in den Unternehmen. Der Anteil der Befragten, die der Formulierung „Mein Unternehmen interessiert sich für mein allgemeines Wohlergehen" widersprachen, verdreifachte sich gegenüber dem Vorjahresergebnis (Hesse 2020).

Schon seit längerer Zeit ist in derartigen Studien festzustellen, dass lediglich ein geringer Teil der deutschen Arbeitnehmer eine hohe emotionale Bindung an den Arbeitgeber aufweist und bereit ist, sich freiwillig für dessen Ziele einzusetzen. Für Unternehmen hat die fehlende emotionale Bindung weitreichende Folgen: Denn wer nicht emotional an seinen Arbeitgeber gebunden ist, neigt eher zu einem Unternehmenswechsel.

Meines Erachtens ist das Phänomen der inneren Kündigung ein Problem, das in den allermeisten Fällen der Arbeitgeber und nicht der Arbeitnehmer zu verantworten hat. Fordert, fördert und wertschätzt er seine Mitarbeiter nicht, werden diese nahezu automatisch in Lethargie verfallen und eine Ausweichstrategie entwickeln wie verschiedene Protagonisten in den Dilbert-Comics (Abschn. 4.5). Es ist mit Recht anzunehmen, dass wegen innerer Kündigung gigantische Potenziale der betroffenen Mitarbeiter ungenutzt bleiben und damit beachtlichen Schaden für die Unternehmen verursachen.

Sehen wir uns zwei reale Beispiele an, die kurios erscheinen und nur in einer Matrixorganisation von entsprechender Größe möglich sind.

**Beispiele**

Der Protagonist in der ersten Geschichte war Henri Nguyen, Mitarbeiter eines US-Unternehmens, Ende 40 und im Laborbereich tätig – ein netter, hilfsbereiter Kollege mit Vorfahren aus Vietnam. Nach einer Umorganisation, die die Bereiche Chemie- und Physiklabor, Ofenzentrum und Anwendungstechnik betraf, wurde er einer neuen Arbeitsgruppe zugeordnet. Allerdings fühlte sich ab diesem Zeitpunkt niemand mehr für ihn zuständig – sein alter Chef nicht und sein neuer ebenso wenig. Wesentliche Ziele und Aufgaben lagen nicht vor, und seine Kollegen fragten sich, was er den ganzen Tag tut. Immerhin traf sein Gehalt weiterhin pünktlich auf dem Konto ein. An diesem Zustand schien niemand für viele Monate Anstoß zu nehmen, auch der Betreffende nicht: Henri Nguyen war gesellig, und ihm wurde es im vertrauten Arbeitskosmos mit den zahlreichen Anlaufstellen überhaupt nicht langweilig.

Der andere Fall war ähnlich, wies aber signifikante Unterschiede auf und spielte sich in Deutschland ab. Dieter Schumacher, ein Personalreferent mit vier direkten und einer Reihe indirekter Mitarbeiter, hatte einen Verantwortungsbereich, der die Betreuung der Verwaltungsbereiche an zwei deutschen Standorten beinhaltete. Er war ein alter Haudegen Mitte 50 mit umfassender Erfahrung in allen Belangen des Betriebswesens und ein Meister in Delegation und effizienter Arbeitsgestaltung. Was bei weitem nicht jeder Vorgesetzte kann: Schumacher setzte seine Untergebenen richtig ein und vertraute ihnen und ihren Meinungen und Vorschlägen rückhaltlos. Er kommunizierte viel, besuchte beide Standorte regelmäßig und nahm an ausgewählten Veranstaltungen und Besprechungen teil. Anregungen nahm er auf, und er vertrat seine Gruppe nach oben hin vorbildlich, machte Werbung für die geleistete Arbeit und hatte dadurch gemeinsam mit seinen Mitarbeitern einen untadeligen Ruf. Wenn er in Urlaub war, lief der Laden trotzdem wie geölt. Man könnte sagen, Dieter Schumacher hatte sich selbst überflüssig gemacht. Mit dieser Erkenntnis ging er zum Vorstand, erhielt im Rahmen eines Abbauprogramms die gewünschte Abfindung und widmete sich außerhalb des Unternehmens anders gearteten Aufgaben. Seine Stelle wurde nicht nachbesetzt, weil es „ja gut läuft" – jedoch traten bereits nach wenigen Monaten erhebliche Abstimmungsprobleme auf, da die effizienten Koordinationstätigkeiten der ausgeschiedenen Führungskraft wohl doch nicht so wertlos waren.

Die Quintessenz aus beiden vorgenannten Beispielen lautet, dass jeder Arbeitgeber, vertreten durch Unternehmensleitung und Führungskräfte, in der Lage sein muss zu beurteilen, was die individuellen Mitarbeiter leisten und wie wirksam sie sind. Gelingt dies nicht adäquat, können die Folgen insbesondere im zunehmend von Homeoffice-Zeiten geprägten administrativen und Overhead-Bereich desaströs sein. Nur ein überschaubarer Anteil der Mitarbeiter wird sich zerreißen, wenn ihre Leistung im Verborgenen bleibt, Würdigung und echte Anerkennung dafür fehlen und es auch einfacher geht. Ergänzend zu der Empfehlung in Abschn. 3.2 „Erledigen Sie Ihre Arbeit immer so gut und sorgfältig, wie es Ihnen möglich ist" könnte man weiterführen:

> Tu Gutes und sprich darüber.

Dazu passen die Ergebnisse einer wiederholt (ohne Quellenangabe) zitierten Untersuchung des damaligen Branchenriesen IBM vom Anfang der 1990er Jahre. Aus Sicht der befragten Führungskräfte sollen die Erfolgschancen im Beruf (in diesem Fall im Unternehmen IBM) vor allem von drei Faktoren abhängen („IBM-Regel"):

- von der Leistung bzw. Qualität der Arbeit (10 %),
- vom Eindruck, den jemand macht (30 %) und
- vom Bekanntheitsgrad (60 %).

Demzufolge bestimmen also Image und Bekanntheit einer Person zu 90 %, ob jemand beruflich weiterkommt oder inwieweit jemand bei anderen punkten kann. Die Qualität der Arbeit (Leistung) spielt danach eine untergeordnete Rolle.

Doch welche Möglichkeiten haben Mitarbeiter, die bewusst oder unbewusst in eine Abwärtsspirale aus fehlenden Herausforderungen, abnehmender Motivation und wachsender Frustration hineingeraten, ihre Situation zu verbessern? Ein Ausweg aus dem Dilemma der Isolation und inneren Kündigung kann sein, aktiv zu werden und sich Projekte zu suchen. Mein allererster Abteilungsleiter erzählte immer gerne, wie er Anfang der 1980er Jahre hinter dem Rücken der Geschäftsführung ein Vertriebsprojekt gestartet hatte, das letztendlich erfolgreich war – in unseren heutigen auditfesten Organisationsabläufen würde so etwas eher zu einer Abmahnung führen.

Das hier verfolgte Motto *Neues wagen, Chancen nutzen, selbstbestimmt agieren* eignet sich als Handlungsanweisung und Wegbeschreibung dafür, wie Mitarbeiter eigene Akzente setzen können, um besagter Abwärtsspirale zu entkommen. Dazu müssen sie lernen, sich als Unternehmer zu fühlen und entsprechend zu denken und zu handeln: Ein Unternehmer ergreift die sich ihm bietenden Chancen, nimmt dafür Risiken in Kauf und versteckt sich nicht hinter anderen.

Allerdings geht das echte selbstständige Arbeiten als Angestellter meist von der Arbeitgeberseite aus, die die Rahmenbedingungen dafür schaffen muss. Gerade für hochqualifizierte Personen ist es oft attraktiv, in einem Umfeld zu arbeiten, in dem ihnen unternehmerische Freiheiten eingeräumt werden und dieses System auch gelebt wird – Selbstbestimmung eben. Gewöhnlich läuft dies im Rahmen der Personalentwicklung unter der Überschrift „Unternehmerisches Denken und Handeln".

**Intrapreneurship im Unternehmen**

Das Unternehmertum im Unternehmen bzw. interne Unternehmertum zählt zu den Kernanforderungen an eine moderne Unternehmenskultur und ist inzwischen theoretisch gut untersucht. Es fußt auf der Problemlösung durch Denken und Agieren in hoher Eigeninitiative quer durch alle Hierarchie- und Funktionsbereiche. Die dafür gängige Bezeichnung *Intrapreneurship* setzt

sich zusammen aus den beiden englischen Wörtern **Intra**corporate und *Entre-*
**preneurship** und lässt sich etwa mit „Binnenunternehmertum" übersetzen. Sie
bezeichnet das unternehmerische Verhalten von Angestellten innerhalb der
Gesellschaft. Die Mitarbeiter sollen sich so verhalten, als ob sie selbst Unternehmer wären.

Der Begriff wurde 1978 geprägt. Nicht jeder Beschäftigte ist zum Intrapreneur
geboren, und Intrapreneurship ist keine Einzelaktivität. Eine wichtige Regel
lautet daher: *Bilde ein Team.* Für einen Konzern bedeutet Intrapreneurship,
Rahmenbedingungen für eine Start-up-Kultur im Unternehmen zu schaffen
und diese neue Unternehmenskultur vorzuleben, in der sich die Intrapreneure
entfalten können. Das Konzept konzentriert die Energien von Mitarbeitern,
die sonst von Konzernroutinen absorbiert würden, auf den Innovationsprozess.
Es erlaubt auch, kreative Köpfe mit innovativen Produkt- oder gründungs-
reifen Geschäftsideen in Großunternehmen zu halten, weil sie dort ihre Ideen
in relativ autonomen Strukturen realisieren können, ohne sofort in die Selbstständigkeit gehen zu müssen (Wikipedia 2020b).

Intrapreneurship darf nicht mit intrinsischer Motivation (Abschn. 4.1)
gleichgesetzt werden, obwohl beides mittelbar miteinander zu tun hat.
Während auch eine zugeteilte Aufgabe mit hoher Eigenmotivation erledigt
werden kann, bezieht sich das Unternehmertum im Unternehmen auf
persönlich definierte und durchgeführte Projekte und Aktivitäten, was in
der Regel zu einem hohen Maß an Motivation führt. Intrapreneure sind
meist die zufriedeneren Mitarbeiter. Eigenverantwortliches Handeln und
die Möglichkeit, Ideen einzubringen und so einen Beitrag zum Erfolg des
Unternehmens leisten zu können, fördern die Motivation und die Bereitschaft, sich für das Unternehmen zu engagieren. Es besteht jedoch auch die
Gefahr der Überforderung.

## 3.4    Die Erfolgsgleichung: Glück gehört dazu

Kommen wir nun zur Frage, welche Einflussfaktoren für eine gelungene und
erfolgreiche Karriere maßgeblich sind – was auch immer der Einzelne für
sich als konkrete Karriereziele definiert. Die nachfolgenden Ausführungen
beziehen sich auf das Weiterkommen in der Hierarchie eines Unternehmens,
was gewöhnlich als „beruflicher Erfolg" deklariert wird.

**Erfolg** bezeichnet generell das Erreichen selbst gesetzter Ziele – im Beruf
ebenso wie beim Sport und im Privatleben.

Erfolgsstreben ist eine starke Triebkraft für die Menschen. Als Belohnung winken Erfüllung und Zufriedenheit, wenn es „geklappt" hat und der Erfolg eingetreten ist. Erfolg ist die Summe richtiger Entscheidungen, heißt es plakativ – ein Spruch, der nur teilweise korrekt ist und genauso auf den Prüfstand gehört wie dieser:

---

**Irrtum 8**

„Können und Fleiß sichern den beruflichen Erfolg nahezu automatisch."

---

Arbeitsame Zielstrebigkeit, gemeinhin als Fleiß bezeichnet, sollte als Erfolgskriterium vorausgesetzt werden. Können ist eine zudem notwendige, jedoch gewöhnlich noch nicht hinreichende Voraussetzung für das berufliche Vorwärtskommen. Viele ausgesprochene Experten hatten bereits das Nachsehen bei Beförderungen, weil sich ihre etwas weniger kundigen Kollegen und Wettbewerber besser in Szene setzen konnten. Für eine nachhaltige Karriereentwicklung ist es notwendig, eigeninitiativ tätig zu werden und eine Reihe von Spielregeln und ungeschriebenen Gesetzen zu beachten, die weit über die Bereiche Können und Fleiß hinausgehen. Dazu müssen die verschiedensten Voraussetzungen erfüllt sein. Es gibt dabei Aspekte, die man selbst beeinflussen kann (und sollte!), sowie Voraussetzungen, die – leider – außerhalb der individuellen Möglichkeiten liegen.

**Voraussetzungen für den Erfolg**

Erfolg lässt sich durch Beachtung bestimmter Rahmenbedingungen aktiv fördern. Für eine erfolgreiche Karriere benötigen Sie *Glück, Können* und einen wohlwollenden *Mentor,* der Sie unterstützt und fördert. Hapert es bei einem der drei Bausteine oder liegen widrige Rahmenbedingungen vor, dürften Sie Schwierigkeiten haben, sich gegen andere durchzusetzen. Dies wird durch eine einfache Gleichung ausgedrückt.

---

**Die Erfolgsgleichung**

Die Einflussfaktoren auf den beruflichen Erfolg beinhaltet die (halbquantitative) Formel

$$E = n \cdot (G + K + M)/3$$

mit E = Erfolg (in Prozent), n = Normierungsfaktor ($\leq$1), G = Glück, K = Können und M = Mentoring (alle $\leq$100 %).

---

Die Gleichung $E = n \cdot (G + K + M)/3$ lässt sich mit ihren wesentlichen Einflussfaktoren auf den beruflichen Erfolg recht anschaulich als Ursache-Wirkungs-Diagramm visualisieren (Abb. 3.2). Derartige Darstellungen (auch als Fischgräten-, Fishbone- oder Ishikawa-Diagramm bezeichnet) werden in vielen Bereichen verwendet, beispielsweise um Hinweise zum Entstehen eines Problems zu finden oder Einflussfaktoren auf die Produktivität eines Prozesses. Im Folgenden verwende ich die gängige englischsprachige Bezeichnung Fishbone-Diagramm. Abb. 5.8, 7.7 und 8.3 enthalten entsprechende Diagramme für weitere Zusammenhänge im Rahmen des Selbstmanagements.

Der Erfolg E – in Prozent des Idealfalls angegeben – ist in diesem Zusammenhang weniger eine präzise messbare Größe als vielmehr ein Denkmodell. Wenn Sie sich mit der Gleichung einzuordnen versuchen, werden Sie realisieren, dass es sogar unter günstigen Voraussetzungen schwierig ist, Werte über 50 % zu erreichen. Das macht jedoch nichts, solange Sie erkennen, an welchen Stellen Nachbesserungsmöglichkeiten bestehen. Zu berücksichtigen ist dabei außerdem, dass sich die Prozentzahl für den Erfolg E über ein (Arbeits-)Leben ständig in die eine oder andere Richtung verändert: Der entsprechende Wert liegt niedriger, wenn z. B. am Anfang der Karriere die Berufserfahrung fehlt oder es später versäumt wird, mit der aktuellen Wissensentwicklung Schritt zu halten. Er steigt sprunghaft an, nachdem eine Aufstiegschance wahrgenommen oder ein geeigneter Mentor gefunden wurde.

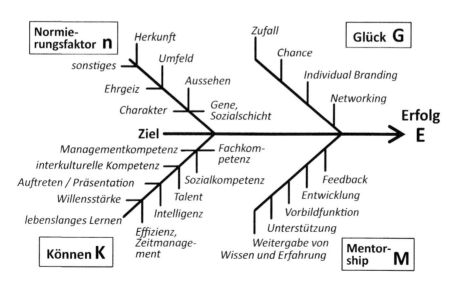

**Abb. 3.2** Fishbone-Diagramm „Erfolg"

**Normierung**

Eine nähere Beschreibung von K und M ist Abschn. 3.5 vorbehalten; hier soll es zunächst um die nur sehr bedingt steuerbaren Einflussgrößen n und G gehen. Der Normierungsfaktor n ist ein Korrekturfaktor und kann maximal 1 betragen, nämlich dann, wenn optimale Rahmenbedingungen vorliegen – diese setzen sich wiederum aus einer Fülle von Einzelpunkten zusammen, von denen einige additiv und andere in gegenseitiger Abhängigkeit oder gar als Killerkriterien wirken können. Derartige Umstände sind vielfach bereits in Herkunft und Elternhaus begründet. Wer den Vorteil besitzt, in einer Industrienation in geordneten Verhältnissen in Friedenszeiten aufgewachsen zu sein, hat „Glück gehabt" (englisch *Luck*) und eine solide Basis für das eigene n. Für Sprösslinge aus dem Bildungsbürgertum sind die Karrierechancen durchschnittlich höher als beim Nachwuchs aus der Arbeiterklasse oder gar der Unterschicht. Durchschnittlich. Das bedeutet jedoch keineswegs, dass der Abkömmling aus einem Hartz-IV-Haushalt nicht studieren und Karriere machen kann, aber er wird es ungleich schwerer haben und erreicht dadurch einen niedrigeren Normierungsfaktor.

Neben Umfeld und familiärem Hintergrund reduzieren weitere Faktoren den Wert n, sofern sie in negativer Richtung von der Norm abweichen. Eine chronische Krankheit etwa kann sich als gravierendes Handicap für eine erfolgreiche Karriere erweisen – wer nicht belastbar und reisetauglich ist oder sichtbare gesundheitliche Defizite aufweist, dem verschließen sich viele Berufswege von vorne herein.

Auch ist es nachweislich so, dass gut aussehende Menschen (und das gilt auch für Männer) eher Karriere machen als weniger ansehnliche. Wenn Sie klein und dick sind und eine zu große Nase haben, dann dürfen Sie von Ihrem persönlichen n noch ein oder zwei Zehntel abziehen. Ein schlankes und sportliches Erscheinungsbild spricht für Vitalität und Belastbarkeit und erhöht die Karrierechancen des Betreffenden nachweislich.

Inzwischen gilt es auf der Grundlage mehrerer Studien als bewiesen, dass ein Akzent die Karriere behindert: Nicht-Muttersprachler stoßen bei der Bewerbung um Führungspositionen oft ebenso an eine gläserne Decke wie Dialektsprecher.

**Glück**

Der Begriff Glück (das G) ist hier im Sinne von Zufall, Chance oder günstige Gelegenheit zu verstehen (englisch *Opportunity*). Eine gewisse Wechselwirkung zwischen G und n liegt vor. Während n mehr auf die Rahmenbedingungen abstellt, bezieht sich G auf die individuellen Gelegenheiten, die sich für Sie ergeben und denen Sie teilweise nachhelfen müssen, indem Sie Ihre Komfortzone verlassen – auch wenn manchmal der Zufall assistieren muss.

Glück hatten Sie etwa, wenn Sie Ihr durch Ihr Können ein sehr gutes Abiturzeugnis erhielten und das für Sie passende Studienfach wählen konnten. Glücklich schätzen dürfen Sie sich weiterhin, falls Sie bei der Suche nach einem geeigneten Arbeitgeber erfolgreich waren, nette und kooperative Vorgesetzte und Kollegen haben (und vielleicht auch bereits Mitarbeiter) sowie gezielt gefordert und gefördert werden. Und wenn Ihnen außerdem Ihre Arbeit einigermaßen erfolgreich und stressfrei von der Hand geht, Sie über längere Zeitspannen im sogenannten Flow verbringen – wie gesagt, es handelt sich um sehr bedingt beeinflussbare Komponenten. Natürlich sind Sie dankbar für das Ausbleiben ungeplanter Katastrophen (wie eine Insolvenz Ihres Arbeitgebers oder ein Sozialplan) und ein ausgefülltes, harmonisches Familien- und Freizeitleben, das als Ausgleich zur beruflichen Anspannung taugt.

> Der springende Punkt ist: Sie benötigen Glück, wenn es sich um berufliche Aufstiegschancen handelt, beispielsweise eine Stelle in einer höheren Ebene neu zu besetzen ist und Sie dafür infrage kommen.

Derartige Gelegenheiten bieten sich immer wieder im Laufe einer Karriere und sollten nach Möglichkeit genutzt werden. Vielfach ist es so, dass Sie sich dafür frühzeitig in Position bringen müssen. Dies gelingt einerseits über die Ablieferung guter Arbeitsergebnisse und andererseits durch interne Vermarktung dieser Resultate, also: *Tu Gutes und rede darüber.*

Es ist eine Kunst, innerhalb seiner beruflichen Karriere dem Glück auf die Sprünge zu helfen, und dafür gibt es keine Blaupause mit Erfolgsgarantie. Wichtig scheint, die jeweiligen Chancen zu erkennen und diese gegenüber den damit verbundenen Risiken wohlwollend abzuwägen. Dabei spielen Aspekte wie Verfolgung und gegebenenfalls Anpassung der persönlichen Zielsetzung, Verlassen der ausgetretenen Pfade, Mut und Kreativität, jedoch auch wirtschaftliche Erwägungen eine große Rolle. Sollte man die gebotenen Optionen nutzen oder den Weg des geringsten Widerstands gehen? Hier zwei Vorschläge als Hilfestellung:

- **Vermarktung Ihrer eigenen Person und Ihrer Leistung.** Fragen Sie sich stets, wer der Kunde für die Arbeitsergebnisse ist. Ist es Ihr Vorgesetzter? Dann lassen Sie ihn wissen, was Sie geleistet haben und wie schwierig der Weg bis dahin war. Ist es der Vorstand? Stellen Sie in diesem Fall sicher, dass er – direkt oder indirekt – Kenntnis erhält, dass Sie der Urheber sind (etwa durch eine Fußzeile mit Namen in Ihrer Präsentation). Der Fachbegriff *Individual Branding* („Der Mitarbeiter als Marke") beschreibt das Vorgehen, bei dem Alleinstellungsmerkmale formuliert und kommuniziert werden. Von überragender Bedeutung ist die Eigenpräsentation: Damit die Kompetenzen und Leistungen auch durch andere wahrgenommen werden, müssen sie nach außen getragen und klar kommuniziert werden, insbesondere gegenüber Führungskräften und Entscheidungsträgern.

- **Aktives Networking.** Die Hanse war das bisher erfolgreichste, dauerhafteste professionelle Netzwerk der Geschichte und hatte alle Merkmale moderner Business Networks. Netzwerke des 20. und 21. Jahrhunderts erstrecken sich über verschiedenste Bereiche der Gesellschaft und sind nicht so klar erkennbar. Networking gilt als wichtiger Faktor für die Karriere. Oft wird betont, dass es nicht unbedingt darauf ankomme, was man weiß, sondern wen man kennt. Wer im Beruf vorwärtskommen will, wird ganz bewusst ein Netzwerk im Unternehmen knüpfen und nicht nur fleißig im Büro seine Aufgaben erledigen. Die Netzwerke sollten sich auch auf Kontakte außerhalb des beschäftigenden Unternehmens erstrecken: ehemalige Kommilitonen, Teilnehmer von Tagungen und Seminaren, Kunden oder Lieferanten sowie private Bekannte.

> Auch beim Networking gilt: Eine Hand wäscht die andere.

## 3.5 Können und Mentoring: wesentliche Erfolgsfaktoren

Die eine Botschaft lautet, dass man im Rahmen einer fokussierten Karriereplanung dem Glück auf die Sprünge helfen muss. Aber der Erfolg hängt gemäß der Erfolgsgleichung noch von zwei weiteren Komponenten ab, bei denen Sie am ehesten die Chance haben, Einfluss zu nehmen: Ihrem Können (K) und dem Umstand, ob Sie einen Mentor (M) für sich gewinnen können, der Sie in Ihrer Entwicklung unterstützt.

## Können

Mit Können ist gemeint, ob Sie für die während Ihrer Karriere zu erwartenden Herausforderungen das richtige Handwerkszeug mitbringen und dies ständig in Schuss halten – die Selbstvermarktungsstrategie läuft ansonsten ins Leere. Werfen wir einen Blick auf die verschiedenen Unterpunkte, die in der Summe die Komponente K ausmachen (s. Abb. 3.2).

• **Intelligenz und Talent.** *Intelligenz* ist in der Psychologie eine Sammelbezeichnung für die kognitive Leistungsfähigkeit des Menschen. Da einzelne kognitive Fähigkeiten unterschiedlich stark ausfallen können und keine Einigkeit besteht, wie sie zu bestimmen und zu unterscheiden sind, existiert keine allgemein geteilte Definition dafür. Heutzutage besteht ein breiter Konsens darüber, dass sowohl Vererbung als auch Umwelteinflüsse bei der Intelligenzentwicklung eine Rolle spielen. Verwandte Begriffe sind Begabung oder *Talent,* die überdurchschnittliche Fähigkeiten einer Person lediglich auf einem bestimmten Gebiet bezeichnen. Talent kann man nicht direkt erfassen und empirisch bestimmen; der Begriff repräsentiert vielmehr etwas, mit dem sich beobachtetes Verhalten deuten, interpretieren oder erklären lässt. Beides sind Voraussetzungen für den beruflichen Erfolg: Ein hochintelligenter Mathematiker kann komplexeste Gleichungen lösen, jedoch möglicherweise keine Mitarbeiter führen. Und ein begnadeter Netzwerker und Überzeugungskünstler mit nur mäßigem Zahlenverständnis ist nicht in der Lage, Entwicklungs- und Geschäftsberichte richtig zu lesen und zu interpretieren, geschweige denn, sie zu verfassen.

---

### Günter Netzer

An dieser Stelle sei ein Vorgriff auf das Thema Berufssport (s. Abschn. 6.1) gestattet. Günter Netzer, der talentierte Regisseur der erfolgreichen Mönchengladbacher Fohlenelf der 1970er Jahre sowie Welt- und Europameister, ist ein schillerndes Beispiel in puncto Genialität und nicht voll ausgeschöpftes Potenzial. Er war Anfang der 1970er Jahre einer der größten Stars der Bundesliga und fiel schon allein durch seine langen blonden Haare auf. Kämpfen war Netzers Stärke nie. Aber wie er Freistöße zelebrierte, entschädigte für manchen verlorenen oder erst gar nicht gesuchten Zweikampf. Sein Kölner Pendant Wolfgang Overath war, wie Netzer inzwischen freimütig zugibt, mannschaftsdienlicher und deshalb der bessere Nationalspieler.

Ältere Fußballfans werden sich an das legendäre Pokalendspiel gegen den 1. FC Köln am 23. Juni 1973 im Düsseldorfer Rheinstadion erinnern. Dies war sein letztes Spiel für Borussia Mönchengladbach. Netzer war nicht optimal in

Form, und außerdem wollte ihm Trainer Hennes Weisweiler die große Bühne nicht gönnen und ließ ihn zunächst auf der Ersatzbank schmoren. In der Halbzeit weigerte sich Netzer dann, aufs Feld zu gehen, und hat sich später in der Verlängerung selbst eingewechselt – und das 2:1-Siegtor geschossen. Der folgende Wechsel zu Real Madrid war bis dahin einer der spektakulärsten Transfers eines Bundesligaspielers ins Ausland.

Günter Netzer war ein begnadetes Fußballtalent, hatte jedoch mit seinem unkonventionellen Auftreten neben dem Fußball noch weitere Interessen: Er fuhr gerne schnelle Sportwagen und eröffnete – zum Missfallen seiner Vereinsleitung – eine zeitweise sehr erfolgreiche Diskothek („Lovers' Lane") in Mönchengladbach: Als Discowirt bis spät in die Nacht tätig und am nächsten Morgen wieder fit auf dem Trainingsplatz, das hat nicht immer funktioniert. Obwohl er bis heute zu den besten Spielmachern in der deutschen Bundesliga zählt, hätten ihn mehr Anstrengungen beim Training und eine professionellere Einstellung vermutlich leicht in eine Liga mit Pelé gebracht, was er in Interviews mehrfach einräumte.

Allerdings muss man neidlos anerkennen, dass er seine Prioritäten im aktiven Fußball und auch später als Geschäftsmann klar und erfolgreich gesetzt hat. 1977 beendete er seine Laufbahn als Spieler und wurde Manager beim Hamburger SV (bis 1986; Abb. 3.3) während der mit zahlreichen Titeln insgesamt besten Jahre dieses Clubs. Nicht minder erfolgreich war er als Medienunternehmer und Fußballkommentator – und taugt daher als Vorbild für die Verwirklichung von Zielen im und außerhalb des Profisports. 2016 wurde Günter Netzer in die *Hall of Fame* des deutschen Sports aufgenommen. Leider hat sein Image infolge der Tätigkeit für den schweizerischen Rechtehändler Infront, der auf den Trümmern des Kirch-Konzerns gegründet wurde, durch Korruptionsvorwürfe im Rahmen von Verträgen mit dem DFB inzwischen ein paar Kratzer bekommen (Aumüller und Kistner 2020).

**Abb. 3.3** Günter Netzer als HSV-Manager 1979. (Foto: Friedrich Magnussen. CC BY-SA 3.0 DE, Wikipedia 2020a)

- **Wissen.** Intelligenz und Talent ermöglichen es, sich Wissen anzueignen und dieses im Laufe der Karriere zu vertiefen und auszuweiten. Wissen ist im Sprachverständnis ein generell akzeptierter Bestand von Fakten, Theorien und Regeln, die sich durch den optimalen Grad an Gewissheit auszeichnen. Ein Großteil dieses Wissens erwirbt der moderne Mensch an allgemeinbildenden, Berufs- und Hochschulen. Insbesondere in unserer Wissensgesellschaft, in der die Halbwertzeit von aktuellem Wissen ständig sinkt, besitzt der Hinweis *Seien Sie Neuem gegenüber aufgeschlossen* eine hohe Bedeutung und verdeutlicht die Notwendigkeit zum lebenslangen Lernen.

- **Kernkompetenzen.** Dieser Begriff bezeichnet ursprünglich Gebiete, in denen Unternehmen aufgrund ihrer Kenntnisse, Erfahrungen und Fähigkeiten gegenüber dem Wettbewerb einen Vorsprung besitzen. Er wird inzwischen jedoch vielfach auch für bestimmte Eigenschaften von Mitarbeitern verwendet, die diese für eine erfolgreiche Laufbahn vor allem im Führungsbereich benötigen. Heute werden in deutschen Organisationen größtenteils die Fähigkeiten Fach-, Führungs-, Sozial- und interkulturelle Kompetenz gefordert und gefördert, deren Überprüfung unter anderem in Assessment Centern stattfindet. Mit Ausnahme der Fachkompetenz (und auch das sehr bedingt, da fachliche Hintergründe und Abläufe in Unternehmen oft recht spezifisch sind) lernt man diese Kompetenzen als Student kaum an einer deutschen Hochschule. Literaturstudium, Seminare und andere Fortbildungen können nur bedingt Hilfestellung leisten: Der Mitarbeiter muss unbedingt seine eigenen Erfahrungen machen, lernt dabei (hoffentlich) ständig dazu und entwickelt sich so in seinen Kompetenzen weiter.

Ebenfalls mit Blick auf das Können ist zu betonen, dass Vorgesetzte und Entscheidungsträger davon auch etwas mitbekommen müssen, sodass Sie sich profilieren können. Setzen Sie sich dezent, aber erfolgsorientiert in Szene. Geben Sie Arbeitsproben ab – dies können Texte, Berichte, Artikel, Patententwürfe, Präsentationen u. v. m. sein. Nachdem Sie erfolgreich ein Team geleitet oder ein Projekt gemanagt haben, achten Sie darauf, dass Ihre Leistung nicht unter den Tisch fällt. Eine große Chance, Aufmerksamkeit zu erzielen, besteht immer dann, wenn Ihr Arbeitgeber Ihnen die Bühne überlässt und Sie vor Entscheidungsträgern einen Vortrag halten dürfen. Jetzt gilt es, eine souveräne Vorstellung mit überzeugenden Inhalten und gewinnender Körpersprache abzuliefern.

**Mentoring**

Sie entwickeln sich im Laufe Ihres Arbeitslebens (und auch als Privatperson) weiter – wie die Hauptfigur in einem guten Roman. Für diese Weiterentwicklung ist eine realistische Selbsteinschätzung von elementarer Bedeutung. Noch wichtiger ist die Fremdeinschätzung, denn Sie leben ja nicht auf einer Insel. Falls eine erhebliche Diskrepanz zwischen Selbst- und Fremdeinschätzung vorliegt, kann dies den Karriereerfolg ganz massiv behindern. Daher ist relevant, dass Sie regelmäßig Feedback für Ihr Tun einholen – es stellt immer eine Belastungsprobe dar, Kritik (insbesondere negative) auszuhalten. Doch dies ist die effektivste Methode, um weiterzukommen. Am besten hilft ein Coach oder Mentor, dem Sie Vertrauen schenken und der an Ihrer Entwicklung ernsthaft interessiert ist.

> Beim **Mentoring** bekleidet eine Person (der Mentor) die Rolle eines Ratgebers oder Beraters, der mit seiner Erfahrung und seinem fachlichen Wissen die Entwicklung einer anderen, noch unerfahreneren Person (die *Mentee* genannt wird) fördert.

Im Unterschied zum Coach wurde der Mentor üblicherweise nicht eigens für diese Tätigkeit ausgebildet, sondern zeichnet sich durch einen Erfahrungs- und/oder Wissensvorsprung aus und unterstützt dadurch bei der beruflichen Weichenstellung. Folgende Punkte sind erwähnenswert:

- Ein guter Mentor ist intrinsisch motiviert, seinen Mentee zu unterstützen. Er handelt aus (pseudo-)altruistischen Motiven heraus, denn er hat durch den Erfolg seines Protegés unmittelbar nichts zu gewinnen, sieht aber den möglichen mittelfristigen Einfluss auf den Unternehmenserfolg. Und im Gegensatz zu einem Förderer, der lediglich eine Ebene über dem Mentee steht, muss er keine Angst haben, dass der Mentee ihm als Konkurrent gefährlich werden könnte.
- Eine der Schlüsselfragen, die ein Mentor an seinen Mentee richten wird, lautet: „Wo sehen Sie sich in fünf Jahren?" Viele junge Mitarbeiter, die zum ersten Mal damit konfrontiert wurden, können zunächst keine klare Antwort auf diese Frage geben. Im Sinne einer nachhaltigen Karriereplanung ist eine Auseinandersetzung damit allerdings unabdingbar.
- In jeder Krise liegt auch eine Chance. Oder anders ausgedrückt: Aus Fehlern kann man eine Menge lernen. Analysieren Sie selbstkritisch zusammen mit Ihrem Mentor Dinge, die nicht optimal gelaufen sind. Vor

allem Rechthaberei ist ein Verhaltensmuster, das zur Problembehebung nichts beiträgt und eher kontraproduktiv wirkt.

- Trotz aller in Unternehmen etablierten Auswahltools entscheiden bei der Besetzung höherer Stellen nach wie vor meist das Bauchgefühl des oberen Managements und die Tatsache, wer dem Vorstand zuletzt positiv aufgefallen oder auch nur über den Weg gelaufen ist. Ein gut vernetzter, von den Fähigkeiten seines Mentees überzeugter Mentor kann und wird hier Einfluss nehmen.
- Wer das Glück und die Chance hat, einen geeigneten Mentor zu finden und für sich einzunehmen, ist der Konkurrenz um die attraktiven Posten bereits eine Nasenlänge voraus. Sprechen Sie Ihren Wunschmentor einfach an und fragen Sie, ob er Interesse und die Bereitschaft hat, diese Verantwortung zu übernehmen – die überwiegende Zahl der Gefragten reagiert darauf wohlwollend.

Beruflichen Erfolg erhält man also nicht geschenkt, und den wenigsten fällt er ohne aktives Zutun in den Schoß. Vielmehr sind bestimmte Charaktereigenschaften und Fähigkeiten dafür notwendig, die nicht jedem gegeben sind und die es zu nutzen gilt. In vorderster Linie sind in diesem Zusammenhang die Motivation, etwas zu bewegen, und die Willensstärke zur Realisierung seine Ziele zu nennen; darum geht es in Kap. 4.

---

**Zusammenfassung**

1. Machen Sie von Zeit zu Zeit eine ehrliche Bestandsaufnahme Ihrer beruflichen Situation und scheuen Sie sich, kritischen Fragen zu stellen.
2. Erstellen Sie im Hinblick auf Ihre Berufswahl eine persönliche Stärken-Schwächen-Liste und diskutieren Sie die Punkte mit Vertrauten. Wählen Sie möglichst Job und Stelle danach aus, was Sie begeistert, Ihnen Spaß und Freude bereitet und Berufung ist.
3. An vielem, das man tut – sei es in Beruf, Ehrenamt oder Hobby – wird man erst richtig Spaß und Erfüllung gewinnen, wenn man es beherrscht.
4. Selbstvermarktung im Unternehmen beruht vielfach auf dem Spruch *Tu Gutes und sprich darüber.*
5. Denken und handeln Sie in Ihrem Umfeld wenn möglich wie ein Unternehmer („Intrapreneurship").
6. Beruflicher Erfolg resultiert neben dem Vorliegen förderlicher Rahmenbedingungen aus Glück (im Sine von günstiger Gelegenheit), dem persönlichen Können und der Unterstützung durch einen wohlwollenden, gut vernetzten Mentor.
7. Auch beim Networking gilt: Eine Hand wäscht die andere.

# Literatur

Aumüller J, Kistner T (2020) Über Bande. Süddeutsche Zeitung, Sport, 26. Juni. Internet-Veröffentlichung unter dem Titel „Ein Rad, ein Yacht-Ausflug und ein Job für den Sohn" am 25. Juni. https://www.sueddeutsche.de/sport/dfb-infront-netzer-1.4948061. Zugegriffen: 3. Juli 2020

Daisley B (2020) Eat sleep work repeat: 30 hacks for bringing joy to your job. HarperOne, New York

Greene R (2018) The laws of human nature. Profile Books, London

Hesse G (2020) Gallup: Mitarbeiterbindung in Corona-Zeiten. Saatkorn, Internet-Veröffentlichung, 04. Juni. https://www.saatkorn.com/gallup-mitarbeiter-bindung-in-corona-zeiten/. Zugegriffen: 30. Dez. 2020

NZZ (2005) Burnout als Chance. Dokumentation von NZZ Format. https://www.youtube.com/watch?v=_QKpJxoUdHg. Zugegriffen: 24. Juli 2020

Wikipedia (2020a) Günter Netzer. In: Wikipedia, Die freie Enzyklopädie. https://de.wikipedia.org/wiki/Günter_Netzer. Zugegriffen: 25. Juli 2020.

Wikipedia (2020b) Intrapreneurship. In: Wikipedia, Die freie Enzyklopädie. https://de.wikipedia.org/wiki/Intrapreneurship. Zugegriffen: 13. Juli 2020

Wikipedia (2020c) Revox B77. In: Wikipedia, Die freie Enzyklopädie. https://de.wikipedia.org/wiki/Revox_B77. Zugegriffen: 25. Juli 2020

Wolter U (2019) Gallup Engagement Index 2019: Jeder sechste Mitarbeiter hat innerlich gekündigt. Personalwirtschaft, Internet-Veröffentlichung, 13. September. https://www.personalwirtschaft.de/fuehrung/artikel/deutsche-arbeitnehmer-bemaengeln-fehlende-unterstuetzung-bei-digitaler-weiterbildung.html. Zugegriffen: 6. Aug. 2020

# 4

# Selbstmotivation

> Tiefe innere Zufriedenheit kann man in der Regel nur dann erlangen, wenn man zuvor etwas geleistet hat und für die Zielerreichung belohnt worden ist, sei es materiell, durch Zuspruch von anderen oder durch die Selbstbestätigung mittels persönlichen Erfolgs. Für die dafür notwendige innere Motivation sind Willensstärke, Resilienz, Humor und gesunder Menschenverstand hilfreiche Eigenschaften.

Eine *Vision* ist die in der Zukunft angesiedelte Vorstellung eines bestimmten Zustands. In der Wirtschaft versteht man darunter einen anschaulich geschilderten Zukunftsentwurf des Unternehmens, an der sich die Unternehmensstrategie ausrichtet; hier wird Vision oft gleichgesetzt mit einem strategischen Ziel. Allgemein lässt sich sagen: Eine Vision ist die motivierende, positiv formulierte Vorstellung des Zustands, den man erreichen will. In diesen Zusammenhang passt ein Zitat des deutsch-US-amerikanischen Psychoanalytikers, Philosophen und Sozialpsychologen Erich Fromm (zitate.eu 2020):

> „Wenn das Leben keine Vision hat, nach der man sich sehnt, dann gibt es auch kein Motiv, sich anzustrengen."

Dabei fällt einem vielleicht die berühmte Aussage von Helmut Schmidt (Abb. 4.1) ein, die er im Bundestagswahlkampf 1980 über Willy Brandts Visionen gemacht haben soll:

© Der/die Autor(en), exklusiv lizenziert durch Springer Fachmedien Wiesbaden GmbH, ein Teil von Springer Nature 2021
G. Wenski, *Selbstmanagement im Beruf*, https://doi.org/10.1007/978-3-658-33249-5_4

**Abb. 4.1** Bundeskanzler Helmut Schmidt 1977. (Foto: Hans Schafgans. CC BY-SA 2.0, Wikipedia 2020d)

**Irrtum 9**

„Wer Visionen hat, sollte zum Arzt gehen."

2010 äußerte sich der Altkanzler, der immer für einen markigen Spruch gut war, gegenüber der *Zeit,* wahrscheinlich habe er den Satz in einem Interview gesagt, damals aber nicht mit Blick auf Willy Brandt formuliert. „Da wurde ich gefragt: Wo ist Ihre große Vision? Und ich habe gesagt: Wer eine Vision hat, der soll zum Arzt gehen. Es war eine pampige Antwort auf eine dusselige Frage." (Wikiquote 2020) Es ist davon auszugehen, dass Helmut Schmidt um die Bedeutung von Visionen sowohl in der Politik als auch im Unternehmens- und persönlichen Bereich wusste.

Für eine erfolgreiche Selbstmotivation und eine überdurchschnittliche Leistungsbereitschaft sollten Sie den Sinn Ihrer Aufgaben und Aktivitäten kennen und wissen, warum Sie bestimmte Dinge tun. Dazu ist die Frage zu klären, was Sie anstreben. Erfolgreiche Menschen entwickeln dazu eine Vision, die beschreibt, wo sie in fünf bis zehn Jahren stehen und was sie dann sein wollen – darauf zielt die in Abschn. 3.5 erwähnte Mentorenfrage.

## 4.1    Motivation und Willensstärke

Visionen als Vorstellung des Zustands, den man erreichen will, führen nahezu zwangsläufig zu den Begriffen *Motivation, Zielsetzung* und *Willensstärke.* Um sich zu motivieren, etwas zu tun (oder zu unterlassen), was einen weiterbringt, erscheint es sinnvoll, sich zunächst damit zu beschäftigen, was

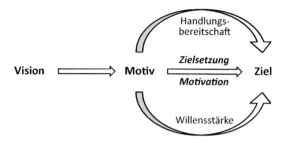

**Abb. 4.2** Von Vision und Motiv zum Ziel

überhaupt unter „Motivation" als Folge einer Vision zu verstehen ist. Wird eine Vision als übergeordnete Zielsetzung verstanden, besteht natürlich die Maßgabe, konkrete eigene Ziele zu formulieren; auch das werden wir noch näher beleuchten. Und letztlich ist es der erklärte Wille zur Realisierung dieser Ziele, die „Willensstärke", die für die erfolgreiche Umsetzung der Planung notwendig ist. Kurz gesagt:

> Aus einer auf die Zukunft bezogenen Vision ergeben sich Beweggründe, die zur Handlungsbereitschaft führen: die Motivation für eine Aktivität. Daraus erfolgt die Festlegung von Zielen, für deren Erfüllung Willensstärke benötigt wird, die zur Überwindung von Hindernissen notwendige psychische Energie (s. Abb. 4.2).

**Begriff der Motivation**

Während es in Abschn. 3.3 vornehmlich um den Verlust von Motivation im Arbeitsleben mit der Gefahr der inneren Kündigung ging bzw. dem Wunsch nach Veränderung, liegt der Fokus an dieser Stelle auf einer allgemeineren Betrachtung der Zusammenhänge. Motivation ist einer jener abstrakten, nicht messbaren und arg strapazierten Bezeichnungen, deren exakte Bedeutung nicht jedem klar ist.

> Unter **Motivation** versteht man einerseits das Streben des Menschen nach Zielen oder wünschenswerten Zielobjekten sowie andererseits die Gesamtheit der Beweggründe (Motive), die zur Handlungsbereitschaft führen.

Signifikant für das praktische Verständnis von Motivation ist die Differenzierung in intrinsische (innere) und extrinsische (äußere) Motivation.

- Der Begriff **intrinsische Motivation** bezeichnet das Bestreben, etwas um seiner selbst willen zu tun – weil es einfach Spaß macht, Interessen befriedigt oder eine Herausforderung darstellt.
- Bei der **extrinsischen Motivation** steht dagegen der Wunsch im Vordergrund, bestimmte Leistungen zu erbringen, da man sich davon einen Vorteil (Belohnung) verspricht oder Nachteile (Bestrafung) vermeiden möchte.

Im betrieblichen Bereich steht der *Erfolgswille* für innere Motivation, die *Bezahlung* für äußere. Es ist letztlich maßgeblich, was uns antreibt – unsere eigene Motivation oder die Umstände. Oft lässt sich das gar nicht so eindeutig in die eine oder andere Richtung entscheiden: Treibe ich Sport, weil es mir Spaß macht (dann bin ich intrinsisch motiviert) oder um gesund zu bleiben (ebenfalls intrinsisch) oder auf ärztlichen Rat hin (extrinsisch). Haben meine Bemühungen, eine Weiterbildung erfolgreich abzuschließen, meine eigenen Ziele erfüllt oder die meines Arbeitgebers? Schreibe ich diesen Text aus intrinsischer Motivation (weil ich Freude daran habe und das Ergebnis für mich eine Erfüllung bedeutet) oder weil mir ein Verlag mit einer engen Timeline für die Veröffentlichung im Nacken sitzt (dann wäre ich extrinsisch motiviert).[1]

> Entscheidend für den Erfolg ist, möglichst aus intrinsischer Motivation heraus zu handeln. Nur dadurch ist sichergestellt, dass die gesetzten Ziele konsequent und nachhaltig verfolgt werden.

Dazu müssen der Sinn hinter geplanten Aktionen erkannt und die Aufgabenerfüllung selbstbestimmt angegangen werden. Gerade im betrieblichen Alltag ist wichtig, an der Entscheidungsfindung mitzuwirken und Verantwortung für die Ergebnisse zu übernehmen.

Ich habe zahlreiche Menschen kennengelernt, die mit ihrem Wunsch, dauerhaft Sport zu treiben, gescheitert sind – leider. Nachdem die erste Euphorie verflogen war, haben die Trägheit und der innere Schweinehund gesiegt. Noch öfter konnte ich erleben, wie der positive Effekt gut gemeinter Ansätze (beispielsweise Seminare) etwa zu Zeitmanagement, Verhandlungs- oder Mitarbeiterführung verpuffte, da Unternehmenskultur und die fehlende innere Bereitschaft der Beteiligten den erhofften Verbesserungen im Wege stehen – die Aufwendungen dafür waren manchmal rausgeworfenes

---

[1]Ich kann dem Leser versichern: Meine Motivation ist eindeutig intrinsisch.

Geld. Doch es geht auch anders: Arbeitgeber und Führungskräfte als ihre Vertreter können die Motivation der Belegschaft deutlich steigern, wenn sie die Mitarbeiter bei Arbeitsverteilung und vor allem Veränderungsprozessen (s. Abschn. 7.1) mitnehmen und Basis und Hintergründe der Zielsetzung plausibel darstellen. Sind diese von Strategie und Zielen überzeugt, werden sie sich für deren Erfüllung einsetzen und dafür gerne alle angebotene Hilfestellung annehmen.

---

**Beispiel**

Eine größere – auch persönliche – Aufgabe lässt sich nicht zuletzt zum Erhalt der Motivation sinnvollerweise in Teilpakete zerlegen, die jeweils mit Meilensteinen versehen werden können, was einen kontinuierlichen Soll-Ist-Vergleich über einen Projektplan ermöglicht. Dadurch ist ständig ersichtlich, was der Einzelne (oder das Team etc.) bereits geleistet hat und was noch zu tun ist. Auch Abweichungen werden so frühzeitig erkannt und können korrigiert werden.

Im Studium wandte ich dazu das Verfahren der „Stundenaufschreibung" an, indem ich täglich z. B. im Rahmen von Prüfungsvorbereitungen konsequent die Zeiten notierte, die ich für die verschiedenen Fächer aufgewandt hatte – wie ein Techniker oder Rechtsanwalt dies mit der Kontierung seiner Arbeitsstunden auf Einzelaufträge macht. Dies führte dazu, dass ich motivierter war und keine Zeit vertrödelte. Seitdem nutzte ich dieses Tool mehrfach bei Vorhaben, wenn ein Motivationsschub vonnöten war. Auch im Beruf eignet sich das Verfahren bei Aktivitäten, die ein Abzweigen von knappen Zeitressourcen erfordern. Mitarbeiter, die nicht der Arbeitszeiterfassung unterliegen, können so dem Risiko entgegenwirken, dass sie den Überblick über die geleisteten Arbeitsstunden verlieren und stets wissen, wofür sie ihre Zeit verwenden (vgl. Abschn. 2.2).

In dieselbe Kategorie einordnen lässt sich das *Läufertagebuch,* das ich seit vielen Jahren führe. Das Notieren von Streckenart und -länge, Laufintensität, manchmal auch die benötigte Zeit für eine bestimmte Distanz, Körpergewicht, Verletzungen, Wetter usw. hilft mir nach wie vor sowohl bei der Motivation als auch bei der Kontrolle des Trainingsumfangs.

---

**Ziele definieren**

Generell ist davon auszugehen, dass auf die Realisierung anspruchsvollerer Ziele mehr Energie verwendet wird als auf das Erreichen leichterer oder lediglich qualitativ formulierter Ziele. Bei der Formulierung von Zielen, die eine optimale Leistung bewirken können, hat sich die sogenannte SMART-Formel in der Praxis bewährt, die George T. Doran zugeschrieben wird (Doran 1981). Die fünf Einzelbuchstaben des Akronyms, die zu dem leicht zu merkenden englischen Wort *smart* („schlau") führen, sind dabei wie folgt zu verstehen: Ziele sollten S = spezifisch, M = messbar, A = akzeptabel,

R = realistisch und T = terminiert (oder auch *tough:* schwierig im Sinne von anspruchsvoll) sein.

Die SMART-Formel ist nicht nur im Unternehmensalltag etwa für die Festlegung von Zielen im Mitarbeitergespräch oder für Projektteams geeignet, sondern lässt sich von jedem Einzelnen zur Definition seiner persönlichen Ziele nutzen. So kann man sich ebenso sportliche Ziele oder Ziele für eine verbesserte Lebensweise setzen, die allen fünf genannten Anforderungen genügen. Der Laufanfänger sollte (am besten mit kompetenter Unterstützung) einen passenden Trainingsplan aufstellen, der einen kontinuierlichen Leistungsaufbau ermöglicht und nicht mit Gewaltaktionen mehr schadet als nützt. Wer Ordnung in seine Arbeitsstruktur und sein Zeitmanagement bringen will, dem sei ebenfalls geraten, einen realistischen Plan zu entwerfen und die (auch kleinen) Erfolge kontinuierlich nachzuhalten und auszuweiten.

Der Mensch macht sich erfahrungsgemäß zuweilen gerne etwas vor, wenn Veränderungen anstehen. Diese Schönfärberei dient im Prinzip dem Selbstschutz, um nicht permanent in Selbstzweifel und Pessimismus abzugleiten. Andererseits ist auch ein allzu großer Optimismus wiederum mit Gefahren verbunden, indem man ein nahezu zwangsläufiges Risiko des Scheiterns gerne negiert – wie das Beispiel Heinz Schenkel in Abschn. 3.1 gezeigt hat. Diese Erkenntnis ist für die Zielfestlegung relevant.

**Fragen**

Bei der Formulierung Ihrer Ziele sollten Sie sich im Rahmen eines Realitäts-Checks zwei Fragen stellen:

1. Besitzen Sie die für die Zielerreichung erforderlichen Kompetenzen, z. B. notwendiges Wissen und Fertigkeiten, und gleichzeitig die passenden Charaktereigenschaften und das nötige Durchhaltevermögen?
2. Entsprechen Ihre Fähigkeiten denen anderer Menschen mit dem gleichen Ziel – oder sind sie womöglich besser?

Wenn Sie eine der beiden Fragen mit Nein beantwortet haben, sollten Sie Ihr Ziel noch einmal kritisch überdenken. Aber sogar bei zwei zustimmenden Antworten laufen Sie Gefahr, den folgenden verbreiteten Fehlern zum Opfer zu fallen (Sinoway 2013):

- Der **Fleiß-Trugschluss** macht glauben, dass sich durch Zielstrebigkeit und Mühe eventuelle Unzulänglichkeiten wettmachen lassen.
- Der **Intelligenz-Trugschluss** basiert auf der Fehleinschätzung, dass sich allgemeine Intelligenz zwingend in spezifische Fähigkeiten umsetzen lässt.

- Der **Selbstüberschätzungs-Trugschluss** geht davon aus, dass man über mehr Talent und bessere Möglichkeiten verfügt als Konkurrenten.
- Der **Begeisterungs-Trugschluss** führt zu der gefährlichen Einschätzung, dass man eine Sache automatisch gut beherrscht, wenn diese große Freude bereitet oder wichtig ist.
- Der **Wunschdenken-Trugschluss** steht für den gängigen Irrtum, dass es ohne Blick auf die Erfolgschancen für einen selbst leicht sein wird, Erfolg zu haben.

### Willensstärke

Willenskraft, häufiger als Willensstärke bezeichnet, ist ein weiterer relevanter Begriff in diesem Zusammenhang.

> **Willensstärke** (Fachbegriff *Volition*) ist die Umsetzungskompetenz von Motivation in Handlungen. Die Motivation versorgt den Menschen mit der nötigen Willensstärke, ein Vorhaben zu beginnen und durchzuführen.

Willensstärke ist auch ein Synonym für charakterliche Merkmale wie Beharrlichkeit, Zähigkeit, Entschlossenheit, Robustheit oder Zielstrebigkeit. Allen Eigenschaften ist gemein, dass sie die psychische Energie bezeichnen, die notwendig ist, um Unlustgefühle, Ablenkungen oder andere Hindernisse auf dem Weg zur Zielerreichung zu überwinden. Wissenschaftler haben herausgefunden, dass Menschen mit ausgeprägter Willensstärke wesentlich besser mit emotional belastenden Situationen umgehen können. Sie verfügen über ein stärkeres Selbstbewusstsein und bessere persönliche Beziehungen und sind weniger anfällig für den Missbrauch von Drogen, Alkohol, Nikotin oder Nahrung. Zu den gleichen Ergebnissen kommen Studien im Bereich der Medizin, an Schulen und im Sport. Diese Erkenntnisse lassen die Schlussfolgerung zu, dass willensstarke Menschen im Leben besonders erfolgreich sind.

Willensstärke kann man – zumindest in begrenztem Umfang – lernen, und das ist im Zuge eines gezielten Selbstmanagements von herausragender Bedeutung. Die Fähigkeit, sich Willensstärke anzueignen, ist ausschlaggebend für den Erfolg, den jemand in seinen Vorhaben erzielen wird. Dies ist für den Leistungssport ebenso wichtig wie in beruflichen und privaten Bereichen des Lebens.

**Beispiel**

Denken Sie beispielsweise an Situationen, in denen Sie von irgendetwas komplett genervt sind – von anderen Straßenverkehrsteilnehmern, Störgeräuschen (Lärm), bestimmten Marotten von Mitmenschen oder sonstigen Nebensächlichkeiten. Ein Indiz für Willensstärke ist, dass Sie sich nicht aus der Ruhe bringen lassen. Dies erfordert Geduld und Übung, ist jedoch trainierbar. Sehen Sie die Störung doch versuchsweise als Prüfung für Ihre Nerven an, die Sie bestehen müssen. Falls Ihnen das misslingt und Sie Ihren Ärger und Ihre Unruhe überhaupt nicht ablegen können, sollten Sie darüber nachdenken, ob die Ursachen vielleicht ganz woanders zu suchen sind, nämlich bei Ihnen, und Sie sich nicht völlig im Gleichgewicht befinden.

Um Ihre ganz persönliche Motivation und Willensstärke im Job zu erhalten bzw. zu steigern, wiederum ein paar Tipps – so sparen Sie viel Geld für einen Motivationstrainer:

- Bemühen Sie sich, bei vielen Gelegenheiten aus intrinsischer Motivation heraus zu handeln und nicht unter Zwang, weil Sie müssen.
- Egal, was Sie tun – Sie haben nur die Chance, Spaß daran zu bekommen, wenn Sie sich offen und intensiv damit auseinandersetzen. Ansonsten steht die Aktivität von vorne herein unter einem schlechten Stern.
- Stärken Sie Ihre Willenskraft, indem Sie sich klare, am besten quantitative Ziele nach der SMART-Formel setzen – sei es im Beruf, im Sport oder im sonstigen Privatleben – und fokussiert an der Realisierung arbeiten. Gehen Sie manchmal (nicht zu häufig) über Ihre Grenzen hinaus.
- Benutzen Sie Ihren gesunden Menschenverstand (Abschn. 4.4) so oft wie möglich.

**Beispiel**

Die Kombination der Begriffe Vision, Zielsetzung, Motivation und Willensstärke lässt mich an den Bau der Kathedrale in meiner Geburtsstadt Köln denken. Im Jahr 1248 wurde auf Initiative des machtbewussten Erzbischofs Konrad von Hochstaden der Grundstein für den gotischen Dom als monumentales Reliquiar für die Gebeine der Heiligen Drei Könige gelegt, die Erzbischof und Erzkanzler Rainald von Dassel im Jahr 1164 nach Köln gebracht hatte. Die Bauarbeiten schritten unter der Leitung des legendären Dombaumeisters Gerhard schnell voran, und 1265 war der Kapellenkranz bis in die Gewölbe fertiggestellt. Der Turmbau zu Babel lag schon eine Weile zurück, und der Glaube versetzt ja bekanntlich Berge: Da der Bau anderer gotischer Kathedralen bereits erfolgreich beendet worden war, gingen die Beteiligten fest davon aus, in diesem Tempo weiterarbeiten zu können.

**Abb. 4.3** Der Dom zu Köln im Jahre 1824. (Ausschnitt, Max Hasak 1865. Wikipedia 2020e)

Doch der Baufortschritt verlangsamte sich nach den ersten Erfolgen immer mehr, und zwischen 1528 und 1823 kam es zu einem kompletten Baustopp (Abb. 4.3). Der Kölner Dom wurde erst 1841–1880 auf Initiative des Kölner Kunsthändlers Sulpiz Boisserée als nationale Aufgabe durch die (protestantischen) Preußen zu Ende gebracht. Letztlich sprechen 632 Jahre Bauzeit zwar für eine (zumindest phasenweise) hohe Motivation, jedoch nicht für übermäßigen Realismus und stringentes Zeitmanagement.

## 4.2  Ohne Anstrengung keine Zufriedenheit

Ich hatte bereits erläutert, dass *Zufriedenheit* die zu optimierende Zielgröße darstellt. Daher soll dieser Begriff zunächst mit dem Thema Motivation verknüpft werden. Beginnen wir so: Der Mensch ist von Natur aus faul – diesen Satz haben Sie bestimmt schon einmal gehört. Er macht nichts, ohne dass eine Motivation dafür vorliegt. Dieser Hang zum Einsparen von Energie ist uns evolutionsgeschichtlich vorgegeben und hat das Überleben vor allem in Zeiten schlechten Nahrungsangebots gesichert. Dasselbe Verhalten findet sich auch im Tierreich, denn Effektivität ist in der Biologie alles: Wer mit seinen Ressourcen sparsam umgeht, hat länger etwas davon und erhöht seine Fortpflanzungschancen. Im Rahmen einer abstrakteren Betrachtungsweise könnte man folgende These aufstellen:

**Irrtum 10**
„Der Wegfall von Herausforderungen bewirkt Zufriedenheit."

Diese Feststellung erweist sich jedoch bei näherem Hinsehen als Trugschluss. Es ist zwar bequem und kalorienschonend, sich auf dem Sofa auszuruhen und zu lesen, Musik zu hören oder Fernsehen zu schauen. Allerdings lässt sich aus derartigen passiven Tätigkeiten keine tiefe innere Zufriedenheit beziehen, denn es fehlt das Erfolgserlebnis, eine Herausforderung gemeistert und zum positiven Abschluss gebracht zu haben: das selbst oder von anderen gesteckte Ziel erfüllt zu sehen. Die Möglichkeiten dafür sind Legion: in der Arbeitswelt ein guter Vortrag, ein lesenswerter Bericht, ein Projektabschluss oder ein erfolgreiches Experiment; im Privatleben eine anspruchsvolle sportliche Leistung, das fertiggestelltes Bastelprojekt oder die geglückte Grillparty mit Freunden.

### X–Y-Theorie

Der Mensch ist wie gesagt im Grunde seines Wesens träge – er bewegt sich nur unter äußerem Zwang. Deshalb muss man sich etwa zum – gesundheitlich vernünftigen – Sportausüben gezielt motivieren, wie in Abschn. 6.3 noch ausgeführt wird. *Couch Potatoes,* wie Amerikaner die unsportlichen Stubenhocker nennen, fehlt dieser Ansporn, und sie nehmen immer weiter zu (an Gewicht und Anzahl). Mit diesen Aussagen befinde ich mich im Bereich der Managementtheorie X, einer Führungsphilosophie, die besagt, dass der Beschäftigte versucht, der Arbeit so gut es geht aus dem Weg zu gehen (Abb. 4.4). Er ist rein extrinsisch motiviert und lässt sich lediglich durch Belohnungen, aber auch Sanktionen seitens des Arbeitgebers antreiben. Also muss ein Unternehmen hierarchisch und kontrollorientiert strukturiert sein. Aufgabenbereiche, Leistungserwartung und Verantwortung sind eng abgesteckt, sonst läuft gar nichts.

Im Gegensatz dazu postuliert die Theorie Y, dass der Mensch durchaus ehrgeizig ist und sich zur Erreichung sinnvoller Zielsetzungen bereitwillig strenge Selbstdisziplin und Selbstkontrolle auferlegt (Abb. 4.5). Damit sich derart engagierte, interessierte Menschen zum Nutzen des Unternehmens entfalten können, wird darauf geachtet, ihnen Freiräume für Kreativität und die Übernahme eigener Verantwortung zu schaffen. Auf diese Weise führt die Autonomie des Mitarbeiters zum Ziel, nicht seine Disziplinierung. Der Bezug zur Intrapreneurship (Abschn. 3.3) ist offensichtlich.

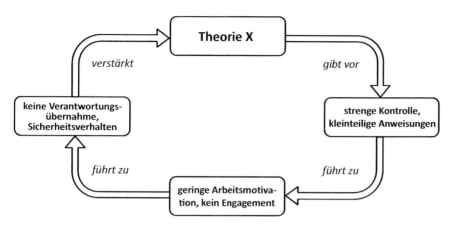

**Abb. 4.4** Die verstärkende Wirkung der Anwendung von Theorie X. (Eigene Darstellung in Anlehnung an Iroqu 2014/CC BY-SA 3.0, Wikipedia 2020j)

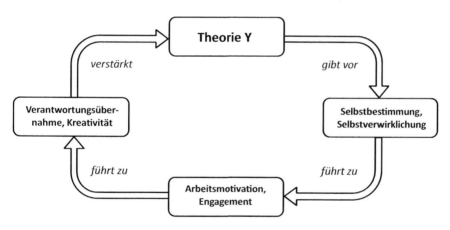

**Abb. 4.5** Die verstärkende Wirkung der Anwendung von Theorie Y. (Eigene Darstellung in Anlehnung an Iroqu 2014/CC BY-SA 3.0, Wikipedia 2020j)

Die Voraussetzungen für Theorie X entsprechen im Wesentlichen den Annahmen des Taylorismus, die der Theorie Y denen des Human-Relations-Konzepts und damit den meisten Unternehmensleitbildern. Die Anwendung der Theorien X und Y kann wiederum als Beispiel für eine sich selbst erfüllende Prophezeiung angesehen werden. Da die Theorien X und Y sich im Allgemeinen gegenseitig ausschließen, wurde ab 1964 die Theorie Z entwickelt, eine Synthese, deren Annahmen im Wesentlichen den japanischen Managementstil abbilden.

Das Prinzip aus der Mitarbeiterführung kann man leicht auf die Führung der eigenen Person übertragen: Ich muss mich entweder intrinsisch motivieren (Theorie Y) oder werde zu etwas angetrieben bzw. gezwungen (was extrinsischer Motivation und der Theorie X entspricht). Ein Zuviel an intrinsischer Motivation führt allerdings unter Umständen zu einem Suchtverhalten, dem *Workoholism* – der Süchtige kann nicht mehr anders, als ständig zu arbeiten, was ihm einen Kick verschafft, der sich womöglich nur durch immer größere Arbeitspensen reproduzieren lässt.

**Motivationsmodell nach Porter und Lawler**
Es stellt sich die Frage, wodurch Motivation generell bewirkt wird. Damit assoziierbare Begriffe, die einen sequenziellen Ablauf beschreiben, sind die folgenden (s. Rosenstiel 1975):

> Anstrengung (= Motivation, als Ausgangspunkt) → Leistung → Belohnung → Zufriedenheit (als angestrebtes Resultat).

Arbeitgeber und Forscher haben die Bedeutung der Mitarbeitermotivation im Arbeitsprozess bereits früh erkannt und untersucht, was unter anderem die Managementtheorien X und Y hervorbrachte. In den 1960er und 1970er Jahren entstanden sogenannte *Prozesstheorien der Motivation,* die insbesondere in der Arbeitsorganisation Anwendung fanden und finden. Zu den bekanntesten gehört das von Lyman W. Porter und Edward E. Lawler III im Jahr 1968 vorgestellte Motivationsmodell (Abb. 4.6). Dieses Modell untersucht den Zusammenhang hauptsächlich zwischen den vier aufgeführten Variablen und bietet einen Erklärungsansatz zum Zusammenhang zwischen Arbeitsleistung und -zufriedenheit.

Demnach ist die persönliche Anstrengung (Motivation) vom Wert der erwarteten Belohnung und von der Erfolgswahrscheinlichkeit der Handlung abhängig. Die Autoren gehen davon aus, dass durch Motivation – und damit einer von vorne herein positiven Einstellung hinsichtlich Arbeit bzw. Arbeitsleistung – eine Leistungssteigerung entsteht. Die Aussicht auf eine resultierende Belohnung soll dann dafür sorgen, dass bei den Mitarbeitern eine höhere Arbeitszufriedenheit entsteht (s. Wikipedia 2020f sowie Scherny 2012 und dort zitierte Literatur).

Je nach Fähigkeit und Rollenwahrnehmung führt die Anstrengung zu gewissen Leistungen oder Ergebnissen, was eine *Erfüllung* bewirkt. Wenn äußere und innere Belohnungen hinzukommen, steigt die *Zufriedenheit,*

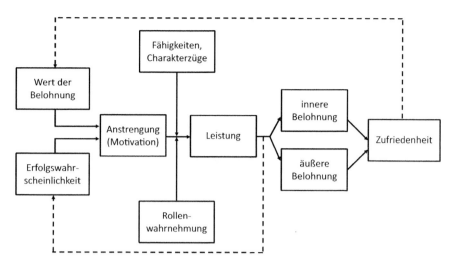

**Abb. 4.6** Motivationsmodell nach Porter und Lawler. (Eigene Darstellung in Anlehnung an Pelz 2004, S. 117/CC BY-SA 3.0, Wikipedia 2020f)

die wiederum zu neuen Leistungen antreibt. Dem Modell von Porter und Lawler liegt das Prinzip des Erwartungswertes zugrunde: Aktivitäten entstehen durch Wünsche nach bestimmten Sachverhalten und Überzeugungen über Handlungen, die geeignet erscheinen, diese Wünsche herbeizuführen. Folglich wählen Menschen unter mehreren Handlungsalternativen diejenigen aus, die den höchsten Erwartungswert haben.

Die Kernaussagen der Motivationstheorie lassen sich so zusammenfassen, dass die individuelle Motivation eines Mitarbeiters durch zwei Wahrscheinlichkeiten bewirkt wird:

1. die Wahrscheinlichkeit, dass besondere Bemühungen zu einer verbesserten Arbeitsleistung führen, und
2. die Wahrscheinlichkeit, dass gute Arbeitsleistungen zu der gewünschten Wertigkeit der Belohnung führen.

Was den Zusammenhang von Belohnung und Zufriedenheit angeht, vertreten die Wissenschaftler heute den Standpunkt, dass nicht allein die erzielte Belohnung über die Zufriedenheit entscheidet, sondern zugleich die Tatsache, wie gerecht die eigene Belohnung verglichen mit der anderer Personen empfunden wird.

**Vergleichen als Anfang der Unzufriedenheit**

„Vergleiche dich mit besser gestellten, und du bist unzufrieden. Vergleiche dich mit schlechter gestellten, und du hast mehr als genug."

*Chinesisches Sprichwort.*

Das Porter-Lawler-Modell liefert nicht nur in der Arbeitswelt eine Erklärung dafür, was den Menschen antreibt. Es wird teilweise auch als *Zirkulationsmodell* bezeichnet. Dies ist darin begründet, dass der Weg von der Anstrengung zur Zufriedenheit in vielen Konstellationen des täglichen Lebens auch mehrfach beschritten wird:

**Anstrengung** *(= Motivation, als Ausgangspunkt)*

→ **Leistung**

→ **Belohnung**

→ **Zufriedenheit** *(als angestrebtes Resultat)*

Die Folge Motivation → Leistung → Belohnung → Zufriedenheit wird in Abschn. 8.2 nochmals aufgegriffen, wenn es darum geht, welche biochemischen Prozesse sich dabei abspielen. An dieser Stelle soll festgehalten werden, dass diese Folge unmittelbar erklärt, dass

- man normalerweise nichts tut und leistet, wenn kein irgendwie gearteter Antrieb dafür vorhanden ist,
- die dafür zu erwartende Belohnung ausschlaggebend für die geleistete Anstrengung ist und
- nur ein Erfolgserlebnis als Resultat einer Leistung und die dafür erhaltene Belohnung zu echter Zufriedenheit führen.

Das Streben nach einer Belohnung ist wesentlich als Motivator, was letztlich die empfundene Zufriedenheit erhöht. Die Belohnung mag im einfachsten Fall ein Lob oder eine Anerkennung sein, sei es vom Chef, einem Kollegen oder Freund oder dem Lebenspartner. Sie kann in Gewinn, Erfolg, Macht oder dem Erreichen des Flow-Zustands begründet sein, der Erfüllung von Arbeitszielen oder dem Kick in einer Extremsportart. Zufriedenheit durch Passivität zu erlangen ist bestenfalls kurzfristig – in Ausruhphasen – möglich und sinnvoll, jedoch kein dauerhaft tragfähiges Konzept und führt eher zu Frustration und Lethargie.

# 4.3    Resilienz: Versicherung gegen Rückschläge

*Resilienz* ist – ähnlich wie Motivation, Autonomie oder Zufriedenheit – einer der zentralen Begriffe im Zusammenhang mit Selbstmanagement.

> Unter **Resilienz** versteht man die Fähigkeit, Krisen zu bewältigen und sie durch Rückgriff auf persönliche und sozial vermittelte Ressourcen als Anlass für Entwicklungen zu nutzen. In der Medizin bezeichnet Resilienz auch die Aufrechterhaltung bzw. rasche Wiederherstellung der psychischen Gesundheit während oder nach stressvollen Lebensumständen; sie wird als Ergebnis der Anpassung an Stressfaktoren *(Stressoren)* definiert. Das Gegenteil von Resilienz ist Verwundbarkeit (Wikipedia 2020g).

Das inzwischen auch im Deutschen gebräuchliche Wort Resilienz bedeutet also so viel wie psychische Widerstandsfähigkeit, Belastbarkeit oder Stressfestigkeit. Resiliente Menschen besitzen – plakativ ausgedrückt – Nehmerqualitäten. Sie sind in der Lage, berufliche oder Lebenskrisen ohne langfristige Beeinträchtigungen zu meistern – kurz: Sie gedeihen trotz widriger Umstände. Die Bedeutung hat sich im Laufe der Zeit gewandelt. Früher bezeichnete Resilienz eine spezielle Eigenschaft von Personen, die ihre psychische Gesundheit unter Bedingungen erhielten, unter denen andere Menschen zerbrochen wären. Inzwischen ist der Anwendungsbereich deutlich weiter gefasst, denn psychische Widerstandsfähigkeit ist nicht nur in Extremsituationen, sondern zu allen Gelegenheiten von Vorteil. Heute werden etwa Menschen als resilient bezeichnet, die mit Belastungen der Arbeitswelt in angemessener Weise umgehen und so ihre mentale Gesundheit erhalten.

Resiliente Menschen denken langfristig und entwickeln realistische persönliche Ziele. So können sie von temporären Wendepunkten im Leben, z. B. privaten Krisen oder einem unfreiwilligen Berufswechsel, nicht so leicht aus dem Gleichgewicht geworfen werden. Sie widmen sich dem Überwinden der betreffenden Krise und fragen nicht ständig nach dem Warum. Weil sie sich gedanklich auf ihr Leben „danach" vorbereiten, bestehen sie diese Herausforderungen souveräner und kommen schneller darüber hinweg. Aber auch im Tagesgeschäft mit seinem „ganz normalen Wahnsinn" sind sie ihren weniger widerstandsfähigen Kollegen oft um eine Nasenlänge voraus, denn sie berücksichtigen bei ihrem Tun regelmäßig, dass sie ab und zu Fehler machen und auch mit gut geplanten Ansätzen scheitern werden. Wer Fehler zulässt und ein mögliches Missraten mit einkalkuliert, geht lockerer und damit erfolgversprechender an eine Sache heran.

Im Silicon Valley werden derartige Lernerfahrungen gerne als *Failing forward* bezeichnet. Ein destruktiver Umgang mit dem Scheitern wäre hingegen, die Schuld allein bei anderen oder bei den Umständen zu suchen: Die eigene Verantwortung an dem Geschehen wird nicht wahrgenommen oder abgelehnt. Eine ehrliche Selbstreflexion ist jedoch die Voraussetzung, um aus dem Fehlschlag gestärkt hervorzugehen. Misserfolge sind ein Feedbacksystem, das zeigt, dass man sich in einer bestimmten Hinsicht getäuscht hat.

---

**Beispiel**

Felix Graupner ist Automechaniker-Meister und war in einer deutschen Niederlassung eines großen japanischen Automobilherstellers beschäftigt. Als Technikfan hatte er die Einführung der Hybridtechnologie zur Jahrtausendwende mit begleitet und war von diesem technologischen Fortschritt begeistert; bald der erklärte Experte am Standort, kannte er alle Details und konnte sie Kunden, Mitarbeitern und Kollegen anschaulich erklären.

Doch Graupner hatte immer schon einen Drang zum selbstbestimmten Arbeiten, und sein Traum war die Selbstständigkeit. Und so kündigte er die sichere Stelle eines Tages und bot nach entsprechenden Fortbildungen seine Dienste als unabhängiger Kfz-Sachverständiger und Unfallgutachter an. Doch ist dieser an sich lukrative Markt hart umkämpft, ohne Netzwerke und Beziehungen war kein ausreichender Auftragsbestand zu akquirieren, und so endete das Abenteuer im Fiasko. Felix Graupner musste wieder auf Arbeitssuche gehen und hatte das Glück (vielleicht ist der Vorname ein Omen), dass ihn sein ehemaliger Arbeitgeber wegen seiner Kompetenzen wieder einstellte, da sein Nachfolger als Werkstattleiter mit der Aufgabe überfordert war. Ende gut, alles gut? Keineswegs!

Wenige Jahre später beschloss das japanische Unternehmen, die Verkaufs- und Serviceniederlassung vor Ort im Zuge einer Bündelungsstrategie zu schließen, wobei die Mitarbeiter sehr frühzeitig darüber informiert und sowohl mit alternativen Arbeitsplatzangeboten als auch finanziell unterstützt wurden. Nun kommt der Clou der Geschichte: Graupner machte trotz der schlechten ersten Erfahrungen einen weiteren Schritt in die Selbstständigkeit: Mit einem nachvollziehbaren Geschäftsplan, seiner Abfindung und einem Bankkredit gründete er am selben Ort eine unabhängige Autowerkstatt, die alle Fabrikate wartet, vor allem aber eine hohe Expertise bei Hybridfahrzeigen besitzt. Eine Reihe ehemaliger Mitarbeiter der geschlossenen Niederlassung heuerte bei ihm an mit der positiven Folge, dass auch die meisten ehemaligen Kunden der Vertragswerkstatt zu ihm wechselten.

Das Unternehmen von Felix Graupner läuft heute glänzend, und seine Bereitschaft, ein weiteres unternehmerisches Risiko einzugehen, hat sich voll gelohnt. Der Rückschlag der gescheiterten ersten Unternehmertätigkeit hielt ihn nicht davon ab, das Wagnis ein zweites Mal einzugehen, diesmal sogar mit einem deutlich höheren finanziellen Risiko.

**Abb. 4.7** Abraham Lincoln 1863. (Foto: Alexander Gardner. Library of Congress, Wikipedia 2020a)

Ein berühmtes Beispiel für ausgeprägte Resilienz ist der 16. Präsident der Vereinigten Staaten von Amerika, der im Jahr 1860 gewählt und 1864 wiedergewählt wurde und dessen Präsidentschaft als eine der bedeutendsten in der Geschichte des Landes gilt.

**Abraham Lincoln**

Abraham Lincoln (Abb. 4.7) betrieb erfolgreich die Abschaffung der Sklaverei in den USA und führte die Restunion der verbliebenen Nordstaaten durch den daraus entstandenen Sezessionskrieg. Unter der Regierung dieses visionären Mannes schlug das Land den Weg zum zentral regierten, modernen Industriestaat ein und schuf so die Basis für seinen Aufstieg zur Weltmacht im 20. Jahrhundert. Der Republikaner war der erste US-Präsident, der einem Attentat zum Opfer fiel.

Lincoln gilt als Musterbeispiel für gelebte Resilienz. Der legendäre US-Präsident, der in Armut aufgewachsen war und bereits in jungen Jahren seine Eltern durch Feldarbeit unterstützen musste, verlor mit neun Jahren seine Mutter und später drei seiner vier Söhne, und niemand hätte es ihm verdenken können, sich in Trauer zurückzuziehen.

Abraham Lincoln musste zwei Firmenpleiten, einen Nervenzusammenbruch und sechs Wahlniederlagen verkraften, bevor er Präsident wurde, gab jedoch nie auf. Stattdessen lenkte er seinen Schmerz in die Motivation um, das Land zu verbessern. Seinen Biografen zufolge kamen ihm dabei vor allem diese Eigenschaften zugute (Ulrich und Ulrich 2010, S. 203–217; Wikipedia 2020a):

- Empathie
- Humor
- Großmut
- innere Balance
- Selbstkontrolle
- Verantwortungsbewusstsein
- soziales Gewissen
- Erkennen des *Big Pictures*

Doch es gibt weitere typische Beispiele aus den USA, was gelebte Resilienz bedeutet: Walt Disney wurde wegen angeblich nicht vorhandenem kreativem Talent als Redakteur entlassen. Thomas Alva Edison hatte man in seinen ersten beiden Jobs mangels Leistung gefeuert. Und Henry Ford benötigte zwei Anläufe, bis er die Ford Automobil Company erfolgreich zum Laufen brachte. Es findet sich kaum ein Werdegang ohne zwischenzeitliches Scheitern, Rückschläge oder Umwege zum Erfolg.

In der psychologischen Forschung unterscheidet man sieben grundlegende Faktoren von Resilienz, auf deren Stärkung entsprechende Trainings abzielen. Einer davon ist der *realistische Optimismus,* der im Hinblick auf beruflichen Werdegang und Karriereentwicklung die größte Relevanz besitzt. Man versteht darunter die Fähigkeit, die Zukunft positiv zu sehen und dabei gleichzeitig realistisch zu bleiben. Die jeweiligen Ziele werden am sinnvollsten anhand der SMART-Formel definiert (Abschn. 4.1) Hierfür bedarf es oft eines ausgeprägten Selbstwertgefühls.

Doch wie lässt sich Resilienz verbessern? Die erwähnten Eigenschaften von Abraham Lincoln sind zweifellos Teil seiner bemerkenswerten Persönlichkeit; sicherlich lag eine Mischung aus genetischen und erlernten Einflüssen vor. Um sich dafür einen Ansatz zu erarbeiten, ist zunächst von Bedeutung, die wesentlichen Einflussfaktoren für Resilienz zu verstehen.

- **Personale Faktoren:** Hierzu zählen kognitive wie auch emotionale Einflüsse, etwa die Fähigkeit, Gefühle und Handlungen zu kontrollieren, außerdem Selbstwirksamkeitserwartung, Toleranz für Ungewissheit, eine aktive Einstellung zu Problemen usw. In diesem Zusammenhang ist Feedback von Dritten gepaart mit Selbstreflexion wichtig.
- **Umwelteinflüsse:** Das sind z. B. die Unterstützung durch die Familie, die Kultur oder Gemeinschaft sowie die schulische oder Arbeitsumgebung. Es besteht also durchaus ein hohes Potenzial für Eltern, Ausbilder, Mentoren oder den Arbeitgeber, die Resilienz des Individuums gezielt zu stärken, indem auf die Ausbildung und Weiterentwicklung der genannten Fähigkeiten Wert und Augenmerk gelegt wird.
- **Prozessfaktoren:** In diese Kategorie fallen unter anderem die wahrgenommenen Perspektiven, die Akzeptanz des Unveränderbaren und die Konzentration aller Energien auf das als Nächstes zu Bewältigende und die dafür entwickelten Strategien. Auch dieser Punkt berührt wieder eine Reihe von Aspekten, die bereits besprochen wurden oder an späterer Stelle noch erwähnt werden (Motivation, Realismus, Zeit- und Veränderungsmanagement).

Gruppen von Menschen, die einen starken Zusammenhalt haben, eher kollektivistisch als individuell orientiert sind und sich durch starke Werte auszeichnen (Shared Values), erweisen sich als besonders resilient.

Aus dem bisher Ausgeführten lassen sich einige pragmatische Tipps zur Resilienzverbesserung ableiten:

- Entwickeln Sie eine optimistische Grundeinstellung. Resiliente Führungspersönlichkeiten sehen in jeder Krise die bereits erwähnte Chance. Werden Sie sich der positiven Dinge des Lebens bewusst.
- Führen Sie Ihr Leben auf der Basis hoher moralischer Standards. Dies kann der Glaube sein oder ein anderer moralischer Kompass. Derartige Prinzipien geben Ihnen Selbstvertrauen und stecken Mitmenschen an.
- Setzen Sie sich offen mit Ihren Ängsten auseinander.
- Erkennen Sie Muster im Leben. Ordnen Sie Ereignisse in einen größeren Kontext ein.
- Hören Sie auf, sich Sorgen zu machen, und fangen Sie an, das Leben zu genießen. Eine Analyse der möglichen Szenarien wird hier helfen: Was ist der zu erwartende *Worst Case?*
- Managen Sie Risiken. Resilienz ist auch die Bereitschaft, Risiken zu tragen.

## 4.4  Begriffe zum klaren Denken

Neben Resilienz sind einige andere Begriffe näher zu erläutern, die im weiteren Sinne mit Motivation und mentaler Verfassung in Beziehung stehen und ebenfalls für Führungskräfte und Mitarbeiter (und natürlich auch im privaten Bereich) von Bedeutung sind. Ihre Kenntnis und Beherrschung unterstützen erfolgreiches Selbstmanagement und ermöglichen eine verbesserte Bodenhaftung.

**Realismus und gesunder Menschenverstand**
*Realismus* ist der Oberbegriff für Denkschulen unter anderem in der Politik, Philosophie, Kunst und Wissenschaft. Die entsprechenden Fachbücher, die die Regale füllen, sind jedoch eher etwas für Spezialisten als für den Pragmatiker, der sich im beruflichen Alltag orientieren und zurechtfinden will. In Zusammenhang mit dem Selbstmanagement ist das Wort

vielmehr zu verstehen im Kontext mit gesundem Menschenverstand, korrekter Selbsteinschätzung sowie auch einer notwendigen Anpassung von Zielen. Realismus sollte allerdings nicht mit negativ belegten Termini wie Resignation, Aufgabe und Rückzug in Verbindung gebracht werden – dies wäre eine Missdeutung.

> **Realismus** bedeutet, Dinge so zu sehen, wie sie sind – und nicht, wie wir sie gerne hätten.

Einige Angelegenheiten können demnach so bleiben können, wie sie sind, und andere sollten vielleicht besser mittelfristig geändert werden – beispielsweise die Zielverfolgung hinsichtlich der Karriereplanung – oder aber, falls der Hut brennt, sofort und unverzüglich. Der Leidensdruck muss hoch genug sein für eine Veränderung, wenn Sie eine Situation nicht stoisch aussitzen wollen – hier öffnet sich das Tor zum Thema Veränderungsmanagement (Kap. 7). Gleichzeitig sollte die Motivation zur Veränderung von innen heraus kommen (*intrinsisch* sein), um das Heft des Handelns nicht aus der Hand zu geben und *selbstbestimmt* zu agieren. Dies kann einen aktiv herbeigeführten Aufgaben- oder Stellenwechsel oder das selbst terminierte Ausscheiden aus dem Arbeitsleben ebenso betreffen wie das konsequente Lösen privater Probleme. Dabei leisten Realismus und gesunder Menschenverstand wertvolle Dienste.

> **Gesunder Menschenverstand** bezeichnet den einfachen, erfahrungsbezogenen und allgemein geteilten Verstand des Menschen bzw. dessen natürliches Urteilsvermögen.

Da der gesunde Menschenverstand auf Basis von Begriffen urteilt, handelt es sich dabei jedoch weder um eine Emotion noch um Intuition. Er bezeichnet generell nicht nur eine Form von Verstand, sondern auch seiner Urteile. Als konkreter, pragmatischer Verstand wird er in Opposition zum abstrakten, spekulativen Expertenverstand ge- und oft als Phrase missbraucht (s. Wikipedia 2020c und dort zitierte Literatur).

**Betrachtung von Szenarien**
Um Dinge so zu sehen, wie sie sind, und sie danach korrekt in ihren Kontext einordnen zu können, ist es wichtig, sie zu analysieren und klar beim Namen zu nennen. Es hilft nichts, wenn man sich einredet, die Arbeit

mache Spaß, die Kollegen seien offen und kooperativ und der Chef werde sich sicherlich zum Positiven ändern, nachdem die aktuelle Krise durchstanden ist – falls in Wahrheit das Gegenteil der Fall ist.

Angesichts dieses Dilemmas, dass man negative Sachverhalte am liebsten totschweigen möchte in der Hoffnung, dass sie von allein verschwinden, also mangelndem Realismus, ist zu betonen, dass jeder Mensch für sich selbst die Verantwortung übernehmen muss und dies nicht auf andere Leute oder die Umstände abschieben kann. Versuchen Sie, Dinge, die Sie nicht ändern können, als gegeben zu akzeptieren und sich nicht daran aufzureiben; Chancen für Verbesserungen sollten Sie allerdings nutzen.

---

**Beispiel**

In diesen Zusammenhang passt folgende Geschichte: Wolfgang Fahrenbach, ein erfolgreicher Unternehmer mit zahlreichen Mitarbeitern und gut gehenden Geschäften, war am Ende seiner Kräfte und stand ganz kurz vor dem Burnout. Eines Tages führte er eine schonungslose persönliche Standortbestimmung durch und kam zu dem naheliegenden Ergebnis, dass es so nicht weitergehen kann. Realistisch gesehen würde er diese Tretmühle kein zusätzliches Jahr mehr durchhalten können, denn mentale und körperliche Probleme warfen bereits ihre Schatten voraus. Es musste kurzfristig etwas geschehen.

Fahrenbach beschloss, für ein ganzes Jahr mit seinem Segelboot auf Weltreise zu gehen, und übertrug die Verantwortung für das Unternehmen seinen Führungskräften. „Machen Sie Ihre Arbeit und leiten Sie das Unternehmen nach Ihren Vorstellungen. Es wird Ihr Schaden nicht sein." (Eine Formulierung wie im Märchen, aber das trifft auf die gesamte Anekdote zu.) Natürlich sagten Familie und Freunde: „Du spinnst, das geht niemals gut! Bis du wieder da bist, haben sie den Laden in Grund und Boden gewirtschaftet." Wolfgang Fahrenbach war in dieser Auszeit weder über Telefon noch über E-Mail, Messenger-Dienste oder sonstige Kommunikationswege erreichbar.

Als er nach dem Jahr zurückkam, stellte er fest, dass das Unternehmen nicht nur weiterhin profitabel war, sondern sogar erfolgreicher als zuvor agierte. Die verantwortlichen Mitarbeiter hatten den ihnen gebotenen Freiraum genutzt und sich bietende geschäftliche Gelegenheiten wahrgenommen. Eigentümer Fahrenbach nahm dies mit großem Wohlwollen zur Kenntnis und hält sich seitdem aus dem operativen Geschäft heraus. Er ist glücklich und zufrieden und weiß, dass er mit seinem Ausstieg intuitiv das Richtige getan hatte.

---

Während in einer vereinfachten Sichtweise die Natur stets nach einer Vergrößerung der Entropie strebt, also Unordnung zu schaffen trachtet[2], besitzen viele Menschen einen Hang dazu, Ordnung herzustellen und die

---

[2] Ist Ihnen schon einmal eine offene Schachtel mit kleinen Schrauben zu Boden gefallen?

Komplexität von Systemen zu reduzieren – etwa Probleme zu analysieren und in ihre Komponenten zu zerlegen, um zu einfachen Lösungen zu kommen. Dafür sind Realismus, aber auch analytisches Denkvermögen erforderlich. Dies ist leider nicht jedem in die Wiege gelegt, jedoch zu einem gewissen Grad erlernbar. Für die Lösung von Problemen und das Meistern von schwierigen Herausforderungen haben sich *Szenarienbetrachtungen* als wertvoll erwiesen.

> Ein **Szenario** ist definiert als Beschreibung, Entwurf, Modell der Abfolge von möglichen Ereignissen oder der hypothetischen Durchführung einer Sache. In der Planung versteht man darunter die vorausgedachte plausible Aufeinanderfolge von Ereignissen, die zur Beachtung kausaler Zusammenhänge konstruiert wird.

In meiner industriellen Praxis habe ich gelernt, den Begriff Szenario am besten nur im Plural zu verwenden: Erst nachdem man für einen Plan, eine Entwicklung, ein Projekt usw. verschiedene Szenarien ausgearbeitet hat, die die Erwartungen im günstigsten und ungünstigsten Fall sowie eventuelle Optionen dazwischen oder daneben widerspiegeln, erschließt sich das Kaleidoskop der realistischen Optionen.

Unternehmer Wolfgang Fahrenbach dürfte bei seiner Entscheidung die unterschiedlichen Möglichkeiten gegeneinander abgewogen haben:

- **Weitermachen wie bisher:**
  1. Bester Fall: Es nimmt alles seinen Lauf wie gewohnt, allerdings geht es mir selbst dabei nicht gut. (Der Selbsttäuschung, dass Dinge von allein besser werden, ist er nicht aufgesessen.)
  2. Schlechtester Fall: Ich erleide gesundheitliche Probleme (Burnout, Hörsturz, Herzinfarkt, Schlaganfall) und liege in ein paar Jahren unter der Erde.
- **Abgabe von Verantwortung und Teilrückzug:**
  1. Bester Fall: Ich habe mehr Zeit für meine Familie und meine Gesundheit, bin aber auf der Höhe der Ereignisse und kann zur Not eingreifen.
  2. Schlechtester Fall: Ich bin immer noch nicht in der Lage abzuschalten, mache mir Sorgen und betreibe Mikromanagement. Meine Mitarbeiter werden hinter meinem Rücken gegen mich arbeiten.

- **Einjähriger Segeltörn ohne Erreichbarkeit:**
  1. Bester Fall: Alles geht gut, da ich verlässliche Beschäftigte habe, die Verantwortung tragen können. (Damit, dass es wie geschildert so ausgesprochen vorteilhaft lief, hatte er nicht einmal im optimistischsten Szenario gerechnet.)
  2. Schlechtester Fall: Das Unternehmen (GmbH & Co. KG) ist wegen einer Krise und/oder der Inkompetenz der Mitarbeiter insolvent geworden. Das wäre tragisch für mein Lebenswerk und mein Ego, würde jedoch meine separat angelegte Alterssicherung nicht in Mitleidenschaft ziehen.

Dasselbe Verfahren der Szenarienbetrachtung eignet sich für alle wichtigen Fragen des Privat- und Geschäftslebens, für die Planung eines Eigenheims ebenso wie die Verfolgung der beruflichen Karriere oder die Steuerung einer Abteilung oder eines ganzen Unternehmens. Entscheidend ist, dass zunächst komplizierte Sachverhalte, die nicht so einfach zu durchdringen sind, in verdauliche Happen zerlegt werden. Hierzu bieten sich die verschiedensten administrativen und Managementtechniken an.

## Logisches Denken

> Mit **Logik** (= Folgerichtigkeit) wird das vernünftige Schlussfolgern bezeichnet. In der Logik wird die Struktur von Argumenten im Hinblick auf ihre Gültigkeit untersucht, unabhängig vom Inhalt der Aussagen.

Logisches Denken heißt also das faktenbasierte Ziehen von Schlüssen. Der gesunde Menschenverstand wird in der Umgangssprache teilweise mit dem Ausdruck „Alltagslogik" belegt.

Gerade in Corona-Zeiten, in denen besonders viele Fake News vor allem über soziale Netzwerke verbreitet werden, wäre logisches Denken angebracht, um kursierende Falschinformationen als Unsinn zu entlarven. Aber auch in anderen Zusammenhängen, als Konsument der Medien, wird man vielfach mit Zahlen überschwemmt, deren Aussagekraft sich momentan nicht genau beurteilen lässt, und glaubt viel zu oft den daraus gezogenen sehr subjektiven Schlüssen. Politik und Wirtschaft verkaufen den Verbraucher teilweise systematisch für dumm, indem an sich korrektes Zahlenmaterial durch einen konstruierten Kontext falsch interpretiert wird.

Im Rahmen eines erfolgreichen Selbstmanagements kommt der Fähigkeit zum logischen Denken natürlich eine hohe Bedeutung zu. Es gilt,

einen unverstellten Blick auf die aktuelle Situation zu werfen und die naheliegenden logischen Schlüsse daraus zu ziehen. Wer sich im Job nicht wohl-
fühlt, sollte und muss an seiner Situation etwas ändern, denn es wird selten
ohne aktives Zutun besser – logisch. Doch wer in der täglichen Tretmühle
der Überbeanspruchung drinsteckt, übersieht möglicherweise das rettende
Ufer und ist nicht in der Lage, sinnvolle Schlussfolgerungen zu ziehen.

> Selbst ein fürstliches Gehalt ist nach wie vor eine Aufwandsentschädigung,
> jedoch keine Garantie für Erfüllung und Zufriedenheit und schon gar keine
> Kompensation für verlorene Lebenszeit.

**Vernetztes Denken**

Neben der erforderlichen Fähigkeit zum logischen Denken spielt für das
zielgerichtete Vorgehen einer Führungskraft ebenso *vernetztes* Denken
eine gravierende Rolle – Komplexität und Problemlösung sind die
beherrschenden Begriffe eines zeitgemäßen Managements, das sich in
zunehmendem Maße mit unübersichtlichen Sachverhalten auseinandersetzen muss. Die Herausforderung besteht dann darin, Probleme in schwer
durchschaubaren, dynamischen Situationen zu lösen, die sich durch einige
typische Merkmale wie

- unscharfe und widersprüchliche Ziele,
- zahlreiche unklare Faktoren, die zur Problemkonstellation gehören,
- nicht vorhandene Anwendbarkeit üblicher Problemlöseroutinen und
- unsichere riskante Entscheidungen

charakterisieren lassen. In anderen Worten, es liegen dynamische, vernetzte
und intransparente Problemsituationen vor, in denen die Ziele und Auswirkungen des Handelns unklar sind, alles mit jedem verknüpft sein kann
und insofern die Gefahr des Scheiterns hoch ist.

> **Vernetztes Denken** ist die pragmatische Fähigkeit, unterschiedliche Faktoren
> einer Situation gleichzeitig zu berücksichtigen und in Handlungskonzepte zu
> integrieren. Das Vorgehen entspricht auch einer mentalen Grundhaltung und
> bedarf neuer Denk- und Vorgehensweisen sowie vielfach eines Teamansatzes.

Dies bedeutet im Allgemeinen,

- das *Davor* von Problemen zu erfassen,
- viele divergente Sichtweisen zu berücksichtigen,
- Zusammenhänge und Abhängigkeiten herauszuarbeiten,
- die Helikopterperspektive einzunehmen, um das Ganze sehen zu können und sich nicht in Details zu verlieren,
- verschiedene Handlungsoptionen zu entwickeln, um gegen Planabweichungen gewappnet zu sein,
- Effekte der Handlungen zu kontrollieren, um recht schnell etwaige Fehlentwicklungen feststellen zu können, und
- Unsicherheiten zu akzeptieren, um den in sozialen Systemen gegebenen Unwägbarkeiten Tribut zu zollen.

Es geht also um das Herausfinden und Bewerten von Abhängigkeiten, in die eine betriebliche Entscheidung in komplexen Situationen eingebettet ist. Einfaches Ursache-Wirkungs-Denken reicht hierzu nicht mehr aus; es muss vielmehr ersetzt werden durch ein Denken in Kreisläufen und Vernetztheiten, das dem seit Kindertagen gelernten Schubladenlernen zuwiderläuft.

Hier wird ein Dilemma deutlich: Der deutsche Manager ist hervorragend ausgebildet im Lösen von Problemen, reagiert meist sofort und unmittelbar und geht obendrein davon aus, als ob er mit ein und derselben Vorgehensweise ähnliche oder auch völlig anders gelagerte Probleme bewältigen könnte. Vereinfachungen sind attraktiv, wenn sie komplizierte Sachverhalte vermeintlich auf den Punkt bringen – darauf baut eine unüberschaubare Fülle von Ratgebern und Seminaren auf. Der wichtigste Schritt im vernetzten Denken, nämlich die Problemidentifizierung – das sorgfältige Zusammentragen und Analysieren von vielen Einzelaspekten – ist dabei eher unterrepräsentiert. Das Handicap bei mangelhaft strukturierten Sachverhalten ist, dass das eigentliche Problem vorerst im Dunkeln bleibt.

## 4.5   Nehmen Sie sich und andere nicht zu ernst

Wir haben am Beispiel von Abraham Lincoln gesehen, dass Humor eine der persönlichen Eigenschaften ist, die zur Steigerung der Resilienz beiträgt. Grund genug, sich noch kurz diesem Thema zuzuwenden, was mir als rheinischer Frohnatur natürlich besonders am Herzen liegt. Als Einstieg passt die Hinterfragung einer weiteren, in Managementkreisen vielfach hörbaren Aussage:

> **Irrtum 11**
> „Ich gehe nicht zur Arbeit, um Spaß zu haben."

Diese Geisteshaltung ist in meinen Augen die komplett falsche Voraussetzung für erfolgreiches und zufriedenes Arbeiten und führt zu einer unnötig negativen Herangehensweise an den Job. Die Folge sind tyrannische Vorgesetzte und schlechtgelaunte, gequält wirkende Mitarbeiter. Oft ermöglichen gerade der Spaß und die Leichtigkeit und Lockerheit bei der Bewältigung von Herausforderungen erst geniale Leistungen und zeichnen Spitzenleute aus.

„Humor ist, wenn man trotzdem lacht": Diese Lebensweisheit hat der Journalist und Schriftsteller Otto Julius Bierbaum seinem 1909 erschienenen Reisetagebuch als Motto vorangestellt. Auch im beruflichen Umfeld tut man sich leichter, wenn man nicht alles verbissen ernst und als Kampf mit sich selbst und anderen angeht, sondern locker bleibt und zumindest eine Spur Humor in das Tagesgeschäft einfließen lässt. Humor ist die Begabung, der Unzulänglichkeit der Welt und der Menschen, den alltäglichen Schwierigkeiten und Missgeschicken mit heiterer Gelassenheit zu begegnen – und kann in die zwar verwandten, allerdings weniger erstrebenswerten Spielarten Zynismus, Sarkasmus, Spott und Ironie ausarten. Exemplarisch soll der Blick auf drei beschäftigungsrelevante Bereiche mit ihren Vorreitern gerichtet werden, die die Ernsthaftigkeit des Arbeitsalltags etwas relativieren.

### David Dunning und Justin Kruger

Ich möchte die im Rahmen des Selbstmanagements relevanten Themen keineswegs der Lächerlichkeit preisgeben, doch kann eine Prise Humor selbst während der schlimmsten Krisen helfen. Manchmal wird geraten, sich autoritäre Chefs in Unterhose (und somit weitgehend schutzlos) vorzustellen, doch dies hat bei mir persönlich nie den gewünschten Effekt gehabt. Als harmoniebedürftigen Menschen brachten mich Aggressionen und Tobsuchtsanfälle von herrschsüchtigen Vorgesetzten und unkooperativen Kollegen so lange aus der Fassung, bis ich erkannt hatte, dass viele auch nur mit Wasser kochen, wiederholt gravierende und teure Fehler machen und sich maßlos überschätzen. In diesem Zusammenhang sind die Untersuchungen der Sozialpsychologen David Dunning und Justin Kruger relevant (Kruger und Dunning 1999). Das Resultat:

> Wenn jemand inkompetent ist, dann kann er nicht wissen, dass er inkompetent ist.

Die Fähigkeiten, die man benötigt, um eine richtige Lösung zu finden, sind genau jene Fähigkeiten, die man braucht, um eine Lösung als richtig zu erkennen. Dieses Phänomen ist seit 1999 als *Dunning-Kruger-Effekt* bekannt. Die beiden US-Wissenschaftler der Cornell University hatten bemerkt, dass etwa beim Erfassen von Texten, beim Schachspielen oder Autofahren Unwissenheit oft zu mehr Selbstvertrauen führt als Wissen, und kamen zum Resultat, dass weniger kompetente Personen

- dazu neigen, ihre eigenen Fähigkeiten zu überschätzen,
- überlegene Fähigkeiten bei anderen nicht erkennen,
- das Ausmaß ihrer Inkompetenz nicht zu erkennen vermögen, hingegen aber
- durch Bildung oder Übung ihre Kompetenz steigern und darüber hinaus lernen könnten, sich und andere besser einzuschätzen.

Dunning und Kruger zeigten, dass schwache Leistungen mit größerer Selbst*über*schätzung einhergehen als stärkere Leistungen. Die Korrelation zwischen Selbst*ein*schätzung und tatsächlicher Leistung ist jedoch nicht negativ: Bessere Selbsteinschätzung geht tendenziell nicht mit schwächeren Leistungen einher.

> Der Begriff **Dunning-Kruger-Effekt** bezeichnet die kognitive Verzerrung im Selbstverständnis inkompetenter Menschen, das eigene Wissen und Können zu überschätzen. Diese Neigung beruht auf der Unfähigkeit, sich selbst mittels Metakognition objektiv zu beurteilen.

An der Universität hieß es früher (und vermutlich auch heute noch): „Die Zeit promoviert jeden" (wenn man nur lange genug am Arbeitskreis blieb, erhielt man den Titel irgendwann quasi automatisch). Doktoren sind keineswegs intelligentere und schon gar nicht bessere Menschen als andere. Trotzdem gieren viele danach, sich mit einem derartigen Titel zu schmücken – und so sollten die Plagiatsaffären der letzten Jahre bei öffentlichen Personen (insbesondere Amts- und Mandatsträger) niemanden so richtig wundern. Dazu passt noch folgende pechschwarze Erkenntnis:

> **Dummheit tut selten weh**
>
> Die Dummen sind sich so sicher und die Intelligenten so voller Zweifel.
> *Volksweisheit.*

## Scott Adams

So mancher Angestellte in einem Großunternehmen reibt sich ab und an verwundert die Augen und denkt: Das darf doch nicht wahr sein! Obwohl dem wirtschaftlichen Erfolg verpflichtet, treibt das Miteinander der Menschen innerhalb einer Organisation Blüten, die den Klischees vom Beamtenapparat teilweise mindestens ebenbürtig sind. Von Überheblichkeit über Inkompetenz bis hin zur Lächerlichkeit, von Machtmissbrauch bis vorauseilenden Gehorsam, von Geldverschwendung bis Pfennigfuchserei ist alles im Angebot. Doch wie ein roter Faden zieht sich folgende Erkenntnis durch: Man ändert die Entscheider und Mitarbeiter und ihr Vorgehen nicht (schon gar nicht mit Logik und gesundem Menschenverstand), und Managementfehler werden beliebig oft wiederholt.

So oder ähnlich muss auch Scott Adams empfunden haben, während er bei der US-Telefongesellschaft Pacific Bell in einem Großraumbüro arbeitete. Dort nahmen – um 1989 herum – in „endlosen Meetings" die Comicfigur *Dilbert* und das damit verbundene Dilbert-Prinzip allmählich Gestalt an. Über die Jahre entwarf er in seinen satirischen Bildfolgen im Spannungsfeld von Management und Ingenieurwesen einen umfangreichen Büromikrokosmos. Der Hauptcharakter Dilbert mit seiner hochstehenden gestreiften Krawatte ist angestellter Ingenieur, alleinstehend und regelmäßig Opfer seines unfähigen Vorgesetzten, des *Pointy-haired Boss* (übersetzt etwa „spitzhaariger Chef"). Seine Kollegen machen ihm das Leben zusätzlich schwer; das Ganze spielt im kalifornischen Silicon Valley. Dilbert-Comics treffen – holzschnittartig in überspitzter Form – den Nagel meist genau auf den Kopf. Weltweit erscheinen sie in über 2000 Tageszeitungen.

> **Überforderte Vorgesetzte**
>
> Der *Pointy-haired Boss* als Stereotyp für einen inkompetenten Vorgesetzten findet sich in abgewandelter Form in vielen Film- und Fernsehserien wieder:
>
> - als Polizeipräsident h. c. Heribert Pilch in *Kottan ermittelt*
> - als britischer Minister und späterer Premierminister James Hacker in *Yes Minister*

- als Vizequestore Guiseppe Patta in Donna Leons *Inspektor-Brunetti*-Büchern und -Filmen
- als Amtsleiter Grabowski, der vornamenlose Chef von Ekkehardt Talkötter in *Wilsberg*
- als Bernd Stromberg in gleichnamiger Adaption der britischen Serie *The Office* u. v. m.

Sie können aus der Position eines Außenstehenden leicht nachvollziehen, welche Wirkmechanismen sich in der Belegschaft einer hierarchischen Organisation etablieren. Wenn Ihnen das Auftreten derartiger Schwach-köpfe mal wieder komplett gegen den Strich geht: Ordnen Sie doch mal die Protagonisten in Ihrem Umfeld den Charakteren in den Dilbert-Comics oder den anderen Beispielen zu – Sie werden sehen, wie heiter und lehrreich das sein kann, insbesondere wenn es Ihnen gelingt, daraus Handlungsstrategien im Umgang mit dem einen oder anderen Mitarbeiter, Kollegen oder Vorgesetzten abzuleiten.

Versuchen Sie in einer Vorgesetztenfunktion jedoch unter allen Umständen zu vermeiden, dass Sie so agieren wie der *Pointy-haired Boss* und die weiteren erwähnten Stereotypen. Bleiben Sie selbstkritisch und hinterfragen Sie Ihre Strategien und Aktionen, Ihr Auftreten und Ihre Mitarbeiterführung ständig im Hinblick darauf, ob Sie die notwendige Kompetenz für das besitzen, was Sie tun. Machen Sie sich nicht zum Affen, über den hinter seinem Rücken gelacht wird, auch wenn man sich im direkten Kontakt devot gibt.

In seinem Standardwerk (Adams 1997) erläutert der satirische Zeichner, welcher Umstand Angestellten am meisten auf die Nerven geht: inkompetente Mitarbeiter, die ins Management befördert werden. Er führte aus, dass, als er 1979 zu arbeiten begann, das *Peter-Prinzip* – eine vom kanadischen Lehrer, Sozialberater und Psychologen Laurence J. Peter im Jahr 1969 entwickelte These (Peter und Hull 1972) – das Management ganz gut beschrieb.

Peters Feststellung war, dass jedes Mitglied einer ausreichend komplexen Hierarchie so lange befördert wird, bis es das Maß seiner absoluten Unfähig-keit erreicht hat, was gewöhnlich das persönliche Maximum der Karriere-leiter markiert und weitere Beförderungen ausbleiben lässt. Peter sagte, nach einer gewissen Zeit seien alle Positionen von Mitarbeitern besetzt, die unfähig sind, ihre Aufgabe zu erfüllen. Die einzige Vorbedingung ist, dass das Organigramm genügend Hierarchiestufen enthalten muss. Weil die Inkompetenz der Mitarbeiter (und Vorgesetzten) anhand der Gauß'schen Normalverteilung abbildbar ist, stellt sich damit die Frage, wer in einer solchen Hierarchie die Arbeit leistet; da nicht alle zur gleichen Zeit ihre Stufe der Unfähigkeit erreichen, scheinen dies diejenigen Mitarbeiter zu sein, die ihre höchste Stufe noch nicht erklommen haben. Nach Adams' Beobachtung ist seitdem an dessen Stelle das *Dilbert-Prinzip* getreten.

**Abb. 4.8** Cyril Northcote Parkinson 1961. (Foto: Wim van Rossem, Den Haag. CC BY-SA 3.0 NL, Wikipedia 2020b)

> Nach dem **Dilbert-Prinzip** werden die unfähigsten Mitarbeiter systematisch ins Management versetzt, weil sie dort vermeintlich den geringsten Schaden anrichten (Adams 1997).

Dadurch verfügen die Personen im Management weder über die notwendigen sozialen Kompetenzen einer Führungskraft noch über die für den geführten Bereich notwendigen fachlichen Kenntnisse. In anderen Worten: Heute werden unfähige Angestellte gleich ins Management befördert, ohne jemals das vorangegangene Stadium von Kompetenz durchlaufen zu haben.

Und nun halten Sie sich fest, denn das war noch nicht alles zu Peter- und Dilbert-Prinzip! Man muss schon völlig humorfrei sein, um mit Blick auf die US-amerikanische Politik während der Amtszeit von Donald Trump und ihre Protagonisten den daraus resultierenden Treppenwitz nicht zu erkennen: Seit September 2016 ist Scott Adams, der in seinem Heimatstaat Kalifornien „Todesangst vor den Demokraten" hat, wie er sagt, ein bekennender Trump-Unterstützer, den er wiederholt als „Genie" bezeichnete. Adams versucht in seinen Veröffentlichungen, viele konservative Standpunkte zu legitimieren, und bestreitet den Klimawandel ausdrücklich (s. Wikipedia 2020h, i und dort zitierte Literatur). Über das Adverb „vermeintlich" im Kontext mit dem „geringsten Schaden" gemäß Dilbert-Prinzip sollte man nochmals nachdenken …

### C. Northcote Parkinson

Cyril Northcote Parkinson (Abb. 4.8) war ein britischer Historiker, Soziologe und Publizist. Nach dem Militärdienst lehrte er in Liverpool und ab 1950 für mehr als zehn Jahre in Singapur und Kuala Lumpur Geschichte, war Mitbegründer der Universität Singapur und wurde durch über 60 Bücher weltweit bekannt. Im kollektiven Gedächtnis geblieben ist Parkinson mit seinen ironisierenden Darstellungen zur Verwaltungs- und Wirtschaftslehre (Wikipedia 2020b).

Am bekanntesten ist Parkinsons *Gesetz zum Bürokratiewachstum*, erstmals 1955 veröffentlicht:

> „Arbeit dehnt sich in genau dem Maß aus, wie Zeit für ihre Erledigung zur Verfügung steht …"

… und nicht in dem Maß, wie komplex und umfangreich sie tatsächlich ist. Als Beispiel wird eine ältere Dame angeführt, die einen halben Tag dafür braucht, ihrer Nichte eine Postkarte zu schicken (Postkarten- und Briefmarkenauswahl, Brillen- und Adressensuche, Textverfassung, Entscheidung, ob für den Weg zum Briefkasten ein Schirm mitzunehmen ist). Den Kontrast bildet der vielbeschäftigte Mann, der die gleiche Aufgabe in drei Minuten an seinem Schreibtisch erledigt (und heute sogar eher eine SMS, E-Mail- oder Messenger-Nachricht schickt).

**Beispiel**

Ich habe bisher nur wenige Leute kennengelernt, die diesem empirischen „Gesetz" widersprechen würden. Mehr Arbeit produziert meist mehr Bürokratie, und Bürokratiewachstum ist in vielen Organisationen und Unternehmen ein großes Problem.

Arbeitsplätze und Funktionen lassen sich generell einteilen in solche, deren Leistung (ausgedrückt durch produzierte Menge, erledigte Vorgänge usw.) direkt messbar ist, und andere, bei denen das nicht so ist. In die letztgenannte Kategorie fällt vieles, das mit Management zu tun hat, und so gut wie die gesamte Führungsarbeit. Man kann beliebig viel oder wenig Zeit damit verbringen, seine Aufgaben als Führungskraft zu erledigen – Austausch mit Mitarbeitern, Kunden oder Lieferanten, Leitung von Teams, Recherchen und Networking – wie wollen Sie solche Tätigkeiten quantitativ erfassen?

Und genau hier liegt das Problem: Wenn es Führungskräften an Arbeit mangelt, suchen sie sich in der Tat welche. Sie kommen bei Besprechungen nicht auf den Punkt und dehnen diese aus – oder laden zu überflüssigen, schlecht vorbereiteten Treffen ein. Sie rufen ihre Kontakte einen nach dem anderen an, um sich im Gespräch zu halten. Sie machen Mikromanagement und regieren in die Fachthemen ihrer Mitarbeiter hinein – oder reißen solche Projekte gleich ganz an sich, mit oft verheerenden Auswirkungen. Als Folge davon ergibt sich nicht selten eine bunte Präsentation mit 126 Folien, aber wenig aussagekräftigem Inhalt.

In diesem Zusammenhang ebenfalls nicht unerwähnt bleiben sollte Parkinsons *Gesetz der Trivialität:* „Die auf einen Tagesordnungspunkt verwendete Zeit ist umgekehrt proportional zu den jeweiligen Kosten." Parkinson hat der Nachwelt eine Reihe weiterer prägnanter Schlüsse hinterlassen, etwa das *Gesetz der Verschwendung* („Ausgaben steigen stets bis an die Grenzen des Einkommens") und das *Trägheitsgesetz* („Verzögerung ist die tödlichste Form der Ablehnung") sowie die Feststellung „Angestellte schaffen sich gegenseitig Arbeit".

Und wie bei allen satirisch oder ironisch begründeten Übertreibungen steckt auch in diesen Sätzen mehr als ein Körnchen Wahrheit und Realitätssinn. Der Kerngedanke von Parkinson und anderen scharfzüngigen Beobachtern ist immer wieder derselbe:

> Bürokratie wird schnell zum Selbstzweck und entwickelt eine starke Eigendynamik, die nur sehr schwer wieder einzufangen ist.

Mit der in den meisten professionellen Bereichen und insbesondere in exponierten Leitungsfunktionen erforderlichen Resilienz sowie einem ausgeprägten Realismus gepaart mit gesundem Menschenverstand, logischem und vernetztem Denken und Humor besitzen Mitarbeiter und Führungskräfte geeignete Voraussetzungen, um sich selbst vor negativen Auswüchsen der vor allem psychischen Belastungen am Arbeitsplatz zu schützen. Kap. 5 ist dem persönlichen Ressourcenmanagement gewidmet und startet mit einem Blick auf den Stress und als Gegenstück dazu den Flow-Zustand.

---

### Zusammenfassung

1. Zum erfolgreichen Selbstmanagement gehört, weitgehend aus intrinsischer Motivation heraus zu handeln.
2. Benutzen Sie Ihren gesunden Menschenverstand so oft wie möglich.
3. Der Mensch tut und leistet gewöhnlich nur dann etwas, wenn ein Antrieb dafür vorhanden ist und eine Belohnung für die geleistete Anstrengung winkt.
4. Nur ein Erfolgserlebnis als Resultat einer Leistung und der dafür erhaltenen Belohnung führen zu echter Zufriedenheit.
5. Führen Sie Ihr Leben auf der Basis hoher moralischer Standards. Derartige Prinzipien geben Ihnen Selbstvertrauen und stecken andere an.
6. Entwickeln Sie eine optimistische Grundeinstellung. Resiliente Führungspersönlichkeiten sehen in jeder Krise eine Chance.
7. Managen Sie Risiken. Resilienz ist auch die Bereitschaft, Risiken zu tragen.
8. Realismus bedeutet, Dinge so zu sehen, wie sie sind – und nicht, wie wir sie gerne hätten.

9. Selbst ein fürstliches Gehalt ist keine Garantie für Erfüllung und Zufriedenheit und schon gar keine Kompensation für verlorene Lebenszeit.
10. Humor ist eine die persönliche Resilienz steigernde Charaktereigenschaft und macht das menschliche Miteinander leichter.

# Literatur

Adams S (1997) Das Dilbert-Prinzip. Verlag Moderne Industrie, Landsberg am Lech

Doran GT (1981) There's a S.M.A.R.T. way to write management's goals and objectives. In: Management Review 70–11, S 35–36. https://community.mis.temple.edu/mis0855002fall2015/files/2015/10/S.M.A.R.T-Way-Management-Review.pdf. Zugegriffen: 2. März 2020

Kruger J, Dunning D (1999) Unskilled and unaware of it. How difficulties in recognizing one's own incompetence lead to inflated self-assessments. J Personality and Social Psychology 77–6, S 1121–1134. https://citeseerx.ist.psu.edu/viewdoc/download?doi=10.1.1.64.2655&rep=rep1&type=pdf. Zugegriffen: 20. Sept. 2020

Pelz W (2004) Kompetent führen: Wirksam kommunizieren, Mitarbeiter motivieren. Gabler, Wiesbaden. https://doi.org/10.1007/978-3-322-84544-3

Peter LJ, Hull R (1972) Das Peter-Prinzip oder die Hierarchie der Unfähigen. Rowohlt, Reinbek

Rosenstiel Lv (1975) Die motivationalen Grundlagen des Verhaltens in Organisationen: Leistung und Zufriedenheit. Wirtschaftspsychologische Schriften der Universitäten München und Augsburg, ZDB-ID 186558-4 Vol. 2. Duncker & Humblot, Berlin

Scherny J (2012) Mitarbeitermotivation – eine geeignete Maßnahme gegen Unzufriedenheit am Arbeitsplatz? Bachelorarbeit, Hochschule für öffentliche Verwaltung und Finanzen, Ludwigsburg. https://opus-hslb.bsz-bw.de/files/283/Bachelorarbeit_Julia_Scherny_ohne_Adresse.pdf. Zugegriffen: 10. Aug. 2020

Sinoway EC (2013) Man kann nicht alles haben. Harv Bus Manager Januar, S 100–105

Ulrich D, Ulrich W (2010) The why of work: how great leaders build abundant organizations that win. McGraw-Hill, New York

Wikipedia (2020a) Abraham Lincoln. In: Wikipedia, Die freie Enzyklopädie. https://de.wikipedia.org/wiki/Abraham_Lincoln. Zugegriffen: 10. Aug. 2020

Wikipedia (2020b) C. Northcote Parkinson. In: Wikipedia, Die freie Enzyklopädie. https://en.wikipedia.org/wiki/C._Northcote_Parkinson. Zugegriffen: 8. Juli 2020

Wikipedia (2020c) Gesunder Menschenverstand. In: Wikipedia, Die freie Enzyklopädie. https://de.wikipedia.org/wiki/Gesunder_Menschenverstand. Zugegriffen: 12. Aug. 2020

Wikipedia (2020d) Helmut Schmidt. In: Wikipedia, Die freie Enzyklopädie. https://de.wikipedia.org/wiki/Helmut_Schmidt. Zugegriffen: 12. Aug. 2020

Wikipedia (2020e) Kölner Dom. In: Wikipedia, Die freie Enzyklopädie. https://de.wikipedia.org/wiki/Kölner_Dom. Zugegriffen: 10. Aug. 2020

Wikipedia (2020f) Motivation. In: Wikipedia, Die freie Enzyklopädie. https://de.wikipedia.org/wiki/Motivation. Zugegriffen: 10. Aug. 2020

Wikipedia (2020g) Resilienz (Psychologie). In: Wikipedia, Die freie Enzyklopädie. https://de.wikipedia.org/wiki/Resilienz_(Psychologie). Zugegriffen: 10. Aug. 2020

Wikipedia (2020h) Scott Adams (Comiczeichner). In: Wikipedia, Die freie Enzyklopädie. https://de.wikipedia.org/wiki/Scott_Adams_(Comiczeichner). Zugegriffen: 10. Aug. 2020

Wikipedia (2020i) Scott Adams. In: Wikipedia, Die freie Enzyklopädie. https://en.wikipedia.org/wiki/Scott_Adams. Zugegriffen: 6. Sept. 2020

Wikipedia (2020j) X-Y-Theorie. In: Wikipedia, Die freie Enzyklopädie. https://de.wikipedia.org/wiki/X-Y-Theorie. Zugegriffen: 10. Aug. 2020

Wikiquote (2020) Helmut Schmidt. Wikiquote, die freie Zitatsammlung. https://de.wikiquote.org/wiki/Helmut_Schmidt. Zugegriffen: 7. Aug. 2020

zitate.eu (2020) Zitate von Erich Fromm. Internet-Veröffentlichung. https://www.zitate.eu/autor/erich-fromm-zitate/190620. Zugegriffen: 31. Dez. 2020

# 5

# Wohlbefinden durch Ressourcenmanagement

Das Berufsleben ist auch deshalb so interessant, weil sich darin die unterschiedlichsten Verhaltensweisen der Beschäftigten beobachten lassen. Der eine ist gestresst, weil er zu wenig Zeit hat und mit seinen Aufgaben überfordert ist, und der Erfolgreiche genießt das Arbeiten im Flow-Zustand. Vielen gelingt eine ausgeglichene Work-Life-Balance, andere kompensieren Defizite mit exogenen Drogen. Welche Gefahren permanent lauern und wie Sie diesen entgegenwirken können, erfahren Sie in diesem Kapitel.

Wie bereits in Abschn. 4.1 ausgeführt, versorgt Motivation – insbesondere intrinsische – den Menschen mit der nötigen Willensstärke, ein Vorhaben zu beginnen und durchzuführen; dazu braucht es Eigenschaften wie Beharrlichkeit, Entschlossenheit und Zielstrebigkeit. Nur mit dieser Willensstärke wird es gelingen, scheinbar überhöhte Anforderungen – eine schwierige Abschlussprüfung, eine sportliche Höchstleistung, einen komplizierten Projektabschluss – zu meistern. Doch wie weit sollen, wie weit dürfen Motivation und Willensstärke uns treiben, ohne dass wir unsere persönlichen Ressourcen über Gebühr beanspruchen? Lassen Sie mich den Gedanken aus Abschn. 4.2 noch etwas weiter ausführen, wonach ein Zuviel an intrinsischer Motivation zu einem Suchtverhalten führen kann.

Selbstmanagement beginnt nicht erst in der Mitte des Beschäftigungslebens, nachdem Probleme wie Überforderung, Workoholism, Alkohol- und Drogenkonsum sowie familiärer Ärger aufgetreten sind, sondern bereits am Berufsanfang oder besser noch deutlich vorher. Es ist wichtig, dass man frühzeitig lernt, soweit über den Dingen zu stehen und die notwendige

© Der/die Autor(en), exklusiv lizenziert durch Springer Fachmedien Wiesbaden GmbH, ein Teil von Springer Nature 2021
G. Wenski, *Selbstmanagement im Beruf*, https://doi.org/10.1007/978-3-658-33249-5_5

Resilienz zu entwickeln, dass unvorhergesehene Wendungen und Schwierigkeiten einen nicht aus der Bahn werfen.

## 5.1 Stress und Stressfaktoren

Eines Abends werden Sie von Ihrem Lebenspartner mit der Frage konfrontiert, warum Sie in letzter Zeit immer so gereizt sind und oft schlechte Laune haben. (Wenn Sie nach Ihrem subjektiven Empfinden bis zu dahin keine schlechte Laune hatten, hat sich das nach dieser Frage möglicherweise geändert.) In der Frage liegt jedoch meist auch ein Gesprächsangebot Ihrer besseren Hälfte, das Sie unbedingt nutzen sollten. Geht es nicht gleich an Ort und Stelle, vereinbaren Sie einen Zeitpunkt, an dem Sie von Kindern und anderen externen Einflüssen ungestört sind, und reden Sie miteinander. Fragen Sie, was dem Partner aufgefallen ist und was sich seiner Meinung nach in letzter Zeit verändert hat. Erzählen Sie von Ihrer Arbeit – das sollten Sie sowieso regelmäßig zu Hause tun – und analysieren Sie gemeinsam, ob der Grund dort beheimatet sein könnte.

> **Irrtum 12**
>
> „Es geht mir gut!".

Auch wenn Sie denken, dass es Ihnen gut geht, muss dies nicht zwangsläufig stimmen. Es soll hier keineswegs darum gehen, Probleme zu kreieren, die nicht existieren – aber horchen Sie doch einmal in sich hinein:

> **Fragen**
> - Vielleicht sind Sie in letzter Zeit häufiger erkältet als sonst?
> - Bekommen Sie Herpesausbrüche und vermehrt Kopfweh – im schlimmeren Fall sogar einen Tinnitus?
> - Haben Sie andere körperliche Beschwerden?
> - Sind Sie außerhalb der Arbeit antriebslos?
> - Können Sie nur unzureichend abschalten und sich entspannen?
> - Schlafen Sie über eine längere Zeit schlecht?

Dies und mehr können Anzeichen dafür sein, dass Sie unter Stress leiden. Denn Stress ist zwar meist Nervensache, zieht aber den gesamten Organismus in Mitleidenschaft. Herzbeschwerden treten früher auf, Gefäße machen eher dicht – prinzipiell kann jedes Organ negativ beeinträchtigt werden, wenn der Mensch dauerhaft zu stark unter Strom steht. Und Mediziner haben herausgefunden, dass chronischer Stress das Risiko für einen Schlaganfall fast so sehr erhöht wie das Rauchen. Gerade in Corona-Zeiten ist es wichtig zu wissen, dass das Infektionsrisiko durch Stress ebenfalls steigt.

> Die englischsprachige, inzwischen eingedeutschte Bezeichnung **Stress** steht für Druck bzw. Anspannung und bezeichnet zum einen durch spezifische äußere Reize hervorgerufene mentale und organische Reaktionen bei Lebewesen, die zur Bewältigung besonderer Anforderungen befähigen, und zum anderen die dadurch entstehende körperliche und geistige Belastung. Dabei entsenden die Nebennieren Adrenalin und Noradrenalin ins Blut und bereiten den Organismus auf Kampf oder Flucht *(Fight or Flight)* vor.

Ein grundsätzliches Erregungspotenzial ist für das Überleben eines Organismus unabdingbar. Zur Präzisierung der Begrifflichkeiten sei ergänzt, dass, wenn man sich heute über (vor allem beruflich bedingten) Stress unterhält, in aller Regel *Disstress* gemeint ist, der zu einer stark erhöhten Anspannung des Körpers führt. Positiver Stress hingegen erhöht die Aufmerksamkeit und fördert die maximale Leistungsfähigkeit des Körpers, ohne ihm zu schaden; er wird *Eustress* genannt.

Die Auslöser von Disstress (im Folgenden der Einfachheit halber als „Stress" bezeichnet) können vielfältiger Natur sein – zu ihnen gehören Hitze, Kälte, Lärm, starke Sonneneinstrahlung oder die Einwirkung toxischer Substanzen ebenso wie psychische Belastungen und bestimmte eigene Einstellungen, Erwartungshaltungen und Befürchtungen auf emotionaler Ebene. Weitere mögliche Stressursachen sind Zeitknappheit (s. Abb. 5.1 und Kap. 2), Ärger, Hilflosigkeit und Überforderung, Versagensangst sowie das subjektive Empfinden, dass eine befürchtete Situation nicht vermieden werden kann.

Im beruflichen Umfeld existiert eine Vielzahl weiterer Stressoren. So ist etwa der Einfluss der heute verbreiteten Zeitverträge mit der verbundenen Unsicherheit für Beschäftigte zu nennen: Wer mit befristeten Arbeitsverhältnissen und Kettenverträgen von Arbeitgebern über Jahre hingehalten wird und keine Festanstellung bekommt, wird zermürbt und fühlt sich hilflos und unsicher, ist unzufriedener, bekommt im Schnitt weniger Kinder und erkrankt eher psychisch – kurz gesagt: hat mehr Stress als Festangestellte (Kramer 2020).

Der Körper versucht unter Abspulen seiner genetischen Programme, sich physisch und mental an veränderte Umweltbedingungen anzupassen. Fehlende oder zu schwach ausgeprägte Resilienz ist einer der

**Abb. 5.1**   Gegen Stress hilft Zeitmanagement. (Foto: Eduin Escobar, Pixabay)

Hauptfaktoren dafür, dass sich Stress ausbilden kann. Steigt der Stress, sinkt nachgewiesenermaßen das empathische Verhalten (Wikipedia 2020f)

> Es besteht ein reales Risiko, dass man an seinem Job zerbricht, wenn die Anforderungen zu hoch sind und/oder geeignete Maßnahmen und Strategien zur Bewältigung des Drucks und zum Selbstschutz fehlen.

Im Gegensatz zu früheren Zeiten besteht die Gefahr, dass Mitarbeiter im Beruf heute eher psychischen als physischen Schaden nehmen. Damals ruinierte der Mann an der Schaufel oder der Maschine vielfach seine Gesundheit am Arbeitsplatz und starb meist recht früh; die Mitarbeiter in den Leitungsebenen, die nicht mehr körperlich arbeiten mussten, hatten es dagegen beruflich „geschafft". In der heutigen Arbeitswelt findet man eine geradezu inverse Situation: Während alles technisch Mögliche getan wird, um im gewerblichen Bereich Arbeitserleichterungen, Schutzausrüstung und Sicherheitstechnik zu implementieren, führen seit ein paar Jahren psychisch bedingte Leiden die Statistik der Krankheitsursachen für Arbeitnehmer an. Das trifft wegen der Stressbelastung insbesondere die *White Collar Workers* (die höheren Angestellten mit der Arbeitskleidung „weißer Kragen"). Über Karōshi, den Tod durch Überarbeiten in Japan, haben wir bereits gesprochen. Doch was kann man selbst dazu beitragen, damit einen der Job nicht aus der Bahn wirft?

Verschiedenartige Stressoren im beruflichen Umfeld wurden bereits angesprochen (etwa Zeitmangel in Abschn. 2.2, ständige Erreichbarkeit in Abschn. 2.5 sowie Arbeitsklima und -anforderungen in Abschn. 3.1). Einige Faktoren betreffen negativ empfundene Änderungen; diese Änderungen können schleichend auftreten – zunächst steigen Arbeitsbelastung und psychischer Druck nur leicht an, und Sie merken es nicht einmal richtig. Sie erhalten einen größeren Verantwortungsbereich und haben vielleicht ab und zu mit Kollegen, anderen Abteilungen oder dem eigenen Chef Differenzen und sogar richtigen Ärger: Der Effekt verstärkt sich. Temporäre Hilflosigkeit und Überforderung machen sich breit. Dies ist der Moment, an dem Ihr Lebenspartner (bzw. ein Freund oder Familienmitglied) möglicherweise einhakt.

### Stress bei Tier und Mensch

Ausgangspunkt einer Stressreaktion beim Tier ist dessen Auseinandersetzung mit einer akuten Gefahrensituation, z. B. der Begegnung mit einem Fressfeind, einem innerartlichen Aggressor oder einer physischen Gefahr wie Waldbrand etc. Das Tier muss dann in erhöhter Handlungsbereitschaft sein, was sowohl die Disposition seiner Muskulatur und des Kreislaufs betrifft als auch seine zentralnervöse Aufmerksamkeit und Entscheidungsbereitschaft. Deshalb löst bei Säugetieren die Ausschüttung des Nebennierenhormons Adrenalin und des Stresshormons Cortisol eine vegetative Wirkungskette aus, die letztlich Herzfrequenz, Blutdruck und Blutzucker sowie den allgemeinen Muskeltonus erhöht und für die Produktion zusätzlicher roter Blutkörperchen sorgt.

Ebenso sieht es beim Menschen aus, wenn das Gehirn eine Gefahr erkennt: Auch bei uns wird der Körper in Alarmbereitschaft versetzt und zum Überleben fit gemacht. Dafür werden Denken und Wahrnehmen auf das begrenzt, was in der betreffenden Situation wichtig zu sein scheint – nur sind die archaisch geprägten Gründe heute nicht mehr dieselben wie zu Beginn unserer Evolutionsbiologie.

Beim Menschen kann die subjektive Befürchtung eines Dilemmas Stress erzeugen. Dabei erwartet die Person, dass sie nicht in der Lage ist, die besagte Situation zu beeinflussen oder durch Einsatz von Ressourcen zu bewältigen. Mit anderen Worten, Stress entsteht, wenn wir eine Situation als unangenehm oder bedrohlich empfinden und meinen, ihr nicht gewachsen zu sein. Dann rast das Herz, der Atem geht schneller, und die Muskeln spannen sich an. Allerdings hat der moderne Büromensch anders als das gestresste Tier, das wegläuft oder zum Gegenangriff startet, meist nicht die Möglichkeit, die körperlichen Folgen des Stresses durch physische Aktionen abzuarbeiten.

Medizinisch sind Stressphänomene sowohl bei Erwachsenen als auch bei Kindern gut erforscht und verstanden. Die Bundesregierung gibt jährlich einen Stressreport heraus, und auch Arbeitgeber und Krankenkassen haben das Thema – zu Recht – für sich erkannt und Vorschläge und Maßnahmen zur Reduktion von Stress und für den Umgang damit erarbeitet. Unbestritten ist, dass das Auftreten verschiedener Krankheiten – von Erkältungen über Krebs bis zur Depression – durch Dauerstress begünstigt wird. Vor der Stressbewältigung sollte immer die aktive Vermeidung krank machenden Stresses mit professionellen Problemlösungen stehen.

**Weitere Stressoren**

**Lampenfieber** (englisch *Stage Fright,* wörtlich übersetzt „Bühnenangst") ist die Anspannung, die Nervosität und der Stress vor einem öffentlichen Auftritt, was schlimmstenfalls in Sprechangst resultiert. Im weiteren Sinne versteht man darunter auch die Anspannung eines Menschen, der eine Leistung in einer Situation erbringen will, in der er vermehrter sozialer Aufmerksamkeit begegnet. Diese Angst kann den darstellenden Künstler, den Musiker, den Prüfling vor einer Prüfung, den Kandidaten vor seinem Vorstellungsgespräch, den Sportler vor einem Wettkampf oder den Soldaten vor dem Einsatz betreffen. Und den Manager bei einer Vielzahl von Anlässen, wie bei Vorträgen und Präsentationen aller Art sowie wichtigen Besprechungen und Verhandlungen.

Lampenfieber ist als eine nicht angenehme, aber nützliche Reaktion des Organismus zu sehen, die physische, psychische und mentale Befindlichkeit auf die Bewältigung der anstehenden Aufgabe einzustellen, und zählt zu nicht zu den behandlungsbedürftigen Angststörungen. Für den Umgang mit der Angstsituation „Lampenfieber" ist es ratsam, die mit der Anspannung einhergehenden Veränderungen positiv wahrzunehmen und als hilfreich und förderlich zu akzeptieren.

Obwohl viele Künstler auch nach jahrzehntelanger Berufserfahrung an starkem Lampenfieber leiden – berühmte Beispiele sind Frédéric Chopin, Enrico Caruso, Pablo Casals, Vladimir Horowitz, Laurence Olivier, Maria Callas, John Lennon, Meryl Streep und Robbie Williams –, gilt Routine als das stärkste Gegenmittel. Heinz Erhardt wiederum drosselte sein Lampenfieber dadurch, dass er auf der Bühne eine Brille aus Fensterglas trug – so konnte er die Zuschauer nur verschwommen sehen. Barbra Streisand (Abb. 5.2) hat mehr als 60 Alben aufgenommen – und mehr verkauft als die Beatles und die Rolling Stones zusammen. Trotzdem traute sie sich viele Jahre nicht live auf die Bühne: Sie trat 27 Jahre lang nicht mehr öffentlich auf, nachdem sie 1967 bei einem Konzert im Central Park den Text zu einem ihrer Songs vergessen hatte.

Kamera- und Mikrofonangst sind dem Lampenfieber eng verwandt. Weil Lampenfieber untrennbar mit der Erwartung verknüpft ist, dass die Qualität

**Abb. 5.2** Barbra Steisand 1962. (Foto: Al Ravenna. Library of Congress, Wikipedia 2020a)

dieser Leistung bzw. des Auftritts vom Publikum beurteilt wird, ist der Übergang zur Prüfungsangst fließend.

**Angst** ist hinsichtlich ihrer Ursachen und Auswirkungen medizinisch und psychologisch ebenfalls sehr gut untersucht. Evolutionsgeschichtlich hat dieses Gefühl eine wichtige Funktion als ein die Sinne schärfender Schutzmechanismus, der in tatsächlichen oder vermeintlichen Gefahrensituationen ein angemessenes Verhalten (etwa Flucht) einleitet – wie Lampenfieber eigentlich eine vernünftige Sache. Diese Aufgabe erfüllt sie nur, wenn weder zu viel Angst das Handeln blockiert noch zu wenig Angst reale Gefahren und Risiken ausblendet. Da der Energieaufwand für eine Flucht gering ist, übersehene Bedrohungen hingegen folgenschwere Auswirkungen nach sich ziehen können, ist die „Alarmanlage" Angst von der Natur sehr empfindlich eingestellt, was bisweilen in Fehlalarmen resultiert. Bei einer akuten Angstreaktion kommt es wie beim Stress zur vermehrten Ausschüttung von Cortisol aus der Nebennierenrinde.

Angst kann einem das Leben retten – aber gar nicht selten entgleist diese Reaktion. Betroffene haben eine übertriebene oder sogar grundlose Angst. Doch wird diese Krankheit häufig nicht rechtzeitig diagnostiziert und endet in Sucht oder Depression. In Deutschland leiden 15 % der Bevölkerung unter verschiedenen Phobien, und für sie ist die Angst mehr und mehr zum handlungsleitenden Motiv geworden. Angststörungen sind so weitverbreitet, dass sie enorme Kosten für Wirtschaft und Gesellschaft verursachen. In vielen Fällen ist eine ärztliche Behandlung mit psychologischen oder medikamentösen Therapien angezeigt (zum körpereigenen „Angstsystem" s. Abschn. 8.3).

Unter **Panik** wird allgemein ein nicht-rationaler Zustand intensiver Angst vor einer tatsächlichen oder angenommenen Bedrohung verstanden, die zu einer lähmenden Starre *(Freeze)* oder einem kopflosen Fluchtverhalten *(Flight)* führt. Sie ist eine starke Stressreaktion auf eine oft unerwartete und erschreckende Situation und geht mit vielfältigen vegetativen und körperlichen Symptomen einher. Panikstörungen sind plötzlich auftretende Angstanfälle, begleitet von körperlichen Symptomen wie Herzrasen, Schwitzen, Zittern, Beben und Atemnot.

In einer Paniksituation verliert der Akteur die Selbstbeherrschung und damit die Souveränität über eine Situation, was bei einer akuten realen Gefährdung höchst bedrohlich werden kann. Die Vermeidung einer solchen Lage lässt sich nur durch eine psychische Stabilisierung auf der Basis einer gefestigten Selbstsicherheit erreichen. Abhilfe schaffen kann hier ein Bewusstsein des eigenen Könnens, indem unter anderem Gefahrensituationen simuliert und erfolgreich bestanden werden.

---

**Tipps gegen Angst- und Panikattacken**

- Angst ist (ebenso wie Panik) ein schlechter Ratgeber. Werden Sie sich dieses Sachverhalts bewusst. Tauschen Sie sich mit Ihrem Lebenspartner, Freunden und gegebenenfalls einem Mentor oder Vertrauten darüber aus.
- Setzen Sie sich Zwischenziele. Brechen Sie komplexe Projekte in überschaubare Arbeitspakete mit lösbaren Anforderungen und Zielen auf. Definieren Sie Ihre Ziele nach der SMART-Formel (s. Abschn. 4.1).
- Wenn Sie in einer Besprechung nicht mehr weiterwissen, vereinbaren Sie mit den übrigen Teilnehmern einen Zeitrahmen für die Klärung des betreffenden Aspekts. Keine Panik: Niemand kann jederzeit alle relevanten Informationen parat haben.
- Verlangen Sie nicht von sich, über die Details der Arbeit Ihrer Mitarbeiter und von deren Mitarbeitern immer vollständig informiert zu sein – dies führt zwangsläufig zu Mikromanagement.
- Lassen Sie sich generell nicht durch emotionale Belegung von Themen durch Dritte nervös machen. Analysieren Sie die Beweggründe Ihrer Gegenüber, vor allem, wenn diese es an Rationalität missen lassen. Vertagen Sie ein Gespräch, bis sich die Emotionen wieder gelegt haben.
- Verzichten Sie auf zu ausgeprägten vorauseilenden Gehorsam und den Anspruch, es allen anderen möglichst recht machen zu wollen. Akzeptieren Sie Verantwortung.
- Falls Ihre Angst oder Panik einen realen Hintergrund hat, etwa technische oder finanzielle Probleme in Ihrem Unternehmen, die sich bedrohlich auswirken können, heißt es zu handeln und gezielt an einer Problemlösung zu arbeiten.
- Stellen Sie in diesem Fall ein kleines, aber schlagkräftiges Expertenteam zusammen, das die entsprechenden Maßnahmen zur Lösung initiiert und koordiniert – sozusagen einen Krisenstab. Ein solches geordnetes Vorgehen wird Ihnen vermutlich den größten Teil Ihrer persönlichen Angst nehmen.

• Die Methode der graduellen Annäherung an gefahrenträchtige Ereignisse und das Sammeln entsprechender Notfallerfahrungen (die erwähnten „simulierten Situationen") gehören zum normalen Training beispielsweise in Wagnissportarten und ebenfalls bei Einsatzkräften wie Feuerwehr, Polizei und Armee. Im Rahmen der „Ausbildung" von Führungskräften ist sie bisher jedoch nicht zwangsläufig vorgesehen. Hier besteht ein genereller Handlungsbedarf!

**Dem Stress gezielt begegnen**

Ob Sie für Stress generell anfällig sind oder eher der resiliente Typ, ist vielfach bereits in den Genen festgelegt. Wenn die Wogen hochschlagen, wirkt der eine besonnen und analytisch und geht nach einem begründeten Kalkül vor, während der andere – als Reaktion auf das Gefühl, in die Enge getrieben zu sein – im übertragenen Sinne anfängt, um sich zu schlagen. Der erstgenannte Typ Mensch, Vorgesetzter, Kollege, Freund oder Angehöriger ist derjenige, der geschätzt und bewundert wird und dem man gerne Verantwortung überträgt. Der zweite, der die Schuld, wenn etwas nicht klappt, bei anderen sucht, bewegt sich auf der Schattenseite des Erfolgs. Allerdings ist der Begriff Stress wie ausgeführt eine Art Pauschalbezeichnung für verschiedene Ursachen, und immer gilt die Maxime „Die Dosis macht's". Dabei wird ein Konzept der aktiven, selbstbestimmten Lebensführung am besten ganzheitlich angelegt sein, etwa durch eine Balance von Körper, Psyche und Geist sowohl im Arbeits- wie im privaten Umfeld.

Als Mitglied der Leistungsgesellschaft werden Sie es kaum schaffen, dem Auftreten von Stress dauerhaft auszuweichen.

Das sollten Sie als Fakt anerkennen und frühzeitig proaktiv gegen Stress und dessen negative Symptome angehen. Die Fähigkeit eines Menschen, verschiedenen Stressoren zu widerstehen, nennt man Resilienz (s. Abschn. 4.3). Diese Resilienz gilt es zu steigern, und dafür gibt es einige hilfreiche Tipps:

• Grübeln löst keine Probleme. Das Wälzen negativer Gedanken verstärkt den Stress eher, anstatt ihn zu beheben. Suchen Sie einen Weg aus diesem Teufelskreis heraus – durch systematische Analyse der Situation, Ablenkung oder Gespräche mit anderen. In Ruhe betrachtet ergeben sich neue und konstruktive Blickwinkel auf ein Problem.

- Schreiben Sie auf, in welchen Situationen Sie in Stress geraten und wo das Problem genau liegt. Wenn Sie Situationen durchlebt und gemeistert haben, ist das Stresspotenzial bei erneutem Auftreten eliminiert oder deutlich reduziert.
- Meditation und systematische Entspannungsübungen helfen, Abstand von den Problemen zu gewinnen. Falls Sie die Disziplin aufbringen und über gewisse Kenntnisse verfügen, können Sie das allein durchführen. Ratsamer für den Anfang ist jedoch, Anleitung etwa in einem Yoga-Kurs oder ähnlichem zu suchen.
- Wenn die Situation so verfahren ist, dass eine schnelle und einfache Lösung unwahrscheinlich erscheint, scheuen Sie sich nicht, einen Fachmann (Arzt oder Psychologe) zu konsultieren – dies ist heute keine Schande mehr, sondern ein Ausdruck von Entschlussfreude.
- Musik ist für viele das Mittel der Wahl zur Entspannung. Nehmen Sie sich Zeit und hören Sie Ihre Lieblingsstücke bewusst an. Oder musizieren Sie selbst – es ist nie zu spät, ein Instrument zu lernen. Daneben eignen sich zahlreiche weitere Hobbys dafür, Abstand von der Arbeit zu gewinnen.
- An sich eine Selbstverständlichkeit, es soll aber dennoch erwähnt werden: Ein harmonisches und erfülltes Privatleben ist eine der Grundvoraussetzungen für ein stressarmes Dasein. Ungelöste Eheprobleme, Trennungsschmerz, Ärger mit Kindern und Nachbarn u. v. m. tragen oft dazu bei, dass die Arbeitssorgen überhandnehmen.
- Achten Sie darauf, dass Sie sich vernünftig ernähren (vgl. Abschn. 6.5) und möglichst gesund leben – ausreichend Schlaf, wenig Alkohol und Fett, kein Rauchen usw. *„Mens sana in corpore sano"* (ein verkürztes Zitat aus den Satiren des römischen Dichters Juvenal) – ein gesunder Geist lebt in einem gesunden Körper.
- Und das wichtigste Anti-Stress-Mittel von allen: Schaffen Sie einen körperlichen Ausgleich zu Ihrer bewegungsarmen Tätigkeit. Das geht damit los, dass Sie die Treppen zu Ihrem Büro benutzen und nicht den Fahrstuhl.[1] Essen Sie Ihre Brote mittags nicht im Büro, sondern machen Sie einen Spaziergang. Und lesen Sie bitte weiter.

---

[1]Falls Sie schon einmal wie ich (im Chemischen Institut der Universität) an einem Sonntagnachmittag in einem Aufzug steckengeblieben waren und für längere Zeit festsaßen, fällt Ihnen dies leichter.

## 5.2   Arbeiten im Flow

Der angenehme Gegenpol zu Stress und Stress-Situationen ist der sogenannte *Flow*.

> **Flow** (englisch für Fließen oder Strömen) bezeichnet in der Psychologie das als beglückend erlebte Gefühl eines mentalen Zustands völliger Vertiefung (= Konzentration) und restlosen Aufgehens in einer Tätigkeit (= Absorption), das wie von selbst vor sich geht – auf Deutsch in etwa Schaffensrausch oder auch Funktionslust (Wikipedia 2020c).

Der ungarisch-amerikanische Glücksforscher Mihály Csíkszentmihályi gilt als Schöpfer der Flow-Theorie. Diese entwickelte er aus der Beobachtung verschiedener Lebensbereiche, unter anderem von Chirurgen und Extremsportlern. Heute wird sein Ansatz auch für rein geistige Aktivitäten in Anspruch genommen (Csíkszentmihályi 2010, 2014).

**Eigenschaften des Flow**
Im Flow werden alle nicht tätigkeitsbezogenen Reize weitgehend ausblendet, und man befindet sich in einem Gleichgewichtszustand zwischen Über- und Unterforderung, z. B. nach einer gewissen Zeitdauer beim Langstreckenlauf (s. Abschn. 6.3). Dieses Phänomen kann bei zahlreichen weiteren intensiven Tätigkeiten – bei der Ausübung von Hobbys, aber auch im hier analysierten beruflichen Umfeld – auftreten und ist eine ausgezeichnete Stressprophylaxe. Die ideale Voraussetzung dafür schafft die intrinsische Motivation.

Der Flow entspricht einem Zustand optimaler Anpassung der inneren Anteile des Körpers an die Umwelt. Die Herzfrequenz sinkt, Adrenalin und Serotonin werden freigesetzt, und es stellt sich ein länger andauerndes Gefühl der Euphorie ein. Dadurch lassen sich Informationen über Umwelt und Geschehen schneller verarbeiten. Der Flow führt typischerweise zu einer Veränderung der Zeitwahrnehmung und dem Verschwinden von Sorgen.

Dieser Zustand entsteht auch bei der Steuerung eines komplexen, schnell ablaufenden Geschehens im Bereich zwischen Überforderung (Angst) und Unterforderung (Langeweile), wobei Psyche und Körper gleichermaßen beansprucht sein müssen. Flow kann bei entsprechenden Bedingungen sogar in hypnotische Trance übergehen. Die Flow-Forschung spricht von einer Art „Mikro-Schlaf", der durch eine erhöhte Aktivität in einem bestimmten Frequenzbereich des Gehirns gekennzeichnet ist: dem Übergang von Alpha- zu

Theta-Wellen bei ca. 7 bis 8 Hz. Diese entsprechen den für Schläfrigkeit, Meditation und Hypnose typischen Frequenzen (s. z. B. Miller 2015).

Bei aller in diesem Abschnitt geäußerten Begeisterung für den Flow gilt jedoch:

> Bei der Ausführung von potenziell gefährlichen Tätigkeiten, etwa dem Arbeiten mit Maschinen oder der Teilnahme am Straßenverkehr, ist ein derart bewusstseinsveränderter Zustand der Sicherheit nicht unbedingt zuträglich.

### Flow: zwischen Über- und Unterforderung

Um in den Flow-Zustand zu gelangen, muss man sich einer Tätigkeit gänzlich hingeben, und die Anforderung beansprucht die volle Konzentration. Sie darf jedoch nicht so hoch sein, dass man überfordert ist, denn dann ist die notwendige Mühelosigkeit nicht mehr gegeben. Das Flow-Erlebnis wird durch die beiden Faktoren Mindestanforderung und Anforderungsgrenze beschränkt. Durch das Eintreten in eine solche Phase entsteht die erwähnte Selbst- und Zeitvergessenheit, da die Aufgabe ganze Aufmerksamkeit erfordert.

Csíkszentmihályi (2014, S. 100, 103) definiert für die Einordnung des Flow acht unterschiedliche Zustände in Bezug auf die Abhängigkeit von Anforderungen und Fähigkeiten, was zu den entsprechenden „Koordinaten des täglichen Erlebens" führt. Im Rahmen unserer Zielsetzung, die Zufriedenheit im Beruf zu maximieren, reicht eine Matrix mit vier verschiedenen Feldern völlig aus, wie sie als *Quadrantenmodell* aus der Verhandlungstheorie bekannt ist (z. B. Wenski 2020, S. 11, 85, 192) und in Abb. 5.3 schematisch dargestellt wird (vgl. auch Abb. 2.3 und 7.1).

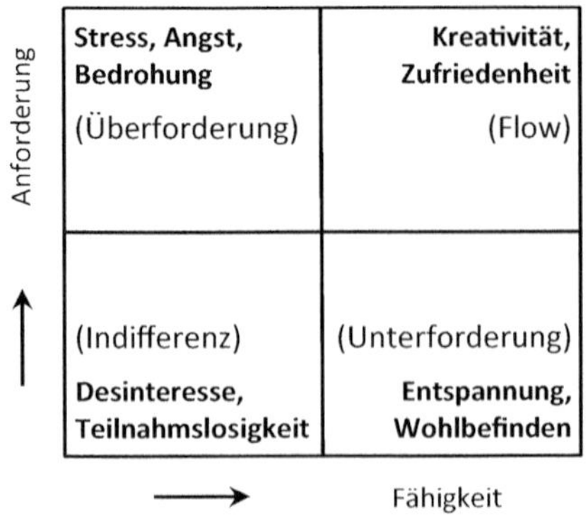

| Anforderung ↑ | Stress, Angst, Bedrohung (Überforderung) | Kreativität, Zufriedenheit (Flow) |
|---|---|---|
| | (Indifferenz) Desinteresse, Teilnahmslosigkeit | (Unterforderung) Entspannung, Wohlbefinden |

Fähigkeit ⟶

**Abb. 5.3**  Überforderung, Flow und Unterforderung

Die vier Quadranten lassen sich wie folgt beschreiben:

- Sind sowohl **Fähigkeiten als auch Anforderungen gering,** ist von einer gewissen *Indifferenz* der Betreffenden auszugehen. Desinteresse, Teilnahmslosigkeit und vielleicht sogar Apathie sind eine potenzielle Folge und können zu einer deprimierten Grundstimmung führen. Dies ist das Feld unten links in Abb. 5.3 und entspricht dem Lose-Lose-Szenario beim Verhandeln.
- Erst zusätzliche Reize führen aus dieser traurigen Ecke heraus. Durch **Steigerung der Anforderungen** wird das Feld oben links betreten: Das Fehlen einer begleitenden Erweiterung der Fähigkeiten birgt die Gefahr des Auftretens von Stress, Besorgtheit und Angst. Die Situation wird als Bedrohung empfunden und überfordert die Betroffenen; sie kann ohne Gegenmaßnahmen im schlimmsten Fall auf Dauer zu einem *Burnout* führen.
- Durch **Zunahme der Fähigkeiten** und der damit verbundenen Kompetenzsteigerung gelangt man in die rechten beiden Quadranten des Diagramms. Steigen die Anforderungen nicht parallel, sind Unterforderung und Langeweile die mögliche Konsequenz. Dies mag zwar kurzfristig durch einen (teils dringend benötigten) Erholungseffekt Entspannung und Wohlbefinden auslösen; mittelfristig jedoch droht durch fehlende Herausforderung ein *Boreout* (s. auch Abschn. 5.5), was ebenfalls mit Stress verbunden sein kann.
- Erst die gleichzeitige **Zunahme von Anforderungen und Fähigkeiten** führt in Richtung der positiv belegten oberen rechten Ecke des Diagramms: dem Flow, welcher – wenn man der Analogie zum Verhandeln folgt (Wenski 2020, S. 85) – der Erzielung einer Win–Win-Lösung entspricht.

**Die Gefahr des Burnouts**

Das *Burnout-Syndrom* („Ausgebranntsein") ist ein Zustand ausgesprochener emotionaler Erschöpfung mit reduzierter Leistungsfähigkeit – das Damoklesschwert falsch verstandenen Fleißes und Ehrgeizes. Dieser kann als Endzustand einer Entwicklungslinie bezeichnet werden, die mit idealistischer Begeisterung beginnt und über frustrierende Erlebnisse zu Desillusionierung und Apathie, psychosomatischen Erkrankungen und Depression oder Aggressivität sowie einer erhöhten Suchtgefährdung führt. Ein Burnout wird meist durch Stress ausgelöst, der wegen der verminderten Belastbarkeit nicht bewältigt werden kann.

Der Begriff „Burnout" tauchte wiederholt in den 1970er Jahren in den USA in der Öffentlichkeit im Zusammenhang mit Pflegeberufen auf. Allerdings gehörten die Krankheitsbilder Burnout, Boreout und Depression unter der

Bezeichnung *Neurasthenie* bereits im ausgehenden 19. und beginnenden 20. Jahrhundert zu den Modekrankheiten einer gehobenen Gesellschaftsschicht. Im späten Kaiserreich ging der Spruch um: „Raste nie und haste nie, sonst haste die Neurasthenie." Heute gilt das Burnout-Syndrom als Führungsproblem, das erhebliche Kosten verursacht. So hat sich die Quote der Burnout-bedingten Ausfalltage in der ersten Dekade dieses Jahrhunderts mehr als verzehnfacht, und die Burnout-Fälle in vielen DAX-Unternehmen werden in Tausenden gerechnet (Buchhorn et al. 2012).

Das Problem ist: Je tiefer man in eine psychisch angespannte Situation hineinrutscht, desto weniger hat man den Kopf für neue Ideen frei – es entsteht ein Teufelskreis. Ein Hartz-IV-Bezieher ist frustriert und dadurch in seiner Energie blockiert – ein altbekanntes Phänomen. Dasselbe gilt auch für viele Führungskräfte: Sie merken selbst nicht, dass sie in einen Abwärtsstrudel hineingeraten, und wenn es ihnen bewusst wird, ist es oftmals sehr spät für korrigierende Maßnahmen. Werden diese nicht eingeleitet und ist auch weder das berufliche noch das private Umfeld in der Lage, den Betroffenen aus dieser misslichen Situation herauszuführen, sollte unbedingt externe Hilfe gesucht werden. Medizinische Untersuchungen, die ein Arbeitgeber insbesondere für sein Führungspersonal in der eigenen ärztlichen Station anbietet oder die außerhalb in Arztpraxis oder Krankenhaus durchgeführt, jedoch vom Unternehmen finanziert werden, sind wichtig und allgemein empfehlenswert. Ein solcher Check-up beinhaltet vielfach medizinische Tests, die die meisten Krankenversicherungen nicht (mehr) bezahlen.

Die in diesem Zusammenhang gute Nachricht: Mit steigender Position in der Hierarchie sinkt erstaunlicherweise die Burnout-Gefahr, während sich Gesundheitszustand und Arbeitszufriedenheit im Allgemeinen verbessern. Obere Führungskräfte und leitende Angestellte sind im Schnitt weniger gestresst als tarifnahe außertarifliche Mitarbeiter – man möchte es kaum glauben. Beschäftigte in den oberen Ebenen erleben eine höhere Wertschätzung und leisten bzw. erfahren eine bessere Führungsqualität. Wenn Sie es bis hierhin geschafft haben: Glückwunsch!

Vielleicht sind Sie aber auch an einem Punkt Ihrer Karriere angelangt, an dem es für Sie nicht mehr weitergeht. Sie leiden nahezu täglich und sehen keinen Ausweg aus dem Dilemma. Dann ist es vermutlich an der Zeit, die Reißleine zu ziehen. Die aus dem Job gewonnene Selbstbestätigung, das Pflichtbewusstsein oder ein falsch verstandenes Heldentum sind keine akzeptablen Gründe dafür, seine Nerven und die Gesundheit zu ruinieren – und die Familie meist gleich mit in eine äußerst unangenehme Situation zu bringen, denn Stress und Burnout werden gewöhnlich auf dem Rücken von Lebenspartnern und Kindern ausgetragen.

**Arbeiten im Flow**

Der Flow-Zustand und das Flow-Erleben sind individuell recht unterschiedlich: Der eine kann sich darunter aus eigener Erfahrung kaum etwas vorstellen, und der andere verbringt subjektiv betrachtet mindesten die Hälfte seiner wachen Zeit im Flow. Die glücklichsten Menschen sind vermutlich unter denjenigen zu finden, die ihr Hobby zum Beruf machen konnten und diese Tätigkeit anschließend nach wie vor auf Dauer genießen können (s. Abschn. 3.2).[2]

Man liest ab und an von solchen Menschen, die quer durch alle Branchen und Berufe anzutreffen sind – Handwerker, Künstler, Nationalpark-Ranger, Bootsverleiher und Betreiber von Strandbars, Profisportler (allerdings längst nicht alle), Politiker oder auch Führungskräfte. Sie verbringen in aller Regel deutlich mehr Zeit im Flow-Zustand als andere – sie vergessen dabei ihre Sorgen, entwickeln Euphoriegefühle und erfahren vielleicht sogar eine Veränderung der Zeitwahrnehmung. (Doch müssen sie selbstredend in der Lage sein, im Anschluss wieder zügig in den Normalzustand zu kommen.)

> Alle weniger Privilegierten sollten gezielt dafür sorgen, bei ihrer Arbeit Freude und Zufriedenheit zu gewinnen, was die Vertiefung als Voraussetzung für den Flow erst ermöglicht. Dazu sind Planung, Veränderungswille und Risikobereitschaft erforderlich.

Eng mit dem Flow verbunden sind Erfolgserlebnisse und damit (subjektiv empfundenes) Glück (s. auch Abschn. 8.3). Demnach stellt sich anstelle des Flows oder zugleich mit ihm eine Art Glücksgefühl ein, wenn die Fähigkeiten des Menschen in gleichem Maße wachsen wie die Anforderungen. Steigen diese Anforderungen schneller (oder langsamer) als die Fähigkeiten, kommt es zu Stress (oder Langeweile) (s. Abb. 5.3). Heutzutage werden Unterforderung und Boreout keinesfalls mehr wie am Anfang der diesbezüglichen Forschung als Luxusproblem belächelt. (Denken Sie an das Beispiel Georg Firneisen in Abschn. 3.3.)

Zur Stressvermeidung trägt wie erwähnt bei, die Zeitspanne im Flow-Zustand zu maximieren. Was im Privatleben etwa im Umfeld von Familie oder bei der Ausübung von Hobbys noch am besten gelingen dürfte, sollten Sie im beruflichen Alltag jedoch ebenfalls anstreben. Denn nur wer diese

---

[2]Arbeit soll Spaß machen, heißt es zurecht – „doch wer kann schon soviel Spaß vertragen", sagen Spötter der alten Management-Schule.

innere Balance durch den Mittelweg zwischen Über- und Unterforderung erreicht, ist wirklich leistungsfähig. Dies betrifft neben Führungskräften auch deren Mitarbeiter, die durch den Vorgesetzten zu diesem Zustand hingeführt werden sollten.

Derartige Gedanken ergänzt das von Rheinberg et al. (2007) beschriebene „Paradoxon der Arbeit", wonach bei der beruflichen Tätigkeit höhere Flow-Anteile, aber niedrigere Werte für Glück/Zufriedenheit auftreten als jeweils in der Freizeit. Nach den Studienergebnissen sind während der Arbeit Aktivitäten eher auf die Erreichung von Zielen ausgerichtet als in der Freizeit. Die Zielausrichtung hat dort einen stark positiven Effekt auf den Flow, auf Glück/Zufriedenheit hingegen nicht (vgl. hierzu Abschn. 8.4).

> Um die Arbeitszeitintervalle im erwünschten, hochproduktiven Flow-Zustand zu erhöhen, besteht die Möglichkeit, entweder Aufgaben mit niedrigeren Anforderungen zu wählen oder (bevorzugt) die für die geplante Tätigkeit notwendigen Kompetenzen durch Übung, Anleitung und/oder Schulung zu erweitern.

Zur Kompetenzsteigerung steht eine ganze Palette von situationsbedingten Möglichkeiten zur Verfügung. Diese reichen von Abschauen und Nachmachen unter Expertenanleitung sowie viel Übung und Training über die Konsultation von Fachliteratur, Ratgebern und Internet, berufliche Fortbildung und Qualifikationen bis hin zum Anstreben eines höheren Berufs- bzw. Studienabschlusses.

Überlegen Sie, zu welchen Gelegenheiten sich bei Ihnen während der Arbeit typischerweise eine Art Flow-Zustand einstellt. Versuchen Sie, diese Zeitabschnitte zu erweitern, um glücklicher, euphorischer, resilienter und damit auch leistungsfähiger zu werden, indem Sie die entsprechenden Rahmenbedingungen schaffen. Hier finden Sie ein paar Ansätze:

- Auch wenn Sie Risikoprojekten (potenzielle Überforderung) und langweiligen Routinearbeiten (oft mit Unterforderung) nicht aus dem Weg gehen können: Versuchen Sie, den Großteil Ihrer Arbeitszeit zwischen diesen Antipoden anzusiedeln.
- Lernen Sie ständig dazu und bilden Sie sich weiter, um Ihre Kompetenzen und Fähigkeiten zu steigern: Für Neues offen, sind Sie in der Lage, höhere Anforderungen zu bewältigen.
- Optimieren Sie Ihr Zeitmanagement und schaffen Sie sich die für den Flow notwendige Arbeitszeit ohne Unterbrechungen.

- Verschließen Sie die Augen nicht vor Problemen und versuchen Sie nicht, sich zu „verstecken": Suchen Sie Chancen, sich zu profilieren und Eigenwerbung zu betreiben.
- Und *last but not least:* Voraussetzung für das Flow-Erlebnis ist in den meisten Fällen ein ausreichendes Maß an Selbstbestimmung.

## Downshifting

Das Bestreben nach Selbstbestimmung führt zu einem zusätzlichen Aspekt, der mehr Flow-Erlebnissen und damit eine höhere Zufriedenheit und Lebensqualität ermöglicht.

> Die Bezeichnung **Downshifting** aus den angelsächsischen Ländern steht übersetzt zwar nur dafür, seine Arbeitszeit zu verringern, das Phänomen bedeutet jedoch im weiteren Sinne auch einen Trend hin zu selbstbestimmter Arbeit.

In Zeiten weitverbreiteter innerer Kündigung ist Downshifting als eine natürliche Reaktion auf den Leistungsdruck zu verstehen, dem viele Arbeitnehmer heutzutage ausgesetzt sind. Der klassische Downshifter hat alles erreicht und wird häufig erst durch eine persönliche Krise motiviert oder sogar gezwungen herunterzuschalten. Bei vielen liegt die Ursache in der Schwierigkeit, im Job dauerhaft ihre Bestimmung zu finden.

Dem Ausdruck „Downshifter" haftet – leider und völlig zu Unrecht – immer noch eine Verlierermentalität an. Manche denken zunächst, der Aussteiger aus einem hoch dotierten 70-Wochenstunden-Job mache Witze, und er muss sich fragen lassen, ob er im Berufsleben nichts mehr vorhat. Der Grund ist naheliegend: Viele Menschen stecken selbst im Hamsterrad und blicken mit Neid auf diejenigen, die sich daraus befreit haben.

Allerdings soll nicht verschwiegen werden, dass der Schuss beim Downshiften und Aussteigen sehr wohl nach hinten losgehen kann: Im neuen Umfeld sind Stress und Überforderung ebenfalls denkbar und nicht ganz unwahrscheinlich. Geldprobleme, eine unterschätzte Arbeitsbelastung oder Beziehungskrisen stellen lediglich drei denkbare Gründe dar. In diesem Zusammenhang möchte ich nochmals auf einen Tipp aus Abschn. 3.1 verweisen, der sinngemäß lautet: „In den meisten Fällen ist es nicht sinnvoll, dass Sie morgen Ihre Stelle kündigen – woanders ist es vielleicht auch nicht besser." Besser ist es, zunächst einen soliden Plan mit einer realistischen Betrachtung möglicher Szenarien zu erstellen (s. Abschn. 4.4).

Doch das Leben ist zu wertvoll, als dass man es leichtfertig wegwirft oder falschem Ehrgeiz unterordnet – man hat nur dieses eine. Selbstbestimmt zu agieren kann durchaus bedingen, dass man seinen Posten als Vorstandsmitglied oder Hauptabteilungsleiter hinwirft und sich nach seinen innigsten Wünschen verwirklicht – bevor man zusammenklappt oder der Aufsichtsrat bzw. Arbeitgeber einen vor die Tür setzt. Ein solcher Schritt ist ein Ausdruck von aktiv wahrgenommener Selbstbestimmung. Von Downshiftern und Aussteigern ist vermutlich deutlich mehr als die Hälfte langfristig glücklicher ist als vorher.

In Deutschland sind die Menschen typischerweise stärker karrierefixiert als etwa in den USA. Bei uns wird ein Burnout-Kandidat schnell als „Weichei" gebrandmarkt (Höhmann 2015). In den USA sind Rückschläge und Wechsel im Berufsleben – lateral und vertikal in *beide* Richtungen – eher gesellschaftlich akzeptiert.

---

**Beispiel**

Roderick Snyder gehörte zum oberen Management des US-amerikanischen Grundstofferzeugers CaustChem Inc. im Mittleren Westen und war mit dafür verantwortlich, dass das Unternehmen an einen großen deutschen Chemiekonzern verkauft wurde. Dieser Branchenriese ist selbst seit langem mit mehreren Produktionsstandorten in den USA vertreten, und so klappte die Integration von CaustChem in den globalen Verbund ohne größere Probleme.

Snyder, den alle Rod nannten, wurde nach der gelungenen Übernahme zunächst Niederlassungsleiter *(Site President)* des CaustChem-Standorts und nahm diese Funktion ambitioniert und recht erfolgreich wahr, wie Geschäftszahlen und Mitarbeiterzufriedenheit demonstrierten. Dies blieb der Konzernleitung nicht verborgen, und so folgte die nächste Stufe auf der steilen Karriereleiter: Er wurde nach ein paar Jahren zum Sales- und Marketingchef für Nordamerika ernannt und in den Führungskreis des Gesamtunternehmens aufgenommen. Mit der hohen Verantwortung und dem entsprechenden Gehalt waren natürlich viele Verpflichtungen verbunden.

Snyder lebte die meiste Zeit aus dem Koffer, Jetlag war ein Dauerzustand. Eine Woche pro Monat verbrachte er in der Konzernzentrale in Deutschland oder an anderen Orten in Europa, im Schnitt ein bis zwei Wochen lang bereiste er die USA, Kanada und Mexiko und besuchte seine Kunden. Den knappen Rest der Zeit arbeitete er in seinem Büro am CaustChem-Standort und war mit seiner Familie zusammen.

Dieses Pensum hielt Rod Snyder drei oder vier Jahre lang tapfer durch. Dabei lehnte er die von Kollegen vorgeschlagene Einnahme scheinbar leistungsfördernder Mittel (mit Ausnahme einer gelegentlichen Melatoninpille zum Schlafen im Flugzeug) strikt ab. Auch Alkohol genoss der Nichtraucher nur in verträglichen Mengen und ernährte sich trotz der widrigen Umstände einigermaßen ausgewogen. Er sprach inzwischen fließend Deutsch und war im Gesamtunternehmen gut vernetzt. Allerdings fühlte sich Rod Snyder – trotz Verständnis und vorbildlicher Unterstützung seiner Lieben – alles andere als glücklich, sondern zunehmend ausgebrannt, ideenlos und gereizt. Er wusste intuitiv, dass es so nicht weitergehen konnte.

Das Gespräch mit seinem Chef im Hauptvorstand Dr. Tobias Lakenmacher, dem *Chief Commercial Officer*, um das er gebeten hatte, fiel ihm nicht leicht, denn er liebte die Vertriebstätigkeit und den Kundenkontakt. Dr. Lakenmacher kannte er bereits aus den Sitzungen zum *Merger* und hatte Vertrauen zu ihm. Er bat ihn um Reduktion seiner Verantwortung und Rückstufung in einen deutlich tieferen Hierarchierang, eine *Demotion.* Dies hat man ihm, da der Chemiekonzern ein modernes Unternehmen ist, das auch auf das Wohl seiner Mitarbeiter blickt, gewährt: Er wurde zum Verantwortlichen für das Qualitätswesen bei CaustChem ernannt, berichtete in dieser Funktion an den Site President und musste nur selten auf Dienstreise. Nach Einarbeitung in die neue Aufgabe war er glücklich und zufrieden.

# 5.3 Gesunder Schlaf

Der Schlaf und das Träumen sind für den Menschen mit viel Geheimnisvollem verbunden. Auch heute sind die Funktionen des Schlafs noch nicht vollständig geklärt. Als sicher gilt, dass Menschen und viele Tiere schlafen müssen, um zu überleben; der genaue Grund bleibt aber teilweise unklar. Den gängigen Hypothesen scheint gemein, dass sich der Körper und vor allem das Gehirn im Schlaf regenerieren und sich dabei die Neuronenverbindungen, die sich durch das während des Tages Erfahrene und Erlernte neu gebildet haben, konsolidieren und stärken.

**Harte Fakten zum Schlaf**

Lassen Sie einmal folgende Zahlen auf sich wirken:

- Deutsche schlafen während der Arbeitswoche durchschnittlich 7,0 Stunden und am Wochenende 7,9 Stunden.
- Wer durchschnittlich weniger als sechs Stunden pro Nacht schläft, hat eine 13 % höhere Wahrscheinlichkeit, vorzeitig zu sterben, als jemand, der sechs bis neun Stunden schläft.
- 65 % der Bevölkerung neigen zum „Eulentum" und werden erst spät aktiv, die typischen Unternehmen sind jedoch eher auf Frühaufsteher ausgelegt.
- Gemäß zahlreichen Untersuchungen leiden etwa die Hälfte bis zu zwei Dritteln der deutschen Führungskräfte unter Schlafstörungen.
- Eine Nacht mit zu wenig Schlaf wirkt sich ähnlich aus wie 1,0 Promille Alkohol im Blut.
- Mehr als 30 % aller tödlichen Autounfälle auf Autobahnen lassen sich auf Übermüdung zurückführen.

Leider ist heutzutage trotz komfortabler Betten nicht jeder mit einem guten Schlafvermögen gesegnet – im Gegenteil, die meisten Menschen in der modernen Gesellschaft erfahren vereinzelt oder wiederholt Schlaflosigkeit und leiden darunter. Schlaflosigkeit kann vielfältige Ursachen haben; man sollte nicht sofort von Schlafstörungen *(Insomnie)* sprechen, was einem möglichen Problem erst Vorschub leisten kann. Allerdings ist im Rahmen des Selbstmanagements ein konstruktiver und proaktiver Umgang mit dem Thema ratsam.

Es scheint also nicht verwunderlich, dass selbst der gesunde, im Gleichgewicht befindliche Mensch ab und zu Nächte erlebt, in denen er – obwohl es dazu keinen akuten Anlass gibt – stundenlang wach liegt und morgens glaubt, kaum geschlafen zu haben. Wenn Ihnen dies widerfährt: Genießen Sie den Zustand, denken Sie über angenehme Dinge nach, um zur Ruhe zu kommen, und in der darauffolgenden Nacht können Sie infolge eines leichten Schlafdefizits umso besser schlafen.

Die *primäre* Insomnie ist dadurch definiert, dass keine konkreten Ursachen gefunden werden. In vielen Einzelfällen lassen sich hingegen nachvollziehbare Gründe dafür benennen, warum der Schlaf in Dauer und Ablauf gestört ist; diese werden als *sekundär* bezeichnet. Es ist davon auszugehen, dass etwa 20 bis 30 % aller Menschen in den westlichen Industrieländern unter mehr oder weniger ausgeprägten Schlafstörungen leiden. Nicht selten bemerken die Betroffenen und deren Umfeld eine allein dadurch bedingte Änderung des Persönlichkeitsstils in Richtung erhöhter Impulsivität oder Rückzug und Depressivität. Die Gründe findet man oft darin, dass entweder nächtliche Arbeit oder Reisen über mehrere Zeitzonen hinweg keinen regelmäßigen Schlaf erlauben oder dass Körpersignale nicht ausreichend beachtet werden.

> Zu wenig Schlaf macht nicht nur risikobereiter, sondern auch krank. Permanenter Schlafmangel kann zu Übergewicht, Diabetes, Herzerkrankungen oder auch Depressionen führen.

Schlafmangel bringt den Körper dazu, im Ruhezustand weniger Kalorien als gewöhnlich zu verbrennen; er produziert weniger Insulin, sodass sich der Zuckerspiegel im Blut ungesund erhöht. Um derartige Erkrankungen zu vermeiden, sollten sich auch Führungskräfte genügend Zeit zum Schlafen nehmen – zum Vorteil ihres Unternehmens und auch für die eigene Lebensqualität und -dauer (Welsch 2017).

Ein gesunder Mensch wird in den meisten Nächten spätestens eine halbe Stunde nach dem Bettgang einschlafen und nicht vor fünf Uhr morgens aufwachen, ohne wieder einschlafen zu können. Anhaltende Schlafstörungen, insbesondere solche mit organischen Ursachen, sollten ärztlich behandelt werden, um Folgeschäden zu vermeiden. Es gibt jedoch darüber hinaus Schlafstörungen, die ursächlich mit unserem (Berufs-)Alltag und seiner Strukturierung in direkter Verbindung stehen und die sich guten Gewissens selbst therapieren lassen.

Zu derartigen *extrinsischen* Schlafstörungen[3] zählen die Auswirkungen aller negativen Faktoren, die ihren Ursprung außerhalb des Körpers des Betroffenen haben – wie Alkohol, Koffein, dauerhafter Schlafmangel, Übertraining, spätes und schweres bzw. zu reichliches Essen oder Umwelteinflüsse wie eine laute Umgebung, schlimmstenfalls auch die Einnahme von Kokain und Amphetaminen (Abschn. 5.4). Möglicherweise fallen ebenfalls Strahlung und Felder von Mobiltelefonen oder Stromleitungen in diese Kategorie. Auch Stress kann den Nachtschlaf empfindlich beeinträchtigen: Dadurch kurzfristig ausgelöste akute Schlafstörungen betreffen jährlich geschätzt knapp 20 % der deutschen Bevölkerung und treten in allen Altersschichten und Berufsgruppen auf.

Auch Beeinträchtigungen des Schlafrhythmus durch Jetlag zählen dazu, eine Zivilisationskrankheit vor allem des modernen Managers (vgl. Abb. 5.4). Nach der schnellen Reise über mehrere Zeitzonen ist die innere Uhr nicht mehr mit der neuen Ortszeit synchronisiert. Licht und Dunkelheit treten zu ungewohnten Zeiten auf; die natürlichen Rhythmen wie Essens- und Schlafenszeit, Hormonproduktion oder Körpertemperatur kommen aus dem Takt. Da sich die innere Uhr meist nicht kurzfristig an eine neue Ortszeit angleicht, prägen sich physische und psychische Beschwerden aus. Analoge Veränderungen erfahren auch Schichtarbeiter, wenn die eigentliche Schlafenszeit zur Arbeitszeit wird.

---

### Unterschiedliche Chronotypen

Das individuelle Schlafbedürfnis des Erwachsenen ist sehr unterschiedlich und folgt ungefähr einer Normalverteilung: Mancher ist nach sechs Stunden ausgeschlafen, andere benötigen neun oder zehn. In der Wissenschaft gibt es Ansätze, die davon ausgehen, dass sowohl zu wenig als auch zu viel Schlaf langfristig negative Auswirkungen hat. Inzwischen gilt es als erwiesen, dass die notwendigen und dafür bevorzugten Schlafstunden (der *Chronotyp*) angeboren sind und sich nicht umgewöhnen lassen.

---

[3]Als *intrinsisch* werden beispielsweise die primäre Insomnie, das Schlaf-Apnoe-Syndrom und das Restless-Legs-Syndrom bezeichnet.

**Abb. 5.4** Statt Jetlag gab es in früheren Zeiten beim Reisen den besser verträglichen „Boat lag": Schnelldampfer Bremen (hinten) zusammen mit Schwesterschiff Europa 1930 in Bremerhaven. (Bundesarchiv, CC BY-SA 3.0)

> Der in diesem Zusammenhang immer wieder genannte Napoleon Bonaparte ist ein gefährliches Vorbild für den modernen Menschen (etwa für Start-ups und Workoholics). Legenden zufolge schlief der Kaiser nur vier Stunden pro Nacht und machte selbst auf dem Feld zwischendurch ein Nickerchen – ein *Power Nap* sozusagen (s. Abschn. 2.5). „Vier Stunden schläft der Mann, fünf die Frau, sechs ein Idiot", wird der französische Imperator zitiert.
> Albert Einstein soll bis zu zwölf Stunden pro Nacht geschlafen haben, und sein Lebenswerk ist sehr viel eindrucksvoller und nachhaltiger als das von Napoleon (Gekeler 2019).

Blickt man in die einschlägige Ratgeberliteratur, findet man zahlreiche Tipps, um der Schlaflosigkeit nicht-medikamentös mit Schlafritualen zu begegnen: Abendgebet, Atemtechniken, „Schafe zählen" usw. helfen, über vertraute Gedanken zur Ruhe zu kommen. Weiterhin wird empfohlen, die wichtigsten Grundlagen der Schlafhygiene zu beachten, wozu die Einhaltung eines regelmäßigen Schlafrhythmus gehört. Verzicht auf Alkohol und Koffein oder die Verringerung der Bettzeiten (z. B. durch späteres Zubettgehen oder frühes Aufstehen für eine Joggingrunde) können darüber hinaus sehr effizient sein.

Keinem dieser Punkte lässt sich seine Berechtigung absprechen. Allerdings gilt, dass zunächst die Gründe dafür zu analysieren sind – und das auf keinen Fall nachts, sondern bei „Licht" betrachtet – und erst dann über Gegenmaßnahmen nachgedacht werden kann (die nicht zwingend zur Einnahme von Schlafmitteln führen sollten). Dazu sei auf die Ausführungen zu Zeitmanagement (Kap. 2), Stress (Abschn. 5.1), Work-Life-Balance (Abschn. 5.5) und sportliche Betätigung (Kap. 6) verwiesen. Wenn die Ursachen behoben sind oder ihr Einfluss stark reduziert ist, relativiert sich das Schlafproblem meist von selbst. Droht die Beeinträchtigung zu bestimmten Zeiten und Perioden überhandzunehmen, ist es dringend geboten, Gegenstrategien zu entwickeln und umzusetzen.

---

**Paradigmenwechsel beim Schlafen**

„Frühaufsteher machen Karriere", hieß es noch vor wenigen Jahren.[4] Doch auch in der leistungsorientierten Managerwelt gilt genügend Schlaf inzwischen zunehmend als erstrebenswert. Glücklicherweise ändern sich die Zeiten, in denen viel Schlaf mit Faulheit und wenig Leistung gleichgesetzt wurde.

Dabei ist schon recht lange bekannt, dass statistisch gesehen Personen mit guten Schlafvermögen als fähiger angesehen werden und bessere Karrierechancen besitzen als Schlechtschläfer. Nach einer Studie der US-Marine wurden während einer mehrjährigen Beobachtungszeit 84 % derjenigen, die ausreichend schlafen, mindestens einmal befördert, Schlechtschläfer dagegen nur in 68 % der Fälle (Johnson und Spinweber 1988).

---

Die folgenden Ansätze haben sich zur Verbesserung der Schlafqualität vielfach bewährt:

- Versuchen Sie, bereits ein bis zwei Stunden vor dem Zubettgehen zur Ruhe zu kommen: kein Sport, kein schweres Essen, wenig Alkohol, keine Aufreger (wie ein Ehestreit, der sich allerdings schwer timen lässt), keine Planungen mit weitreichenden Konsequenzen. Ein Spaziergang an der frischen Luft kann dabei unterstützen, die nötige Bettschwere zu erreichen; die Gesellschaft lieber Menschen tut ihr Übriges.
- (Vermeintliche) Probleme und Sorgen erscheinen nachts schlimmer als bei Tageslicht betrachtet. Die logische Konsequenz daraus ist, sich nachts nicht damit zu beschäftigen und nicht zu grübeln. Erziehen Sie Ihr Gehirn dazu, dass es nicht anfängt, über derartige Dinge nachzudenken,

---

[4]Sachsen-Anhalt beispielsweise bewirbt sich selbst seit 2013 als „Land der Frühaufsteher".

wenn Sie wach in Ihrem Bett liegen. Sagen Sie sich, „nein, dafür ist morgen noch Zeit" – das gelingt nicht auf Anhieb und keineswegs in allen Fällen, mit Übung allerdings immer öfter. Hierbei helfen Ihnen möglicherweise autogenes Training und progressive Muskelentspannung.

- Wenn es dennoch nicht mit der Beruhigung und dem Schlafen klappen will – stehen Sie auf. Ob ein Glas warme Milch mit Honig hilft, wage ich zu bezweifeln, aber zumindest schadet es nicht, falls Sie nicht gerade an Diabetes oder Laktose-Unverträglichkeit leiden. Angebrachter scheint der Ansatz, sich über die Ursache der gedanklichen Anspannung klar zu werden. Plagen Sie Sorgen oder gar Angst, oder spukt „nur" die Konzeption einer wichtigen Rede oder eines Manuskripts in Ihrem Kopf herum? Wie dem auch sei – nehmen Sie sich ein leeres Blatt Papier und schreiben Sie Ihre Gedanken und To-do-Listen für den nächsten Arbeitstag auf. Sie können danach beruhigt weiterschlafen.
- Wenn Sie unruhig schlafen aus Angst, den Frühzug oder das erste Flugzeug zu verpassen, stellen Sie sich zwei Wecker. Falls Sie befürchten, morgens im Tran etwas zu vergessen – legen Sie sich alles bereit, was Sie benötigen (Kleidung, Akten, Smartphone, Geld und Papiere etc.). Es gibt unzählige solcher Trivialtipps – finden Sie heraus, was für Sie persönlich hilfreich ist.

Wer Sport treibt, insbesondere eine Ausdauersportart, trägt zur Stärkung des Stresswiderstands und zur Herstellung seiner körperlichen und mentalen Balance bei und ist bereits einen großen Schritt weiter auf dem Weg zum gelungenen Selbstmanagement. Außerdem bewirkt Sport meist einen tieferen, erholsameren Schlaf. Wenn Sie nach dem Sport hin und wieder schlecht schlafen, weil Ihr Kreislauf noch auf Hochtouren läuft, stellt dies keinen Grund zur Besorgnis dar. Sollten Sie hingegen – mit oder ohne Sport – anhaltende Schlafprobleme haben, kann dies ein Alarmsignal sein und auf Stress und Überforderung (oder eine Krankheit) hindeuten.

Falls das alles nicht hilft und bevor Sie sich in die Hände von Fachleuten begeben und beispielsweise ein Schlafseminar buchen, versuchen Sie es mit *Schlafrestriktion*. Vergessen Sie die Zeiten, in denen Sie um 22 Uhr ins Bett gegangen sind, um fehlenden Schlaf der Vortage nachzuholen.

> Eine konsequente Reduktion der Stunden im Bett auf beispielsweise Mitternacht bis sechs Uhr morgens kann Wunder wirken. Aber keine Ausnahmen! Führen Sie das Verfahren für vier Wochen konsequent durch, dann sehen Sie weiter …

# 5.4 Genussmittel, Medikamente und Drogen

„Das Leben ist schön", heißt es. Jedoch leider nicht immer und zu allen Zeiten, was auch in unserem Land jeder bestätigen kann, der durch physische und psychische Leiden, wirtschaftliche Not und sonstige ungünstige Rahmenbedingungen negativ beeinträchtigt ist. Die Probleme beginnen bereits, wenn man aufgrund von Leistungsdruck über einen längeren Zeitraum andauernde Schlafprobleme entwickelt. Damit verbunden ist die weit verbreitete Angewohnheit, dauerhaft Schlafmittel einzunehmen. Eine weitere Stufe der Eskalation ist der Konsum von Muntermachern (damit meine ich nicht unbedingt Kaffee oder Tee) am nächsten Morgen. Dies führt zu einem unvermeidlichen Aspekt, der von der Hartz-IV-Klientel über die Handwerker- und Künstlerzunft bis ins Spitzenmanagement von Politik und Wirtschaft zu finden ist: der Missbrauch von Medikamenten, aber auch von „harmlosen" Genussmitteln sowie allerlei Drogen.

**Genussmittel**

Als **Genussmittel** werden im engeren Sinne Lebensmittel bezeichnet, die nicht in erster Linie aufgrund ihres Nährwerts und zur Sättigung konsumiert werden, sondern wegen ihrer anregenden Wirkung durch psychotrope – das heißt die Psyche des Menschen beeinflussende – Substanzen und wegen ihres Geschmacks.

Darüber hinaus zählt man auch psychotrope Substanzen wie Tabakwaren zu Genussmitteln, die offensichtlich keine Lebensmittel sind. Als „Genussmittel der Moderne" gelten Alkohol, Kaffee, Tee, Kakao, Tabak, Schokolade, Zucker und Gewürze. Dabei ist jeweils das kulturelle und historische Umfeld zu betrachten. Mit einem jährlichen Genuss von über 160 Litern ist Kaffee das meistkonsumierte Getränk der Deutschen (gefolgt von Wasser und Bier). Zwar kann der beliebte Bohnenextrakt – in größeren Mengen – unter anderem zu Schlafproblemen führen, doch sind verheerende Folgen wie durch die missbräuchliche Einnahme von Medikamenten und Drogen nicht zu erwarten.

Genussmittel können anregen und munter machen, aber auch beruhigen und Unruhe beseitigen („Abwarten und Tee trinken"). Sie haben eine erhebliche soziale Bedeutung, insbesondere wenn sie gemeinsam mit anderen Menschen konsumiert werden. Kaffeetrinken mit der Familie, ein Bier mit Freunden oder der Austausch mit Gleichgesinnten beim Rauchen im Sommer draußen vor der Kneipe werden von den Beteiligten als positive Situation angesehen. Die anregende Wirkung einiger Vertreter dieser Gruppe basiert auf Alkaloiden, die von den Ausgangspflanzen zur Abwehr von Fressfeinden gebildet werden. Ein Teil der Genussmittel kann daher zu einer körperlichen Abhängigkeit führen. Das wusste bereits Paracelsus: Er prägte den auch heute noch gültigen Grundsatz *„Dosis sola venenum facit"* („Allein die Menge macht das Gift").

Die Genussmittel der Moderne stellen keineswegs eine einheitliche Gruppe dar. Zucker besitzt einen ambivalenten Charakter mit gleichzeitig Genuss- und Nahrungsmitteleigenschaften. Andererseits sind Alkohol und Tabak eindeutig legale Drogen, denn die Zeiten, in denen Tabak als Heil-mittel und Bier als „flüssiges Brot" angesehen wurden, sind lange vorbei. Bereits die erste Zigarette kann süchtig machen, und beim Alkoholgenuss ist die Schwelle zur Abhängigkeit schwer feststellbar – vor allem von den Betroffenen selbst. Abseits vom Suchtpotenzial gilt es zu berücksichtigen, dass Genussmittel, sofern im Übermaß „genossen", zu einer Übersäuerung des Körpers und darüber zu verschiedenen negativen Begleiterscheinungen für die Gesundheit führen können.

## Irrtum 13

„Morgen höre ich auf zu rauchen."

Die meisten Raucher haben diesen Spruch sicherlich bereits einmal erfolg-los von sich gegeben, denn schätzungsweise 70 bis 80 % von ihnen sind nikotinsüchtig. Mark Twain wird folgendes Zitat nachgesagt: „Das ist kinderleicht. Ich habe es schon hundertmal geschafft." Allerdings ist es keineswegs einfach und bedarf oft externer Hilfe, mit dem Rauchen aufzu-hören – ähnlich sieht es bei etabliertem Trinkverhalten aus.

### Gefahren von Alkoholgenuss und Rauchen

Der übermäßige Konsum von Alkohol sowie Tabakgenuss generell stellen eine konkrete Gefahr für Wohlbefinden, Gesundheit und Leben dar, und die wirtschaftlichen Folgekosten sind erheblich (s. z. B. Bund 2019, 2020; Europa 2020). Tabakkonsum verkürzt das Leben um durchschnittlich etwa zehn Jahre. Mit über 120.000 Todesfällen pro Jahr stellt das Rauchen damit das größte ver-meidbare Gesundheitsrisiko in Deutschland dar; weltweit verlieren jährlich acht Millionen Menschen dadurch ihr Leben – das sind viereinhalbmal so viele wie durch die oder mit der COVID-19-Erkrankung im Jahr 2020. Mehr als die

Hälfte aller regelmäßigen Raucher stirbt vorzeitig an Lungenkrebs, an einer anderen Atemwegserkrankung oder an einer Herz-Kreislauf-Erkrankung. Es ist vernünftig, gar nicht erst mit dem Rauchen anzufangen, und wenn man dieser Sucht frönt, damit aufzuhören.

Der Konsum an reinem Alkohol liegt in Deutschland jährlich bei umgerechnet knapp elf Litern pro Einwohner ab 15 Jahren. Dies ist im internationalen Vergleich ein hoher Wert. Die empfohlenen Trinkmengen werden von fast 10 Mio. Bundesbürgern überschritten, von denen wiederum 1,3 Mio. eine Alkoholabhängigkeit aufweisen. An den direkten und indirekten Folgen ihres übermäßigen Alkoholkonsums sterben pro Jahr bei uns 74.000 Menschen und weltweit ca. drei Millionen. Fortschreitender Alkoholmissbrauch führt über die Phasen der mentalen und später auch körperlichen Alkoholabhängigkeit unbehandelt zum frühzeitigen Tod.

Beim Alkohol-„Genuss" sollte stets Maß gehalten werden. Ein gesunder Körper sorgt im Prinzip selbst dafür, dass ein Übermaß auf Dauer vermieden wird – Übelkeit, Kater und depressive Verstimmungen im Nachgang sind Alarmsignale. Gefährlich ist die Gewöhnung, wodurch diese Symptome weniger stark ausgeprägt auftreten. Grenzwerte für den unbedenklichen, nicht schädlichen Genuss von alkoholischen Getränken sind problematisch: Wie der Körper im Einzelfall auf Alkohol reagiert, ist sehr unterschiedlich und hängt von den verschiedensten Faktoren ab.

**Fazit:** Wenn Sie in einer Studie lesen, dass zwei Gläser Rotwein am Tag gesund sind, ist diese vermutlich vom Winzerverband gesponsert worden. (Ähnliche Vorsicht ist bei Untersuchungen zur Unbedenklichkeit des Rauchens geboten – oder falls Ihr Hausarzt selbst zur Zigarette greift.) Möchten Sie Alkohol trinken, so tun Sie es – bewusst, in überschaubaren Mengen, nur ab und zu und nicht täglich, am besten in netter Gesellschaft und *keinesfalls, um Stress abzubauen und Sorgen zu ertränken* – denn damit erreichen Sie genau das Gegenteil. Alkohol ist wie viele illegale Drogen ein schnelles Entspannungsmittel, das jedoch keine Problemursachen eliminiert.

## Medikamente

Um mit den ständig steigenden Anforderungen des Alltags fertigzuwerden, sind offenbar immer mehr Menschen bereit, ihre geistige Leistungsfähigkeit durch Einnahme bestimmter Substanzen zu steigern. Unter pharmakologischem *Neuro-Enhancement* versteht man die Einnahme von psychoaktiven Mitteln aller Art zu diesem Zweck, unter *Hirndoping* die missbräuchliche Verwendung von Substanzen, die verschreibungspflichtig oder illegal sind (Wikipedia 2020e).

Doch den großen Erwartungen stehen ein geringer Nutzen und hohe Risiken entgegen. Das Gehirn lässt sich auf Dauer nicht ausbeuten und braucht neben ausreichendem Schlaf weitere Ruhephasen, um sich zu regenerieren: Es ist nicht möglich, beruflich und privat ständig mit einer hohen Taktung unterwegs zu sein. Wer aber Körper und Gehirn mit

Enhancern überlisten will, droht auszubrennen. Derartige Stoffe senken die Resilienz und fördern mit großer Wahrscheinlichkeit die Entwicklung eines Burnouts (Dohrmann 2014).

Werden *Medikamente,* etwa Sedativa, nicht bestimmungsgemäß über einen zu langen Zeitraum eingenommen, so kann sich daraus unbemerkt ebenfalls eine Sucht entwickeln: Schätzungen gehen in Deutschland von eineinhalb Millionen Menschen mit Medikamentenabhängigkeit aus. Tablettenmissbrauch wird auch im Zusammenhang mit medikamentöser Leistungssteigerung diskutiert. Allgemeine Zahlen zu diesbezüglichen Todesfällen sind nicht bekannt.

Bei Führungskräften betrifft die Gefährdung durch Medikamentenmissbrauch eine Reihe unterschiedlicher Substanzklassen. Verbreitet ist insbesondere die Einnahme von Beruhigungs- und Schlafmitteln sowie Psychopharmaka, die oft zur Selbstbehandlung von Angststörungen und Depressionen eingesetzt werden. Selbst Psychostimulanzien sind populär, wie Methylphenidat (Handelsname *Ritalin*), von denen man sich eine Steigerung der geistigen Leistungsfähigkeit erhofft und das Kinder verschrieben bekommen, die unter ADHS leiden. Bemerkenswert ist, dass sich die in Deutschland verschriebene Ritalin-Menge von 34 kg im Jahr 1993 auf 1839 kg im Jahr 2012 erhöht hat (seitdem nimmt der Verbrauch wieder leicht ab) – ein Schelm, der da Böses denkt.

> Bezeichnenderweise werden Medikamente im Englischen ebenso wie harte Drogen mit „Drugs" bezeichnet.

## Drogenmissbrauch

Eröffnen wir dieses heikle Thema mit einer weiteren Legende des Musikgeschäfts.

> **David Crosby**
>
> In den späten 1960er und frühen 1970er Jahren befand sich die populäre Musikwelt in einem massiven Umbruch und brachte z. B. den *Psychedelic Rock* mit Pink Floyd und vielen anderen Gruppen hervor. Allerdings hatte diese euphorische Zeit auch ihre Schattenseiten und führte zu zahlreichen Todesfällen in der Szene, die direkt oder mittelbar auf den Missbrauch von Alkohol oder weiteren Suchtmitteln zurückzuführen waren; man denke nur an den sogenannten Klub 27 mit mehreren in diesem Alter verstorbenen Künstlern.
>
> Vor einiger Zeit gab David Crosby (s. Abb. 5.5), ehemaliges Mitglied der legendären Folkband *Crosby, Stills, Nash & Young* aus einer ebenfalls längst

**Abb. 5.5**   David Crosby 1976. (Foto: David Gans. CC BY-SA 2.0, Wikipedia 2020b)

vergangenen Zeit, der Süddeutschen Zeitung ein Interview. Crosby komponiert und spielt auch noch heute Stücke auf hohem musikalischem Niveau. Angesprochen auf seine zeitweise von Drogen beeinflusste lange Karriere sagte er, dass er ohne die Drogen höchstwahrscheinlich noch besser und produktiver gewesen wäre (Babayiğit 2014).

Diese klare Aussage bestärkt die Vermutung, dass Menschen zu Unrecht subjektiv empfinden, unter dem Einfluss stimmungsverändernder Substanzen besser, klarer und produktiver tätig sein zu können. Primär betrifft dies darstellende Künstler, vor allem Rockmusiker: Zwar ist mit dem Psychedelic Rock dadurch eine eigene Stilrichtung entstanden. In den meisten Fällen fanden Alkohol- und Drogenorgien aber statt, *nachdem* die Musiker berühmt geworden waren, und vielfach läutete diese Phase dann auch gleichzeitig das Ende der besten Schaffenszeit ein.

Hinzu kommt, dass viele der abstinent gewordenen Künstler in erhebliche Krisen stolperten, als sie mit dem Trinken aufhörten. Jedoch arbeiteten sich auch viele aus diesen heraus und erreichten – wie Crosby – nach ein paar Monaten eine Ebene, die sie nicht für möglich gehalten hätten (Schreiber 2015).

Was für den Rockmusiker der 1960er und 1970er Jahre galt, trifft auch auf den Manager unserer Tage zu. Vielfach ist es inzwischen Usus, dass schon an der Universität (oder sogar in der Schule) leistungsfördernde Substanzen oder Beruhigungsmittel eingenommen werden. Dieser Trend setzt sich dann fort in den Führungsebenen, wo mitunter Kokain das Mittel der Wahl ist, falls man nächtelang durcharbeiten muss.

Top-Manager sehen sich Angriffen von vielen Seiten ausgesetzt, und es wird ein übermenschlich scheinendes Arbeitspensum verlangt. Wenn der Druckausgleich fehlt und die Dinge aus dem Ruder zu laufen scheinen, gewinnen Suchtmittel an Bedeutung. Zudem sind Führungskräfte ja meist besonderem Stress ausgesetzt. Gerade bei knapper Zeit und hohem Reiseanteil ist die Versuchung groß, Probleme mithilfe von Alkohol, Medikamenten oder *illegalen Drogen* zu kaschieren. Laut Krankenkassenumfragen haben rund fünf Prozent der Beschäftigten bereits Arzneien zum Hirn-doping genommen. Man schätzt, dass rund 600.000 Erwachsene in Deutschland von Kokain, Cannabis oder Amphetaminen abhängig sind oder zumindest diese Drogen konsumieren. Eine signifikante Anzahl der Führungskräfte ist erst nach dem Genuss überhaupt leistungsfähig. Heroin kommt in Managementkreisen seltener zum Einsatz, doch auch derartige Fälle sind bekannt (Werle 2015). Cannabis bleibt laut Drogen- und Sucht-bericht der Bundesregierung weiterhin die populärste illegale Droge in Deutschland.

---

**Heroin: Geschichte einer Heldin**

Als nach dem deutsch-französischen Krieg 1870/71 die Morphinsucht der Soldaten immer mehr zum Problem wurde, brachte Bayer 1897 das halb-synthetische *Diacetylmorphin* auf den Markt: ein oral einzunehmendes Mittel gegen Depressionen, Schmerzen, Bluthochdruck und viele andere Symptome. Nebenwirkungen waren nicht bekannt, und das Produkt wurde schnell zum Renner und trug um die vorletzte Jahrhundertwende fünf Prozent zum Umsatz von Bayer bei.

Kaum eine Abhängigkeit trat auf, da der Wirkstoff nur in Kleinstmengen verabreicht wurde und langsam ins Gehirn gelangte; er war bis 1958 in Deutschland frei verkäuflich. Auf die Idee, die Substanz zu rauchen oder hoch dosiert zu spritzen, kam damals noch niemand. Der von den Bayer-Produkt-managern gewählte Name: *Heroin* (Abb. 5.6).

Man geht inzwischen davon aus, dass bei manchen harten Drogen wie Heroin oder *Crack* bereits mit dem allerersten Kontakt eine körperliche Abhängigkeit hergestellt wird. 2019 starben in Deutschland durch illegalen Rauschgiftkonsum 1398 Menschen, davon mit Abstand die meisten (230) durch Heroin (Bund 2019).

---

**Kokain** beeinflusst wie *Speed* oder *Ecstasy* den Stoffwechsel im Gehirn.[5] Es verzögert die Wiederaufnahme der Hirnbotenstoffe Dopamin, Noradrenalin und Serotonin in die Zellen, wodurch das zentrale Nervensystem massiv stimuliert wird. Kurzzeitige niedrige Dosen erhöhen die Aufmerksamkeit und die motorische Aktivität. Puls, Blutdruck, Körpertemperatur, Atem-frequenz und Atemtiefe nehmen drastisch zu; beim geschnupften Kokain

---

[5]Wegen häufiger Todesfälle im Zusammenhang mit dem Getränk wurde 1914 der Kokainzusatz in *Coca-Cola* verboten.

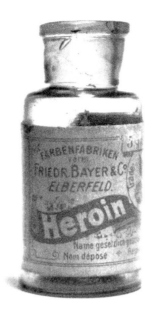

**Abb. 5.6** Heroin-Medikamentenflasche von Bayer (1920er Jahre). (Wikipedia 2020d)

klingt das Hochgefühl nach 20 bis 60 Minuten wieder ab. Die Droge dämpft das Hungergefühl und Schlafbedürfnis. Konsumenten beschreiben ihren Zustand als extrem wach. Sie sprechen von gesteigertem Antrieb, klarem Denken und einem erhöhten Selbstwertgefühl. Egoistische und arrogante Verhaltensweisen treten in den Vordergrund.

Die Entwicklung der Rauschgiftkriminalität im Zusammenhang mit Kokain in Deutschland ist seit Jahren durch einen starken Anstieg der Deliktzahl gekennzeichnet. Mögliche Kunden sind auch leistungsfixierte Manager um die 40 – die Auswirkungen des Konsums von Kokain werden jedoch meist unterschätzt: Es erhöht das Herzinfarktrisiko und hat verheerende psychische Auswirkungen bis hin zur Ausbildung einer ausgeprägten Sucht. Schnelle mentale Abhängigkeit nach Erstgebrauch und chronische Störungen des Nervensystems sind die Folgen eines Dauerkonsums. Es kommt zu Verstimmungen, Schlafstörungen, Depressionen, Angst, Misstrauen, Antriebs- und Konzentrationsstörungen, Reizbarkeit, Aggressivität, Verwirrtheit und Impotenz. Neben Kokain kann auch Crack längerfristig zu Psychosen mit Wahnvorstellungen führen.

> Jegliche Art von Suchtverhalten wirkt sich kontraproduktiv und selbst-
> zerstörerisch auf einen Menschen aus, da es eine Flucht vor der Realität dar-
> stellt.

Es ist allein aus Selbstschutzgründen dringend geboten, gegen bestehende und potenzielle Suchtgefahren anzugehen, was oft ein hohes Maß an Willensstärke erfordert. Nach Schätzungen sinkt die Leistungsfähigkeit einer abhängigen Führungskraft um 30 % und mehr. Ein süchtiger Top-Manager ist darüber hinaus eine Gefahr für das Unternehmensimage, und er ist möglicherweise beeinfluss- und sogar erpressbar.

## 5.5  Work-Life-Balance

Im Rahmen des persönlichen Ressourcenmanagements wenden wir uns nun einem Begriff zu, der eine Brücke zum sich anschließenden Sportkapitel (Kap. 6) bildet: *Work-Life-Balance* (Abb. 5.7). Er ist vor allem seit der Jahrtausendwende in aller Munde und wird in zahlreichen Publikationen teilweise kontrovers diskutiert (s. z. B. Thiede und Buckler 2007; Mai 2019; Wikipedia 2020g). Einige traditionelle Unternehmenslenker denken auch heute noch so:

**Abb. 5.7**  Hier geht's zur Work-Life-Balance. (Bild: Nick Youngson. Alpha Stock Images/Picpedia.org. CC BY-SA 3.0)

**Irrtum 14**

„Work-Life-Balance heißt für viele Mitarbeiter doch nur, dass ihnen ihr Privatleben wichtiger ist als die Arbeit."

Wenn man von den wenigen Prozent motivationsschwacher Beschäftigter absieht, entspricht das in Irrtum 14 ausgedrückte Vorurteil nicht der Realität und wirkt, als stamme es eher aus den Zeiten des preußischen Arbeitsethos als dem modernen Geschäftsleben. Bereits in Abschn. 2.3 wurde angedeutet, dass Mitarbeiter im Homeoffice im Schnitt mehr und nicht weniger als im Büro arbeiten und Arbeitgeber sicherstellen müssen, dass zum Arbeitnehmerschutz gerade im Tarifbereich eine irgendwie geartete Trennung von Arbeit und Privatleben beispielsweise über eine Zeiterfassung stattfindet, damit Überstunden die Ausnahme bleiben.

**Sinnvoller Ausgleich zwischen Privatleben und Beruf**
Einigen geht das Konzept der Work-Life-Balance nicht weit genug. Die Vereinbarkeit von Familie bzw. Privatleben und Beruf soll eben nicht durch eine strikte Trennung der beiden Bereiche realisiert werden, man spricht stattdessen auch von *Work-Life-Integration,* da man auch während der Arbeit „lebt" und Spaß und Freude haben sollte.

**Work-Life-Balance** nennt man den Ausgleich zwischen Arbeits- und Privatleben, die miteinander in Einklang stehen sollten.

Bei einer Work-Life-Balance wird also davon ausgegangen, dass (Berufs-) Arbeit *(Work)* vom eigentlichen – privaten – Leben *(Life)* zu unterscheiden ist und abseits von diesem passiert. Ursache für diese Einordnung können Überforderung oder Unterforderung im Erwerbs-Arbeitsleben sein, für deren Ausgleich ein Gegenpol benötigt wird. Unter Begriffen wie Beruf bzw. Berufstätigkeit einerseits und Familie, soziale Aktivitäten, Freizeit usw. andererseits werden verschiedene Lebensbereiche verstanden, die im Gleichgewicht gehalten werden und sich nicht behindern sollen, sondern sich idealerweise gegenseitig unterstützen. Diese Unterteilung ist im Prinzip erst seit der industriellen Revolution relevant, vor der es für viele Menschen – etwa Handwerker und Bauern – üblich war, von zu Hause aus zu arbeiten (s. Abschn. 8.1). Heutzutage bedeutet es keinen Tabubruch mehr, eine vernünftige Work-Life-Balance anzustreben, bei der weder Arbeit noch Privatleben zu kurz kommen.

Die nachfolgenden Schlagworte sind charakteristisch für eine ausgeglichene Work-Life-Balance:

- Vereinbarkeit von Familie, Privatleben und Beruf
- Verteilung mit subjektiv ausgewogener Priorisierung der verfügbaren Zeit
- dynamisches Gleichgewicht zwischen den einzelnen Lebensbereichen
- individuelle Entscheidung und Selbstorganisation/Selbstbestimmung
- Abgleich zwischen Arbeitnehmer- und Arbeitgeberinteressen
- adäquate Unternehmenskultur, gelebt durch Vorgesetzte und gesamte Organisation
- Schaffung von passenden betrieblichen und gesellschaftlichen Bedingungen
- Zustand weit entfernt vom Burnout einerseits und vom Boreout andererseits

Die Work-Life-Thematik hat für die Einzelperson je nach Lebensalter und Lebenssituation unterschiedliche Schwerpunkte, auch in Abhängigkeit von der eigenen Antwort auf den Sinn des Lebens und der Auffassung von Glück. Ein großer Teil der Erwerbstätigen möchte Zeit mit den Kindern verbringen oder hat sich die Aufgabe gestellt, pflegebedürftige Angehörige zu betreuen. Für andere Personen steht der Ausgleich zum Beruf durch Regeneration, Freizeit und Sport im Vordergrund, der Einsatz im sozialen, kulturellen oder politischen Bereich oder die Möglichkeit für ein *Sabbatical* als längere berufliche Auszeit. Oder aber eine Arbeitszeitverringerung gegen Ende des Berufslebens, wodurch auch die Ressourcenplanung von Unternehmen unterstützt wird, die sich beispielsweise über reduzierte Krankheitsquoten und höhere Motivationsfaktoren amortisiert.

**Work-Life-Balance in Eigenregie**
Im Zusammenhang mit der Work-Life-Balance findet man ab und an auch den Ausdruck *Quality Time* („Qualitätszeit"), worunter meist die Zeit angesehen wird, die ausschließlich der Festigung der menschlichen Beziehungen und manchmal auch der Widmung von Hobbys dient – etwas durchweg Positives also. Freizeit heißt „freie Zeit" – ohne Verpflichtungen

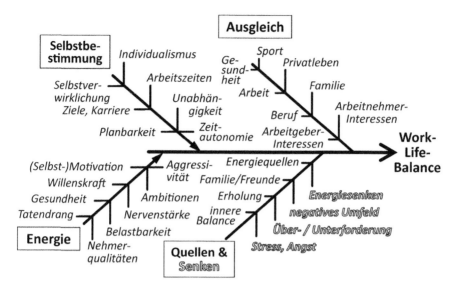

**Abb. 5.8** Fishbone-Diagramm „Work-Life-Balance"

auch im privaten Bereich. Um es ganz klar zu sagen, in wessen Feld der Ball liegt:

> Der einzelne Mitarbeiter ist für seine individuelle Work-Life-Balance im Wesentlichen selbst verantwortlich.

Zwar können einerseits der Arbeitgeber und andererseits das private Umfeld Bedingungen bereitstellen, die eine positive Work-Life-Balance erlauben. Jedoch trägt letztlich das Individuum die Verantwortung dafür, was daraus resultiert. Dessen ungeachtet wird es – leider – immer wieder Arbeitssituationen und Vorgesetzte geben, die durch Ausnutzung der persönlichen Willensstärke und Motivation von Mitarbeitern deren psychische oder gar physische Überbeanspruchung in Kauf nehmen.

Nach dem Fishbone-Diagramm für den beruflichen Erfolg (Abb. 3.2) folgt mit Abb. 5.8 eine entsprechende Darstellung für die Work-Life-Balance als weiteres erstrebenswertes Gut. Auch hier lassen sich wieder schematisch vier Seitenäste einzeichnen: für *Selbstbestimmung, Energie, Ausgleich* sowie *Quellen & Senken*. Dabei sind die beiden erstgenannten Qualitäten eher Voraussetzungen als Einflüsse und daher mit Pfeilen gekennzeichnet. Es gilt, die durch die verfügbare Energie und den Drang zur Selbstbestimmung geschaffene Basis im Hinblick auf die Balance zwischen den Interessensgebieten möglichst beizubehalten.

- **Energie:** An vielen Stellen wird in der Literatur das Thema „persönliches Energiemanagement" behandelt, und es mangelt nicht an Tipps und Kursangeboten dafür. In diesem Zusammenhang ist es faszinierend zu beobachten, mit welch unterschiedlichem Energielevel Menschen von der Natur ausgestattet sind. Die einen sprudeln vor Willensstärke und Tatendrang, sind gesund, ambitioniert und belastbar und bringen Dinge vorwärts – andere laufen eher mit und warten ab, was passiert. Es ist unbestritten, dass die erstgenannten Energiebündel und Macher in der Konkurrenz um höhere Führungspositionen einen deutlichen Vorteil besitzen – die Gefahr liegt darin, dass es auch Blender auf der Hierarchieleiter unberechtigt ein Stück weit nach oben schaffen. (Denken Sie an den in Abschn. 4.5 beschriebenen Dunning-Kruger-Effekt.) Von hoher Bedeutung ist, dass die vorhandene Energie für sinnvolle Aufgaben erhalten bleibt und nicht vergeudet wird, wobei Belastbarkeit, Nervenstärke und Resilienz hilfreich sind.
- **Selbstbestimmung:** Das Streben danach bildet eine weitere Grundlage und sollte durch Arbeitsumstände, Aufgabenzuordnung und Karriere nicht über Gebühr eingeschränkt werden. Wer Herr über seinen Terminkalender bleibt und Individualismus und Selbstverwirklichung mit den täglichen Anforderungen in Einklang bringt, hat einen großen Vorteil gegenüber denjenigen, die meist von den Umständen und Rahmenbedingungen getrieben sind und nur reagieren können.
- **Quellen & Senken:** Zusätzliche Energiequellen zum Auffüllen der Reserven können Familie und Freunde, Hobbys und sonstige Freizeitaktivitäten sein. Auch tut jedem Menschen ab und zu ein Tapetenwechsel gut. Wie beim späteren Fishbone-Diagramm „Stabilität" (Abb. 7.7) gibt es ebenfalls Senken – negative Faktoren wie Burnout, Boreout oder Mobbing führen leicht zu Stress- oder Angstsymptomen.
- **Ausgleich:** An diesen symmetrisch belegten Ast (bzw. diese Gräte) sind beispielhaft die Paare Arbeit/Privatleben, Beruf/Familie und Arbeitgeber-/Arbeitnehmerinteressen angeheftet. Die jeweiligen Pole ergänzen sich hier gegenseitig und sind dabei nicht als Widersprüche zu begreifen. Übergeordnetes Ziel der Work-Life-Balance ist es vielmehr, dazwischen einen Ausgleich zu schaffen, der die Interessen aller Seiten dauerhaft befriedigt.

Immerhin ist „Stress abbauen" seit Jahren der Vorsatz Nummer eins der Deutschen, gefolgt von „mehr bewegen/Sport" und „mehr Zeit für Familie/Freunde". „Fernsehschauen" gewinnt bei derartigen Umfragen dagegen regelmäßig den Titel als beliebteste Freizeitbeschäftigung der Deutschen. Unser hohes Arbeitsethos rückt das Thema Erholung während der Arbeitswoche in den Hintergrund. Es bleibt den völlig überfrachteten Wochenenden und Urlauben überlassen, kreativen Ausgleich zu schaffen und das zu tun, was man wirklich will.

> Versuchen Sie, die Selbstdisziplin dafür aufzubringen, auch an den Werktagen neben der Arbeit Zeit für Hobbys – möglichst längerfristig angelegte, sinnstiftende Projekte – zu reservieren.

## Zur Theorie des schlechten Gewissens

Die deutsche Wirtschaft wird nach meiner festen Überzeugung auch getragen von wertvollen Arbeitnehmern, die zum offiziellen Dienstschluss heimgehen, die nicht ständig Überstunden machen und sich bis zum Anschlag der Belastung verausgaben, die nach Feierabend ihr Smartphone abstellen und keine E-Mails und Anrufe mehr entgegennehmen. Die deutsche Arbeitszeitgesetzgebung wurde nicht grundlos verabschiedet, und ein Blick nach Asien oder in die angelsächsischen Länder führt die negativen Auswüchse von Überlastung schnell vor Augen. Hierzu zunächst ein paar Worte zur Begriffsbestimmung:

> Das **Gewissen** wird im Allgemeinen als eine besondere Instanz im menschlichen Bewusstsein angesehen, die regelt, wie man urteilen soll. Es drängt, aus ethischen, moralischen und/oder intuitiven Gründen, bestimmte Handlungen auszuführen oder zu unterlassen. Das einzelne Gewissen ist nach gängiger Vorstellung von Normen der Gesellschaft und auch von individuellen sittlichen Einstellungen der Person abhängig. Die Schlüsselrolle bei der Gewissensentscheidung nimmt aus verhaltensbiologischer Sicht der *Höchstwertdurchlass* ein, die „Hemmschwelle". Er ist die Instanz der Entscheidung zwischen miteinander unvereinbaren Verhaltenstendenzen. Der jeweils stärkste Verhaltensimpuls „gewinnt" dann die Gewissensentscheidung.

**Schlechtes Gewissen und Schuldempfinden** treten immer auf, *nachdem* man etwas falsch gemacht hat (oder dies zumindest annimmt). Es sind nützliche Gefühle innerhalb der Gesellschaft, da sie verhindern, dass sich die Menschen gegenseitig übervorteilen und übermäßig ausbeuten, und sie werden meist von Reue begleitet.

Es gibt sogenannte **Glaubenssätze,** die Schuldgefühle produzieren – diese orientieren sich sehr stark an den moralischen Regeln unserer Gesellschaft und stellen unsere eigenen ethischen Normen dar, den bereits erwähnten moralischen Kompass. Jedoch besitzt jeder Mensch aufgrund seiner Prägung durch unterschiedliche Einflusspersonen (etwa Eltern und Geschwister, Lehrer, Mentoren) und subjektive Haltungen andere Glaubenssätze und hat diese mehr oder weniger verinnerlicht. Glaubenssätze, die das schlechte Gewissen beflügeln, sind z. B. „Du musst fleißig sein" oder „Das darfst du nicht". Die *Zehn Gebote* stellen ebenfalls Glaubenssätze dar.

Schuld kann ein sehr lästiges Gefühl sein, wenn es durch viele Glaubenssätze und unterdrückte Schuldgefühle neurotisch geworden ist. Ein schlechtes Gewissen besitzt je nach Intensität das Potenzial, verschiedene Lebensbereiche enorm einzuschränken. Auch der Trainingsmarkt hat diesen Themenbereich für sich entdeckt.

Hinsichtlich Ihres Schuldgefühls bzw. schlechten Gewissens gibt es genau zwei Optionen:

1. Wenn Sie zu dem Schluss gekommen sind, dass Sie *zu Recht* ein schlechtes Gewissen haben, ist jetzt oder in naher Zukunft die Zeit dafür gekommen, etwas zu ändern – besser, länger und härter zu arbeiten, das Zeitmanagement zu optimieren, komplexe Sachverhalte zu entzerren und Probleme zu adressieren und zu lösen. Und gegebenenfalls für eine Entschuldigung und womöglich Wiedergutmachung.
2. Falls Sie andererseits der Meinung sind, dass Sie sich *zu Unrecht* mit Gewissensbissen plagen, dann stehen Sie für sich ein und sagen beispielsweise Ihrem Chef, dass Sie zu weiteren Urlaubsverschiebungen nicht mehr bereit sind, oder lernen Sie, die Blicke des Kollegen zu ignorieren, wenn Sie pünktlich Feierabend machen.

---

**Beispiel**

Moritz Oberhofer stammt wie seine Frau, die er seit der Schulzeit kennt, aus Mühldorf am Inn. Der Diplom-Ingenieur, der sich heute im Ruhestand befindet, hat an der TUM Elektrotechnik studiert und startete nach dem Pflichtwehrdienst bei einem großen Technologiekonzern in München seine berufliche Laufbahn. Nach der Hochzeit zog er nach Mühldorf zurück und pendelte täglich mit der Lokalbahn in die Großstadt. Seine Frau war beim örtlichen Finanzamt beschäftigt und ließ sich eine längere Zeit für die Kinderbetreuung freistellen. Nach einigen Jahren bauten die Oberhofers in Mühldorf eine Doppelhaushälfte, was besonders die drei Kinder freute.

Obwohl das Pendeln in die Großstadt und zurück täglich zweieinhalb Stunden in Anspruch nahm, gewöhnte Moritz Oberhofer sich an diesen Rhythmus und schaffte es, im Zug zu schlafen, Zeitung zu lesen und/oder seine Mails zu bearbeiten. Seine zu dieser Zeit kleinen Kinder sah er meist noch vor dem Zubettgehen, wenn es im Büro nicht gerade wieder später geworden war.

Das änderte sich, als Moritz Oberhofer durch den Arbeitgeber eine leitende Position am Unternehmenssitz in Berlin angeboten bekam, was eine gute Gelegenheit bot, sich auf der Karriereleiter emporzuarbeiten, denn er wollte Neues wagen und Chancen nutzen. Allerdings war seine Frau nicht bereit, mit den Kindern aus ihrem Heimatort Mühldorf nach Berlin umzuziehen, und so einigten sich die Eheleute, dass Moritz Oberhofer allein nach Berlin geht und wöchentlich – mit der Bahn – nach Mühldorf pendelt (was mindestens sieben Stunden dauert). Dazu kamen gelegentliche Dienstreisen zu anderen Standorten und Kunden. „Für ein paar Jahre wird das schon gehen", meinten die Oberhofers.

Aus den *paar* Jahren wurden dann mehr als zehn, bevor sich eine Gelegenheit für eine Rückversetzung nach München zu passablen Bedingungen ergab. In dieser Zeit kamen Frau und Kinder von Zeit zu Zeit höchstens für ein paar Tage nach Berlin, wenn Arbeit und Schule es erlaubten. Die Karriere erfuhr doch keinen so großen Push, wie er sich das erträumt hatte, und Moritz Oberhofer bekleidete nach wie vor eine Gruppenleiterstelle. Und auch das Privatleben entwickelte sich nicht optimal: Durch seine weitgehende Abwesenheit konnte er etwa am Aufwachsen seiner Kinder nicht so teilhaben wie gewünscht. Während seine zwei Söhne mit der Situation einigermaßen zurechtkamen, machte die erstgeborene Tochter vor allem in der Pubertät zunehmend Schwierigkeiten. Die schulischen Leistungen sanken rapide ab; sie schaffte ganz knapp den Realschulabschluss und erhielt erst spät einen Ausbildungsvertrag im Einzelhandel. Darüber hinaus hatte sie einen fragwürdigen Umgang, und letztlich kam sie mit 17 nach Hause und gestand, dass sie schwanger war.

Moritz Oberhofer plagte wegen der familiären Situation ein extrem schlechtes Gewissen. Hätte er es nicht besser wissen müssen und die angebotene Stelle ablehnen sollen? Seine Familie bedrängen, nach Berlin umzuziehen? Einen alternativen, lokalen Arbeitgeber suchen? Er versuchte später, die Versäumnisse gutzumachen, indem er sich intensiv um seinen Enkel kümmerte und die alleinerziehende Tochter dadurch deutlich entlasten konnte. Seit seinem Ausscheiden aus dem Berufsleben unterstützt er außerdem als Klassenpate Kinder mit Lernproblemen und betreut darüber hinaus junge Leute, die sich in der Ausbildung befinden.

Es gibt keine einfachen Antworten auf Moritz Oberhofers Fragen voller Selbstzweifel, und der Spagat zwischen Job bzw. Karriere und Familie ist vielen Beschäftigten wohlbekannt. Doch machen Sie sich frei davon, die Schuld für ein Misslingen stets allein bei sich zu suchen, insbesondere wenn nichts mehr an den Tatsachen zu ändern ist.

Wenn Sie Ihre Arbeit gut organisieren und im Griff haben, besteht meist wenig Grund für ein schlechtes Gewissen. Geht ab und zu etwas schief oder läuft nicht so wie geplant – wie im Beispiel –, dann ist es eben so, und Sie sollten das Beste daraus machen. Vergessen Sie dabei nicht, eine ausgeglichene Work-Life-Balance anzustreben. Dazu gehört auf jeden Fall, den für das Wohlbefinden so wichtigen Sport in den Tagesablauf integrieren, wovon Kap. 6 handelt.

---

**Zusammenfassung**

1. Erzählen Sie regelmäßig Ihrem Lebenspartner von Ihrer Arbeit.
2. Als Mitglied der Leistungsgesellschaft werden Sie es kaum schaffen, dem Auftreten von Stress dauerhaft auszuweichen.
3. Angst ist (ebenso wie Panik) ein schlechter Ratgeber. Werden Sie sich dieses Sachverhalts bewusst und akzeptieren Sie Verantwortung.
4. Grübeln löst keine Probleme. Suchen Sie einen Weg aus diesem Teufelskreis heraus – in Ruhe betrachtet ergeben sich oft neue und konstruktive Blickwinkel.
5. Ein harmonisches und erfülltes Privatleben ist Grundvoraussetzung für ein stressfreies Dasein.
6. Achten Sie darauf, dass Sie sich vernünftig ernähren und möglichst gesund leben – regelmäßiger Sport, ausreichend Schlaf, wenig Alkohol und Fett, kein Rauchen. Dies erhöht Ihre Leistungsfähigkeit und Belastbarkeit.
7. Versuchen Sie, einen möglichst hohen Anteil Ihrer Arbeitszeit im Flow-Zustand zu verbringen – allerdings nicht bei potenziell gefährlichen Tätigkeiten.
8. Mit steigender Position in der Hierarchie sinkt erstaunlicherweise die Burn-out-Gefahr, während sich Gesundheitszustand und Arbeitszufriedenheit im Allgemeinen verbessern.
9. Wenn Sie in Ihrem Job nahezu täglich leiden und keinen Ausweg aus dem Dilemma sehen, ist es vermutlich an der Zeit, die Reißleine zu ziehen. Downshifting könnte ein Ausweg sein.
10. Nur mit ausreichend erholsamem Schlaf sind Sie optimal leistungsfähig. Permanenter Schlafmangel kann zu ernsten Krankheiten führen.
11. Das Gehirn lässt sich auch durch Einnahme von Neuro-Enhancern auf Dauer nicht ausbeuten und benötigt Ruhephasen, um sich zu regenerieren.
12. Jegliche Art von Suchtverhalten wirkt sich kontraproduktiv und selbstzerstörerisch aus, da es eine Flucht vor der Realität darstellt.
13. Arbeiten Sie an einer ausgeglichenen Work-Life-Balance – das wird Ihnen keiner abnehmen.
14. Es erfordert Selbstdisziplin, auch an den Werktagen neben der Arbeit Zeit für Hobbys – möglichst längerfristig angelegte, sinnstiftende Projekte – zu reservieren.
15. Bauen Sie Ihr schlechtes Gewissen ab. Machen Sie sich frei davon, die Schuld für ein Misslingen immer nur bei sich selbst zu suchen, insbesondere, wenn nichts mehr an den Tatsachen zu ändern ist.

# Literatur

Babayiğit G (2014) Plattenkabinett – Von Spaziergängern und späten Stunden. Süddeutsche Zeitung, Internet-Veröffentlichung 31. Januar. Zugegriffen: 28. Febr. 2014 (Link nicht mehr aktiv)

Buchhorn E, Kröher MOR, Werle K (2012) Burn-out: Stilles Drama. Manager Magazin, Internet-Veröffentlichung 8. Juli. https://www.manager-magazin.de/magazin/artikel/a-843360.html. Zugegriffen: 17. Aug. 2020

Bund (2019) Drogen- und Suchtbericht 2019. Die Drogenbeauftrage der Bundesregierung, Internet-Veröffentlichung, Stand Oktober. https://www.drogenbeauf-
tragte.de/assets/Service/DSB_2019_mj_barr.pdf. Zugegriffen: 31. Dez. 2020

Bund (2020) Drogen- und Suchtbericht 2020. Die Drogenbeauftrage der Bundesregierung, Internet-Veröffentlichung, Stand November. https://www.drogen-
beauftragte.de/assets/Jahresbericht_2020/DSB_2020_final_bf.pdf  Zugegriffen:
31. Dez. 2020

Csíkszentmihályi M (2010) Das Flow-Erlebnis. Jenseits von Angst und Langeweile:
im Tun aufgehen. Klett-Cotta, Stuttgart

Csíkszentmihályi M (2014) Flow im Beruf. Klett-Cotta, Stuttgart

Dohrmann A (2014) Am Limit. Mittel zur Leistungssteigerung. Öko-Test
September, S 100–105

Europa (2020) Europäischer Drogenbericht 2020: Kernthemen. Europäische
Beobachtungsstelle für Drogen und Drogensucht, Amt für Veröffentlichungen
der Europäischen Union, Luxemburg. https://doi.org/10.2810/615338

Gekeler S (2019) Faulheit oder Statussymbol? 6 Fakten zum Thema Schlaf.
Human Resources Manager, Internet-Veröffentlichung 31. Januar. https://
www.humanresourcesmanager.de/news/schlaf-faulheit-oder-statussymbol.html.
Zugegriffen: 15. Aug. 2020

Höhmann I (2015) Fallstudie: Weichei oder Burn-out? Harv Bus Manager, Januar,
S 74–81

Johnson LC, Spinweber CL (1988) Quality of sleep and performance in the navy:
a longitudinal study of good and poor sleepers. Report No. 82–8. Naval Health
Research Center, San Diego. https://apps.dtic.mil/dtic/tr/fulltext/u2/a118420.
pdf. Zugegriffen: 15. Aug. 2020

Kramer B (2020) Befristung: Das Leid mit der Zeit. Süddeutsche Zeitung, Wirtschaft, 18. September. Internet-Veröffentlichung unter dem Titel „Befristete
Arbeitsverträge: Wegwerfware Mitarbeiter". https://www.sueddeutsche.de/
karriere/befristung-spd-1.5035111. Zugegriffen: 20. Sept. 2020

Mai J (2019) Work-Life-Balance: 5 Antithesen. Karrierebibel, Internet-Veröffentlichung 24. Oktober. https://karrierebibel.de/work-life-balance/. Zugegriffen:
12. Aug. 2020

Miller A (2015) Theta-Gehirnwellen: Der optimale Bewusstseinszustand für
Entwicklung. Internet-Veröffentlichung 5. April. https://www.gehvoran.
com/2015/04/theta-gehirnwellen-der-optimale-bewusstseinszustand-fuer-ent-
wicklung/. Zugegriffen: 14. Aug. 2020

Rheinberg F, Manig Y, Kliegl R, Engeser S, Vollmeyer R (2007) Flow bei der
Arbeit, doch Glück in der Freizeit. Zielausrichtung, Flow und Glücksgefühle.
Zeitschrift für Arbeits- u. Organisationspsychologie 51, S 105–115. https://doi.
org/10.1026/0932-4089.51.3.105

Schreiber D (2015) Nüchtern. Über das Trinken und das Glück. Hanser, München

Thiede R, Buckler A (2007) Work-Life-Balance: Meilenstein für eine zukunftsfähige Gesellschaft. Bericht der Bertelsmann-Gesellschaft. https://www.bertelsmann-stiftung.de/fileadmin/files/BSt/Publikationen/GrauePublikationen/GP_Work-Life-Balance_Meilenstein.pdf. Zugegriffen: 12. Aug. 2020

Welsch R (2017) Schlafmangel: Müde Menschen treffen riskante Entscheidungen. Wirtschaftswoche, Internet-Veröffentlichung 8. September. https://www.wiwo.de/erfolg/schlafmangel-muede-menschen-treffen-riskante-entscheidungen/20278940-all.html. Zugegriffen: 15. Aug. 2020

Wenski G (2020) Nachhaltig verhandeln im Technischen Einkauf. Springer Gabler, Wiesbaden. https://doi.org/10.1007/978-3-658-30439-3

Werle K (2015) Leistung um jeden Preis – Der Pillenkick. Manager-Magazin, Internet-Veröffentlichung 26. Mai. https://www.manager-magazin.de/magazin/artikel/manager-und-sucht-warum-fuehrungskraefte-zu-drogen-greifen-a-1028370.html. Zugegriffen: 16. Aug. 2020

Wikipedia (2020a) Barbra Streisand. In: Wikipedia, Die freie Enzyklopädie. https://en.wikipedia.org/wiki/Barbra_Streisand. Zugegriffen: 2. Sept. 2020

Wikipedia (2020b) David Crosby. In: Wikipedia, Die freie Enzyklopädie. https://de.wikipedia.org/wiki/David_Crosby. Zugegriffen: 2. Sept. 2020

Wikipedia (2020c) Flow (Psychologie). In: Wikipedia, Die freie Enzyklopädie. https://de.wikipedia.org/wiki/Flow_(Psychologie). Zugegriffen: 14. Aug. 2020

Wikipedia (2020d) Heroin. In: Wikipedia, Die freie Enzyklopädie. https://de.wikipedia.org/wiki/Heroin. Zugegriffen: 2. Sept. 2020

Wikipedia (2020e) Neuro-Enhancement. In: Wikipedia, Die freie Enzyklopädie. https://de.wikipedia.org/wiki/Neuro-Enhancement. Zugegriffen: 15. Aug. 2020

Wikipedia (2020f) Stress. In: Wikipedia, Die freie Enzyklopädie. https://de.wikipedia.org/wiki/Stress. Zugegriffen: 15. Aug. 2020

Wikipedia (2020g) Work-Life-Balance. In: Wikipedia, Die freie Enzyklopädie. https://de.wikipedia.org/wiki/Work-Life-Balance. Zugegriffen: 12. Aug. 2020

# 6

# Ein Plädoyer für den Sport

Agile Menschen sind in der Lage, eine für sie geeignete Disziplin zu finden und Sport zu treiben. Wer unfähig ist, seinen inneren Schweinehund dauerhaft zu überwinden, realisiert vermutlich nicht immer, welcher mögliche Zugewinn an Belastbarkeit und Lebensqualität ihm dadurch entgeht – vor allem, wenn die Aktivitäten noch unterstützt werden durch gesundes und gleichzeitig schmackhaftes Essen.

Dem privaten Bereich fällt eine bedeutende Funktion als Ausgleich zum anstrengenden und oft stressigen Erwerbsleben zu. Wichtig ist, Abstand zu gewinnen und seine Energiereserven aufzufüllen und damit Leistungsfähigkeit und Wohlbefinden zu erhalten (oder wiederherzustellen). Neben der Ausübung von sinnstiftenden Hobbys und der gemeinsamen Zeit mit Familie und Freunden kommt der sportlichen Betätigung dabei eine ganz wesentliche Bedeutung zu, wie im Fishbone-Diagramm (Abb. 5.8) zu sehen ist. Zum Auftakt wieder eine verbreitete Fehleinschätzung:

**Irrtum 15**

„Ich habe neben meinem stressigen Job keine Zeit, Sport zu treiben."

Keine Zeit für Sport? Dies ist eine vielbemühte Ausrede von Mitmenschen, deren Willensstärke und Selbstdisziplin nicht dafür ausreichen, sich regelmäßig zu bewegen. Die Sportausübung steht in der Prioritätsliste vieler Zeitgenossen recht weit hinten; sie berufen sich dabei auf einen bekannten britischen Staatsmann – zu Unrecht.

© Der/die Autor(en), exklusiv lizenziert durch Springer Fachmedien Wiesbaden GmbH, ein Teil von Springer Nature 2021
G. Wenski, *Selbstmanagement im Beruf*, https://doi.org/10.1007/978-3-658-33249-5_6

**Abb. 6.1**  Winston Churchill 1943. Das V-Zeichen für *Victory* („Sieg") wurde durch ihn populär. (Foto: Imperial War Museums)

*No Sports!*

*„No Sports"* ist die legendäre und vielfach zitierte Antwort, die der 1953 geadelte britische Staatsmann Winston Churchill (Abb. 6.1) einem Reporter auf dessen Frage gegeben haben soll, wie er, ein passionierter Zigarrenraucher und dem Whisky ebenso zugetan wie dem Champagner, sein hohes Alter erreicht habe. Das Zitat wird zwar gerne von Sportmuffeln verwendet, ist jedoch nicht als authentisch belegt. Als sicher gilt jedoch, dass Churchill in jungen Jahren als Fechter, Schütze, Reiter und Polospieler sportlich aktiv war (Wikipedia 2020d).

Das im deutschen Sprachraum beliebte geflügelte Wort ist in Großbritannien und den USA unbekannt. Diese Maxime unsportlicher Menschen wurde wahrscheinlich 1976 in der *Zeit* geprägt; 1982 begann der *Spiegel*, dieses Zitat dem Sieger des Zweiten Weltkriegs unterzuschieben. 1993 folgte die *FAZ*, und es wurde später an die vierzig Mal wiederholt (Drösser 2005; Krieghofer 2017). Also: Keine Ausrede für träge Zeitgenossen!

Für die gewöhnlich anstrengende Sportausübung ist intrinsische Motivation von großem Vorteil. „Keine Zeit heißt keine Priorität" (s. Abschn. 2.1), denn mit Zeitmanagement und etwas gutem Willen lässt sich immer eine freie Stunde für den Sport erübrigen und das Training in den Tagesablauf einbauen – sei es vor dem Frühstück, in der Mittagspause, abends oder auch auf Dienstreisen.

## 6.1 Amateure und Profis

In der deutschen Wirtschaft ist die Anzahl der Ausfalltage durch Krankheit seit den 1970er Jahren mit gewissen Schwankungen kontinuierlich gesunken, innerhalb des vergangenen Jahrzehnts jedoch wieder angestiegen. Die Krankenquote lag 2019 bei 4,4 %, wobei der häufigste Grund für Arbeitsausfälle laut Bundesregierung „Krankheiten des Muskel-Skelett-Systems und des Bindegewebes" waren. Doch psychische Erkrankungen und Verhaltensstörungen haben Atemwegserkrankungen als zweithäufigste Ursache für Krankmeldungen abgelöst. 2020 wurden geringfügig niedrigere Krankenquoten registriert.

Sportlich aktive Mitarbeiter sind generell meist fitter als Beschäftigte, die keinen Sport treiben, und haben durchschnittlich weniger Fehltage. So liest man immer wieder von Wirtschaftslenkern und Spitzenpolitikern, die Zeit und Energie für umfangreichen Ausdauersport finden – und damit als Vorbild für die anonyme Mehrheit der Beschäftigten dienen. Es ist erwiesen, dass kontinuierliche Sportausübung zahlreiche körperliche und mentale Krankheiten verhindert. Vor allem Ausdauersportarten beugen Stress-Symptomen mit den typischen Begleiterscheinungen einer psychisch belastenden Tätigkeit wie Erschöpfung, Depression und Burnout wirksam vor, die – wenn einmal aufgetreten – zu sehr langen Ausfallzeiten bis hin zur Arbeitsunfähigkeit führen können. Daher bieten viele Arbeitgeber neben weiteren Ansätzen zur Reduktion von Fehltagen (etwa einer Verbesserung der Work-Life-Balance) Präventionskurse an und/oder kooperieren mit Sportvereinen oder Fitnessclubs, um ihre Mitarbeiter zu mehr Bewegung zu motivieren.

> Treiben Sie regelmäßig Sport und verbessern Sie dadurch Ihre Gesundheit und Belastbarkeit.

Amateursport und berufliche Karriere haben darüber hinaus zusätzliche Berührungspunkte: Wer Sport treibt, ist nicht nur gesünder, sondern auch im Beruf leistungsfähiger und kann sich selbst besser motivieren. Dazu kommen je nach Sportart weitere Fertigkeiten und Qualitäten, die sich bewähren: Geschicklichkeit, Teamgeist, Kooperation, Führungsverhalten, Ressourceneinteilung, Selbstvertrauen, Zielsetzung u. v. m.; einige davon wurden bereits besprochen. Doch wir wollen zunächst einen Ausflug in die Welt der professionellen Athleten machen, denn von dort lassen sich einige Erkenntnisse auch auf den Freizeitfußballer oder -läufer übertragen.

Der Hochleistungssport ist ein geeigneter Bereich, um zu beobachten, welche extremen Resultate Motivation und Willensstärke ermöglichen. Da im Spitzenfeld die körperliche Leistungsfähigkeit der einzelnen Sportler – von Ausnahmetalenten abgesehen – einigermaßen ausgeglichen ist, gibt die mentale Situation vielfach den Ausschlag über Sieg oder Niederlage. Wie sonst kann man den siegreichen „Lauf" einer Fußballmannschaft erklären oder die immer wieder gerne gesehenen Niederlagen von Favoriten gegen unterklassige Vereine in Pokalspielen? Vom Selbstmanagement der Profi-athleten kann die Wirtschaft einiges lernen: Im Beruf wie im Hochleistungs-sport ist der Kopf letztlich entscheidend, und die Psyche beeinflusst Erfolg oder Misserfolg maßgeblich. Ebenso relevant ist in beiden Bereichen, wie man mit Sieg und Niederlage, Stress und Belastung, Zielsetzung und Zeit-management umgeht.

Der Traum vieler Kinder und Heranwachsender ist es, ihren natürlichen Bewegungsdrang und ihre Sportbegeisterung später zum Beruf zu machen und damit viel Geld zu verdienen. In den Medien präsente Spitzensportler wie etwa Fußballprofis erwecken den Eindruck von scheinbar leicht ver-dientem Geld. Während sich Auszubildende oder Studenten mit wenigen hundert Euro Einkünften im Monat herumschlagen müssen, bekommen die oft gleichaltrigen Spieler in der ersten deutschen Fußball-Bundesliga im Schnitt deutlich mehr als eine Million Euro pro Jahr.

Dies führt zu einer weiteren Illusion, die im Folgenden kurz kommentiert und korrigiert werden soll.

**Irrtum 16**

„Berufssportler verdienen mit ihrem Hobby viel Geld."

Eine solche Aussage pauschaliert die immensen Differenzen in der Ein-kommensverteilung innerhalb und besonders zwischen Sportarten und

Leistungsklassen. Ich würde möglicherweise die Aussage „Berufssportler haben ihr Hobby zum Beruf gemacht" gelten lassen, was vom Sinn her etwas ganz anderes ist. Doch nachdem bei jungen Spitzensportlern einmal die Entscheidung zum Profitum gefallen ist, hat das, was sie tun, nahezu nichts mehr mit einem Hobby zu tun, denn es handelt sich um einen Vollzeitjob, der vielfach härter ist als jede Spitzenfunktion in der Wirtschaft. Sport ist dann weniger Spaß und vielmehr harte Arbeit. Es wird anders und intensiver trainiert, Ernährung und medizinische Betreuung spielen eine wichtige Rolle, und man ist viel unterwegs und ständig auf der Suche nach Verträgen und Sponsoren. Kurzum: Das ganze Leben ist dem Profisport untergeordnet. In vielen Sportarten trägt der Aktive obendrein ein hohes Risiko für Verletzungen und Verschleiß, und lange vor der Lebensmitte ist es mit den Spitzenleistungen in vielen Disziplinen vorbei.

Angesichts der hohen Anzahl von talentierten Sportlern, die weltweit ihrem Hobby nachgehen, kommt nur ein verschwindend geringer Anteil in die nationalen Profiligen, Elitekader und in die Weltspitze – selbst in den weniger lukrativen Randsportarten. Es ist illusorisch zu glauben, dass man erst mit 16 Jahren mit einer Sportart anfängt und dann ein erfolgreicher Berufsathlet wird. Das gelingt den Wenigsten und wäre etwa vergleichbar mit der Erwartung, in den Vorstand eines Großunternehmens berufen zu werden, wenn man mit Mitte 30 noch nicht für eine obere Führungslaufbahn ausgewählt und gezielt dafür vorbereitet wurde.

Auch hochbezahlte Jungprofis sind gut beraten, wenn sie einen Berufs- bzw. Studienabschluss anstreben und die Zeit nach der Karriere frühzeitig planen, um nicht in ein tiefes emotionales und auch finanzielles Loch zu fallen. Die in der Spitze „leicht verdienten" Fußball-Millionen gilt es sinnvoll anzulegen, und die Bezahlung in den unteren Ligen reicht bei weitem nicht, um anschließend ausgesorgt zu haben: Ein Zweitligaspieler im deutschen Fußball wird ungefähr so vergütet wie ein leitender Angestellter, und in der dritten Liga liegt das Salär eines Profis im Schnitt nicht höher als das eines guten Facharbeiters.

**Lockerheit in Sport und Beruf**

So manches hoffnungsvolle Talent ist schon gescheitert, weil das notwendige Maß an Selbstdisziplin fehlte. Auch und vor allem die erfolgreiche Ausübung von Profisport erfordert ein hohes Maß an Selbstmanagement. Daher wundert es nicht, dass einige ehemalige Spitzensportler als Motivationstrainer durchstarten und Managern in ihren Seminaren Anleitungen geben können. Einer der Schlüssel zum Erfolg scheint die Tatsache zu sein, dass Motivation und Willensstärke niemals zu einer Verbissenheit führen dürfen, weil sie die

> Leistungsfähigkeit eher blockiert als fördert. Jede Mannschaft im Abstiegs-
> kampf wird dies bestätigen.
>    Vielmehr ist bei Profisportlern – und ebenso bei Führungskräften in der
> Wirtschaft – eine ausgeglichene Balance zwischen Konzentration und Locker-
> heit notwendig und stellt eines der Erfolgsrezepte im Hinblick auf eine nach-
> haltige Karriereentwicklung dar. Weder der verkrampfte Leichtathlet, der seine
> letzte Chance zur Olympiaqualifikation nutzen will, noch der vom Erfolgsdruck
> für alle sichtbar gezeichnete CEO können ihr volles Leistungspotenzial abrufen.
> Der gut trainierte, mental gefestigte Sportler und der souverän und ausgeruht
> wirkende Top-Manager sind aller Erfahrung nach wesentlich erfolgreicher in
> ihrem Tun.

Es darf allerdings nicht verschwiegen werden, dass übermäßig ausgeprägte Willensstärke und Leidensfähigkeit auch bedeuten können, dass die dem Menschen von der Natur mitgegebenen Schutzmechanismen zumindest teilweise außer Kraft gesetzt werden (können). Dies ist beispielsweise bei manchen sportlichen Höchstleistungen durch Ausblenden von Alarmsignalen des Körpers der Fall – wenn nicht adäquat vorbereitete Sportler eine Marathondistanz laufen, sich auf eine extreme Bergtour begeben oder wenn Tieftaucher ohne Gerät ebenso wie Hochseilakrobaten ohne Netz ihre Fähigkeiten überschätzen. Immer wieder kommt es dabei zu bedauerlichen Todesfällen.

Die Einnahme leistungssteigernder Mittel (vgl. Abschn. 5.4), ein Übel, das die Glaubwürdigkeit und Akzeptanz des Profisports vor allem bei Ausdauer- und Kraftdisziplinen systematisch untergräbt, erhöht dieses Risiko noch erheblich. Zu den gesundheitlichen kommen psychische und bei Entlarvung soziale, sportliche und damit auch finanzielle Probleme. Die meisten Zuschauer würden „sauberen" Sport bevorzugen, auch wenn damit die letzten Sekunden und Zentimeter nicht herausgeholt werden. Seit den Zeiten des ersten und einzigen Dopingopfers der Tour de France – der englische Spitzenfahrer Tom Simpson starb vor laufender Kamera am 13. Juli 1967 beim Anstieg zum Mount Ventoux in der Provence bei 42 °C im Schatten nach einem Cocktail aus Alkohol und Amphetaminen – hat sich die Mentalität vieler Beteiligter leider nicht geändert.

Während Doping im Spitzensport bei Ausdauerdisziplinen kurzfristige Verbesserungen der Leistung bewirken kann, wird der Einnahme leistungsfördernder Mittel im Ballsport eine geringere Wirkung zugeschrieben, da es hier neben der Athletik und Ausdauer ebenso auf Spielverständnis und Ballgefühl ankommt. Doch es gibt Anzeichen dafür, dass beispielsweise auch im Fußball von zahlreichen Spielern nicht zulässige leistungsfördernde Mittel verwendet werden. Inzwischen gilt es als erwiesen, dass im internationalen Profi-Fußball – auch in Deutschland – bereits in den 1970er- und 1980er-Jahre

Doping verbreitet war. Doch schon 1954 tauchten Gerüchte auf, das deutsche WM-Siegerteam hätte heimlich beim Erfolg nachgeholfen (Monika 2010). „Man darf bei alldem nicht vergessen, wie sehr sich das moderne Fußballspiel beschleunigt hat. Von der Günter-Netzer-Generation der Standfußballer ging es 40 Jahre lang über die Rumpelfußballer der Jahrhundertwende bis zu den Ausdauersprintern von heute", schreibt die FAZ (Frey und Brendler 2016).

## 6.2 Ball- und Ausdauersportarten

Sie haben es längst bemerkt: Mein erklärtes Ziel ist, auch diejenigen unter Ihnen, die (bisher) noch keinen Zugang zum Sport gefunden haben, zu mehr Bewegung zu ermuntern. Ihr Körper und Ihre Psyche werden es Ihnen danken. Denn physische Fitness wirkt sich nicht nur auf Gesundheit und Wohlbefinden aus; Führungskräfte und Mitarbeiter, die sich regelmäßig bewegen, sind ausgeglichener, leistungsfähiger und weniger stressanfällig.

Für welche Sportart(en) Sie sich letztlich als Ausgleich zu Ihrer beruflichen Tätigkeit entscheiden, hängt von den persönlichen Neigungen und Fähigkeiten und auch von Ihrem Umfeld, Ihrer Mobilität und Zeitplanung ab – Hauptsache, Sie bewegen sich überhaupt. Sekundär ist auch, ob Sie in einem Verein, Club, Fitnesscenter oder als Individualist aktiv werden. Möglichkeiten, allein, unter Anleitung, mit anderen oder in Teams Sport zu treiben, gibt es genug. Fast überall steht eine geeignete Infrastruktur zur Verfügung, mit Sportvereinen und Fitnesscentern, Laufstrecken und Radwegen, Sporthallen, Stadien und Schwimmbädern.

> Generell gilt, dass in jüngeren Jahren Schnellkraft-getriebene Sportarten (z. B. Ballspiele) sinnvoll sind, während mit zunehmendem Alter Ausdauerdisziplinen (Laufen, Walking, Schwimmen, Radfahren, Skilanglauf usw.) die Oberhand gewinnen. Das liegt an der menschlichen Konstitution und ist unter anderem darin begründet, dass mit dem Älterwerden die weißen F-Muskelfasern (fast) weniger werden und die roten S-Fasern (slow) zunehmen.

Wer von Jugend an Sport getrieben hat, dem gelingt es auch nach mehrjähriger Abstinenz einigermaßen problemlos, wieder in einen Trainingsrhythmus hineinzufinden. Absolute Neulinge tun sich bei der Sportausübung zunächst oft schwer, da zum einen die Grundkondition und ebenso das notwendige Basiswissen fehlen. Daher werden die Dinge vielfach falsch angegangen, was zu Frustration und Demotivation führen kann. – Nachfolgend möchte ich Ihnen zwei Sportarten vorstellen, die mich geprägt haben.

## Handball

Ich begann nach Versuchen in anderen Disziplinen, im Verein Handball zu spielen, und hatte mit meinen 1,91 m Körpergröße endlich das richtige Betätigungsfeld gefunden. Durch den relativ späten Beginn in der Oberstufe erwies sich der Weg in höhere Klassen als zu steil – eine Saison in der Landesliga zeigte mir die Grenzen auf –, doch ich war im Rahmen meiner Zielsetzung angesichts von Talent, Einsatzwillen und organisatorischen Möglichkeiten zufrieden. Mir fehlte zudem damals das Wissen über adäquate Trainingskonzepte.

Was hat dies mit Selbstmanagement im Beruf zu tun? Nun, gerade Mannschaftssportarten bieten eine hervorragende Schule, um Teamverhalten auch unter Leistungsdruck zu lernen und zu leben. Eine Reihe von bereits angesprochenen Themen (z. B. Willensstärke in Abschn. 4.1 und Resilienz in Abschn. 4.3) werden von den Spielern – jedenfalls von den meisten – verinnerlicht und bilden eine wichtige Basis für das (spätere) Berufsleben in Fach- und Führungsfunktionen. Die Persönlichkeit entwickelt sich weiter, und als Spielmacher oder Mannschaftskapitän erwirbt man erste *Leadership*-Erfahrung. Außerdem macht sich eine Teamsportart recht gut im Lebenslauf, was Personalverantwortliche insbesondere bei Stellenbesetzungen zu würdigen wissen.

**Hansi Schmidt**

In der 1960er und 1970er Jahren war Hans-Günther („Hansi") Schmidt (Abb. 6.2) der Vorzeigeathlet und Ausnahmesportler im deutschen Handball schlechthin und das große Vorbild vieler Spieler. Geboren als Banater Schwabe in Marienfeld, wechselte er bereits mit 17 Jahren 1959 zum rumänischen Erstligisten Stiinta Temesvar und wurde 1961 Vizemeister. Mit 18 erhielt er zum ersten Mal eine Berufung in die rumänische Nationalmannschaft. Anfang Dezember 1963, kurz nach der Ermordung des amerikanischen Präsidenten John F. Kennedy, setzte sich Schmidt unter dem Eindruck der Bărăgan-Deportation in Rumänien im Jahr 1951 bei einem Spiel in Deutschland ab und schloss sich dem VfL Gummersbach an, den er über ein Jahrzehnt prägte.

Der linke Rückraumspieler hat Sportgeschichte geschrieben: Mit seinem Namen ist der steile Aufstieg einer Provinzmannschaft zum seinerzeit weltbesten Hallenhandballteam verbunden. Zu sieben der zwölf VfL-Meisterschaften in der Bundesliga sowie vier Europapokalgewinnen hat Schmidt als Torschütze vom Dienst und Spielmacher entscheidend beigetragen. Von 1967 bis 1971 wurde das 1,96 m große Kraftpaket fünfmal hintereinander Bundesliga-Torschützenkönig und belegte bis zu seinem letzten Bundesligaspiel am 16. Mai 1976 vordere Plätze in der Torschützenliste; am Ende waren es 1069 Bundesliga-, 338 Europapokal- und 484 Länderspiel-Tore für Deutschland – ein Schnitt von fast sechs Toren pro Spiel.

Von 1976 bis 1986 ließ Hansi Schmidt seine Karriere beim TB Wülfrath und beim TuS Derschlag als Spielertrainer ausklingen. Genauso konsequent wie im Sport war er in seinem Beruf als Lehrer. Bereits 1969, also lange vor dem Ende seiner Karriere als Leistungsathlet, trat er in den Schuldienst ein. Er unter-

**Abb. 6.2** Hansi Schmidt bei einem seiner neun Tore im Endspiel um die Deutsche Meisterschaft am 4. Mai 1974 in der ausverkauften Dortmunder Westfalenhalle (VfL Gummersbach – TuS Wellinghofen 19:14). Vorne mit der Nr. 2 der spätere Weltmeister und Bundestrainer Heiner Brand. (Foto: Helmut Steickmann)

richtete an der Hauptschule in Derschlag Mathematik, Geschichte und Sport. Als ihm der Posten des Schulleiters angeboten wurde, lehnte er ab mit der Begründung, es gebe Kollegen, die dafür besser geeignet seien.

Hansi Schmidt wurde dreimal als Handballer in die Weltauswahl berufen und unter anderem mit dem Silbernen Lorbeerblatt, mit der Sportplakette des Landes Nordrhein-Westfalen und mit der Goldenen Stadtmedaille der Stadt Gummersbach ausgezeichnet (s. z. B. Steiner 2005; Meinhardt 2016; DHB 2017). Die Aufnahme in die *Hall of Fame* des deutschen Sports blieb ihm leider bis heute verwehrt.

Hansi Schmidt war ein Führungsspieler, der Mannschaften geprägt, mitgerissen und zum Erfolg geführt hat – obwohl er auf das Amt des Mannschaftskapitäns verzichtete. Zwar hat er dem Spiel teilweise zum Leidwesen seiner Mitspieler den Stempel aufgedrückt, ist außerhalb des Feldes jedoch stets bescheiden geblieben. So wollte er sich nicht mit fremden Federn schmücken und überließ 2004 das Schreiben seiner Autobiografie seinem Landsmann Johann Steiner. Schmidt ist damit ein Musterbeispiel für das Motto dieses Buchs: *Neues wagen, Chancen nutzen, selbstbestimmt agieren.*

- Er war *innovativ* und gilt als Erfinder des „verzögerten Sprungwurfs" (s. Abb. 6.2). Da er als einziger Topspieler der Welt auch aus dem Rückraum mit beiden Händen werfen konnte, war er für Torhüter unberechenbarer als andere Spitzenhandballer. Seine Spielanlage passte deutlich besser zum modernen Hallenhandball als zum antiquierten deutschen Feldhandball, der in den 1960er Jahren noch dominierte.
- Seine größte *Chance* im Leben hat er genutzt, als er das Risiko auf sich nahm, sich in den Westen abzusetzen – für den jungen Schmidt keine leichte Situation in einer völlig neuen Welt. Der Sportsoldat wurde in Rumänien als Deserteur zum Tode verurteilt und bereitete durch die Flucht auch seinen im Banat verbliebenen Angehörigen große Probleme, die erst durch das Eingreifen der Bundesregierung gelöst werden konnten: Er wurde amnestiert, und seine Eltern und seine Schwester durften ausreisen.
- Schmidt hatte im Spiel und im Umfeld sicherlich seine eigenen Ideen und versuchte, diese auch gegen Widerstände durchzusetzen. Für viele ein Idol, für andere wiederum ein rotes Tuch. Er war nicht nur der Superstar der 1960er und 1970er Jahre, sondern auch ein Unbequemer, der seine Meinung sagte und sich mit Trainern und Funktionären anlegte. Er fuhr nicht mit zu den Olympischen Spielen 1972 in München, da er der Meinung war, dass die Auswahl der Spieler nicht nach dem Leistungsprinzip erfolgt sei. Und er beendete seine Bundesligakarriere nicht deshalb, weil ihn die Zuschauer wegen schwacher Leistungen ausbuhten, sondern als Leistungsträger einer mit ihm immer noch sehr erfolgreichen Mannschaft. Er *bestimmte* den Ausstieg *selbst.*

Seit der Ära Hansi Schmidt ist viel passiert im Handball. An der Spitze wird vollprofessionell gearbeitet, während zu Schmidts Zeiten anfänglich nur zwei bis drei Trainingseinheiten pro Woche auf dem Programm standen. Deutschland gewann im Herren- und Damenhandball zahlreiche internationale Titel, und im Fernsehen werden viele Spiele live ausgestrahlt.

## Laufen

Nach mehreren Umzügen und Vereinswechseln stellte ich mit Ende 30 fest, dass die Zeit für Ballsportarten durch nachlassende Schnellkraft und erhöhte Verletzungsanfälligkeit abgelaufen war. Sportabstinenz kam jedoch auf Dauer nicht infrage. Als Handballer war für mich Laufen meist ein notwendiges Übel, und ich konnte früher nie eine Freude am Abspulen einer bestimmten Anzahl von Kilometern entdecken, zumal ich nicht über die optimale Läuferfigur verfüge. Ich betrachtete diese Sportart im Rahmen der Trainingsplanung eher als unverzichtbare Grundlage zum Konditionsaufbau. Zu Ehren kam das Laufen bei mir erst beim Auslandsaufenthalt in den USA, wo diese Aktivität bereits viel früher als Breitensport populär war als bei uns. Inzwischen laufe ich kontinuierlich und aus Spaß an der Sache, ohne für Wettbewerbe zu trainieren.

Selbst unter hoher Arbeitsbelastung habe ich stets versucht, möglichst dreimal wöchentlich zu Laufen, sofern Termine, Verletzungen oder die Wetterverhältnisse dies nicht verhinderten. Mein Arbeitgeber hatte Verständnis dafür, dass ich mich deshalb an zwei Werktagen in der Woche relativ früh aus dem Büro verabschiedete. Alternativen für alle Berufstätigen, die nicht zeitig Feierabend machen können, wäre eine Trainingseinheit vor der Arbeit oder in der Mittagspause.

Dies führt zu einem dritten ehemaligen Spitzensportler – ebenfalls ein Meister seines Fachs und gewissermaßen ein Trendsetter.

### Emil Zátopek

Mein läuferisches Vorbild ist die tschechische Läuferlegende Emil Zátopek, der aufgrund seiner optischen Schwergängigkeit den Spitznamen „die tschechische Lokomotive" erhielt. Zátopek eignet sich – wie Hansi Schmidt – ebenfalls als Vorbild in puncto Selbstmanagement (s. z. B. Grüning 2019; Wikipedia 2020a). Der drahtige Zátopek erweckte meist den Eindruck, am Ende seiner Kräfte zu sein – trotzdem gewann er zwischen 1948 und 1954 zahlreiche internationale Medaillen und als bisher einziger Läufer bei den Olympischen Spielen (1952 in Helsinki) die Rennen über 5000 m, 10.000 m und die Marathondistanz, jeweils mit olympischem Rekord. Seine Frau Dana Zátopková, am selben Tag wie Emil Zátopek geboren, gewann in Helsinki 1952 wenige Minuten nach dem Sieg ihres Ehemanns über 5000 m die Goldmedaille im Speerwerfen.

Die Experten diskutieren bis heute, ob Emil Zátopek *wegen* oder *trotz* des kraftaufwendigen, scheinbar verkrampften Laufstils mit zur Seite geneigtem Kopf so erfolgreich war (Abb. 6.3). Daneben faszinieren an ihm weitere Aspekte, die einen Bezug zu unserem Thema haben:

**Abb. 6.3** Emil Zátopek mit seinem typischen Laufstil (1951, vermutlich in Leipzig). (Foto: Roger und Renate Rössing. Deutsche Fotothek. CC BY-SA 3.0 DE, Wikipedia 2020a)

- Er war gebildet und sprach sechs Sprachen.
- Er prägte mehrere im kollektiven Gedächtnis verewigte Sätze. Einer ist: „Fisch schwimmt, Vogel fliegt, Mensch läuft" – das Credo ganzer Läufergenerationen. Ein anderer lautet: „Mach's dir im Training schwer, dann wird es im Wettkampf leichter."
- Zátopek war Wegbereiter moderner Trainingsmethoden im Laufsport. Den Grundstein des Erfolgs legte er beim Intervalltraining, dem täglichen Laufen mit Tempowechseln. Er revolutionierte diese Trainingsform durch eine extrem hohe Wiederholungszahl von Belastungen – z. B. 40 mal 400 m in hohem Tempo. Er trainierte im Tiefschnee in seinen Armeestiefeln, manchmal mit seiner Frau als Ballast huckepack auf dem Rücken oder auf dem Sportplatz unter Hinterherziehen einer breiten Bahnreinigungsbürste.
- Emil Zátopek nahm aktiv am Prager Frühling teil; er kletterte nach dem Einmarsch der Warschauer-Pakt-Truppen im August 1968 in seiner Armeeuniform auf einen sowjetischen Panzer und appellierte an die Soldaten, wieder nach Hause zu fahren. Daraufhin verlor er alle Ämter und musste zeitweise zur Strafe im Uranbergwerk und als Müllmann arbeiten.

# 6.3 Lauftipps für Einsteiger und Fortgeschrittene

Als Anfänger oder Neueinsteiger im mittleren oder frühen Senioren-alter wird man einer Ausdauersportart den Vorzug geben, und in diesem Zusammenhang ist für viele Laufen die einfachste und kostengünstigste Wahl: Man kann nahezu überall und zu jeder Zeit laufen, und die meisten Menschen bringen die notwendigen körperlichen Möglichkeiten dafür mit. (Sollten die gesundheitlichen Voraussetzungen das Laufen nicht erlauben, wäre z. B. Nordic Walking mit korrekter Technik eine Alternative.) Der Laie spricht auch von *Joggen,* wenn der Lauf in eher gemütlichem Tempo erfolgt und höhere Leistungsanforderungen vermieden werden. Ambitionierte Läufer lehnen diese Bezeichnung gewöhnlich ab – man bezeichnet eine Trainingsrunde auf der Rennmaschine ja auch nicht als „Radtour".

Bevor Sie nun zu laufen beginnen, sollten Sie sicherstellen, dass Sie die notwendige Willensstärke aufbringen werden, Ihr Programm auf Dauer durchzuhalten, und dazu intrinsisch motiviert sind (s. Abschn. 4.1). Diese Voraussetzungen sind extrem wichtig, denn wenn es an einem der beiden Faktoren hapert, werden Sie bei der ersten Kleinigkeit hinwerfen und die Aktivität nicht fortführen. Der japanische Autor Haruki Murakami machte das folgende Mantra eines Marathonläufers bekannt: „Schmerz ist unvermeidlich, Leiden ist eine Option." (Murakami 2010, S. 8) Es geht darum, dass Sie den inneren Schweinehund überwinden und anfangen – immer wieder, am besten jeden zweiten Tag! In diesem Zusammenhang muss allerdings einer weiteren Illusion mit Blick auf die eigenen Möglichkeiten widersprochen werden.

**Irrtum 17**

„Lauf Marathon!".

Diese Ermunterung fußt auf zwei unterschiedlichen Prämissen, die beide in ihrer Absolutheit nicht unwidersprochen bleiben können.

- Zum einen wird suggeriert, dass extreme körperliche Fitness der Schlüssel zum Erfolg auch auf anderen Gebieten sein soll. Unternehmenslenker, die sich gleichzeitig als Triathleten oder Ultraläufer betätigen, liegen im Trend. Doch gibt es unzählige Gegenbeispiele.

- Der zweite Hintergedanke ist dieser: Viele Coachingansätze bauen darauf, den Lesern oder Teilnehmern zu suggerieren, dass man nahezu alles kann, wenn man nur wirklich will. Dies ist nüchtern und realistisch betrachtet Unsinn. Den üblichen Motivationsthesen der Management-trainer blind zu vertrauen – „Alles ist möglich", „Positiv denken", „Sei ein Teamspieler" usw. – kann mittelfristig genau das Gegenteil von dem bewirken, was beabsichtigt war, und statt in Erfolgserlebnissen und Euphorie in Frustration und Versagensgefühl münden. Zwar basieren derartige Konzepte oft auf einem wahren Kern, jedoch werden komplexe Themenbereiche holzschnittartig auf Schlagwörter reduziert. Wenn der euphorisierende Effekt einer (teuren) Motivationsveranstaltung mit einer aufgeputschten Seminargruppe oder Zuhörerschaft erst einmal abgeklungen ist, bleibt von den anfangs noch sehr begeisterten Rück-meldungen der Teilnehmer im realen Berufsleben nicht viel übrig, und niemand läuft mehr freiwillig über glühende Kohlen.

Um auf Irrtum 17 zurückzukommen: Insbesondere die Königsdisziplin Marathonlauf ist eine Herausforderung, an der die meisten Hobbyläufer scheitern werden, egal wie motiviert sie sind. Nur am Rande: Man sollte für ein solches Projekt unter anderem kerngesund, völlig beschwerdefrei und auch mental topfit sein, seit mindestens 18 Monaten regelmäßig und zur Vorbereitung 50 bis 70 km pro Woche laufen, auch im Training mehr als 30 km am Stück schaffen und Nichtraucher sein. Es ist nicht für jeden Läufer physiologisch ratsam, seine Midlife-Krise mit Marathontraining bewältigen zu wollen.

Setzen Sie sich besser Ziele, die Sie realistisch gesehen auch erreichen können. Wenn Sie bereit sind und mit dem Laufen beginnen – sinngemäß können diese Betrachtungen natürlich auch auf andere Ausdauersportarten und Aktivitäten übertragen werden –, werden Sie zunächst feststellen, dass aller Anfang schwer ist. Sie schaffen keine weiten Strecken und haben nach ein bis zwei Tagen einen ausgeprägten Muskelkater. Mit der Zeit, nachdem sich Ihr Körper an die neue Belastung gewöhnt und etwas angepasst hat, geht es schon besser.

Für einen sinnvollen Trainingsaufbau sollte man den Begriff *Super-kompensation* kennen.

> Unter **Superkompensation** versteht man ein physiologisches Modell, das verdeutlicht, wie Anpassungsprozesse (Adaptation) im Rahmen des sport-lichen Trainings ablaufen. Das Prinzip besagt, dass der Körper nach einer

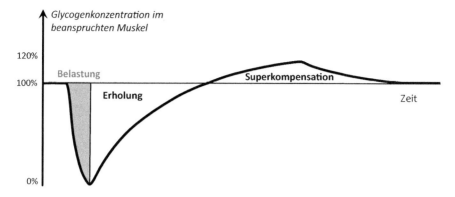

**Abb. 6.4** Trainingseffekt durch Superkompensation im Muskel. (Eigene Darstellung in Anlehnung an Rolf Dober 2005/CC BY-SA 3.0, Wikipedia 2020e)

> Trainingsbelastung nicht nur die Bereitschaft zur Erbringung des gleichen Leistungsniveaus wiederherstellt, sondern im Verlauf der Erholung (Regeneration) die Leistungsfähigkeit über das ursprüngliche Niveau hinaus steigert und während eines bestimmten Zeitraums auf diesem Niveau hält (Wikipedia 2020e).

Die Zusammenhänge verdeutlicht Abb. 6.4 anhand der Veränderung der Glykogenkonzentration im Muskel. Nach der Belastungsphase (= Training oder Wettkampf; grauer Bereich) hat der „Muskeltreibstoff" Glykogen (s. auch Abschn. 6.5) ein Minimumlevel erreicht, das während der Erholung sukzessive wieder ansteigt. Dieser Vorgang dauert beim Profisportler etwa zwölf Stunden, beim Hobbyathleten hingegen mindestens zwei Tage. Danach, in der Phase der Superkompensation, liegt der Glykogenspiegel – und damit die Leistungsfähigkeit – geringfügig oberhalb des Ausgangsniveaus.

Wird dieses höhere Leistungsniveau jeweils für die neue Trainingseinheit genutzt, kommt es zu einer kontinuierlichen, jedoch nach oben begrenzten Leistungssteigerung. Bei zu langer Regenerationsphase zwischen Trainingsbelastungen geht der Trainingseffekt wieder verloren. Zu viel oder/und zu intensives Training führen dazu, dass dem Körper nicht genügend Zeit zur Regeneration zur Verfügung steht, und das Leistungsniveau sinkt durch dieses *Übertraining* ab. Mit anderen Worten:

> Wenn Sie als Hobbyläufer jeden Tag laufen, kommen Sie – anders als der Hochleistungssportler – rasch in eine Phase des Übertrainings; falls Sie lediglich einmal in der Woche laufen, hält sich Ihr Trainingsfortschritt sehr in Grenzen.

Fangen Sie behutsam an zu laufen, um die Fettverbrennung in Gang zu bringen. Das beginnt erst ab etwa einer halben Stunde Training, nachdem der Glykogenvorrat bereits teilweise verbraucht ist. Wobei erwähnt werden sollte, dass die Kohlenhydratverbrennung kontinuierlich durch die Fettverwertung ersetzt wird – wie zwei sich überlagernde Kurven: Nahezu leer ist der Kohlenhydratspeicher erst nach 30 bis 40 km, nämlich dann, wenn bei einem Marathonläufer der gefürchtete *Mann mit dem Hammer* kommt.

Voraussetzung für den gezielten Fettabbau ist langsames Laufen im aeroben Bereich. Ein zu schneller Beginn führt zu anaerober Fettverbrennung mit dem Risiko von Muskelübersäuerung und schneller Ermüdung. Anfänger klagen darüber hinaus über Seitenstiche. Die Fettverbrennung wird mit der Zeit geschult und trägt bei Übergewichtigen zu einer dauerhaften Gewichtsreduktion bei.

Der Läufer beginnt bereits mit den ersten Schritten, Kalorien zu verbrauchen. Der Puls steigt, der Stoffwechsel wird angekurbelt und die Energiebilanz ändert sich. Das Gehirn setzt während des Laufens als „Glückshormone" verschiedene Endorphine sowie Dopamin und Serotonin frei (Abschn. 8.3); die Laune verbessert sich, der Stress fällt ab, und die Konzentrationsfähigkeit steigt. Der Grund dafür liegt im Wesentlichen neben der Ausschüttung dieser Botenstoffe auch in der besseren Sauerstoffversorgung des Gehirns. Außerdem wird das Nervenwachstum angeregt, und neue Nervenbahnen und Neuronenverbindungen entstehen.

> **Im Läuferhimmel mit dem *Runner's High***
>
> Wenn Sie Glück haben, erleben Sie das *Runner's High* – im Deutschen auch „Läuferhoch" genannt. Der Ausdruck bezeichnet ein durch Endorphin-Ausschüttung ausgelöstes Hochgefühl nach langer und/oder intensiver Belastung. Der Sportler erlebt idealerweise einen schmerzfreien und euphorischen Gemütszustand, der ihn die körperliche Anstrengung vergessen lässt und ihm das Gefühl gibt, „ewig" weiterlaufen zu können.

Endorphin-Ausschüttungen allein erklären die Gefühlszustände von Ausdauersportlern nicht vollständig. Zusätzlich tritt noch ein zweiter Effekt auf, der bereits in Abschn. 5.2 mit Blick auf die Arbeitswelt charakterisiert wurde. Dem Runner's High nicht unähnlich ist der ebenfalls beim Laufen beobachtete *Flow-Zustand* – das Gefühl der völligen Vertiefung. In den Flow kann ein Läufer auch auf niedrigerem Leistungsniveau schon nach 15 bis 30 Minuten Laufdauer im Wohlfühltempo (= Pulsbelastung von 75 % der maximalen Herzfrequenz) gelangen, wobei der Körper Adrenalin und Serotonin ausschüttet. Wissenschaftler der Universität Halle haben die Theorie aufgestellt, dass das Gehirn so stark mit den koordinativen Aufgaben der Bewegung beschäftigt ist, dass es gewisse Regionen, die aktuell nicht benötigt werden, auf Sparflamme setzt. Damit kann Energie gespart werden (vgl. Lauftipps 2020).

Runner's High und Flow sind somit zwei physiologisch völlig verschiedene Zustände, die allerdings beide durch Laufen erreicht werden können und mit Euphoriegefühlen verbunden sind. Das Läuferhoch ist primär ein schmerzfreier Zustand unter physischer Belastung. Für den Flow müssen Psyche und Körper gleichermaßen beansprucht werden und man sich mental irgendwo zwischen Angst und Glück befinden. Dadurch werden Informationen über Umwelt und Geschehen schneller verarbeitet und ausgeführt. Das Angenehme für den Läufer ist, dass beide Zustände mit der Ausschüttung von Glückshormonen verbunden sind – Endorphine belegen dieselben Rezeptoren, an die auch Opiate andocken (s. Abschn. 8.2).

> **Beispiel**
>
> Das menschliche Gehirn sucht bei akuten Problemen automatisch nach Lösungen – und verbraucht dabei 20 % des energetischen Grundumsatzes. Manche Leute bekommen Antworten auf komplexe Fragestellungen buchstäblich im Traum: Albert Einstein, Salvador Dalí und Federico Fellini werden in Zusammenhang mit dem luziden Träumen genannt, und Paul McCartney soll die Melodie von „Yesterday" ebenfalls im Traum eingefallen sein.
>
> Auch mir kommen die besten Ideen, wenn mein Gehirn völlig entspannt ist – und dies geschieht bevorzugt beim Laufen (oder auch Radfahren), nachdem ich eine gewisse Zeit unterwegs bin und sich der Stoffwechsel in einem angenehmen Gleichgewicht befindet. Ob im Einzelnen Umgebungswechsel, Flow oder Runner's High dafür verantwortlich sind, scheint für das Ergebnis sekundär. Fakt ist: Bereits vorhandene Gedanken lassen sich klarer fassen, und Einfälle kommen quasi von allein. Bei Licht betrachtet werden so natürlich auch Ideen und Gedanken produziert, deren Umsetzung sich nach dem Verfliegen der Euphorie als unrealistisch entpuppt, allerdings ist immer einiges darunter, das eine Weiterverfolgung rechtfertigt. Ab rund einer halbe Stunde Dauerlauf auf gut bekannten Forststrecken passiert es mir wiederholt, dass ich Raum und Zeit vergesse und mich plötzlich frage, wie ich an eine bestimmte Stelle gekommen bin.
>
> Die kreativen Ideen von der Laufstrecke (und auch aus dem Rennradsattel) sind teilweise viel wertvoller als das, was ich in stundenlanger verkrampfter Schreibtischarbeit hätte produzieren können. So war das während meiner Zeit als Angestellter, wenn ich Konzepte, Berichte, Patententwürfe und Vorträge oder Verhandlungen vorbereitete, und hat sich in der Selbstständigkeit eher noch verstärkt. Beim Verfassen eines Manuskripts wie dem vorliegenden freue ich mich alle zwei Tage auf meine Lauf- oder Radrunde, um die aktuellen

Kapitel zu durchdenken, und greife nach meiner Rückkehr zunächst zu Stift bzw. Tastatur.

Hierin unterscheidet sich der Hobbyläufer vom Spitzenathleten. Zwar setzen auch diese beim Training Beta-Endorphin frei, jedoch haben Profis wohl kaum den Kopf frei für schöne Gedanken und einen Flow – die Vorstellung ist im Hochleistungsbereich genauso absurd wie die einer Bauernhofromantik in der gewerblichen Landwirtschaft, selbst auf Ökohöfen. Stattdessen beschäftigen Zwischenzeiten, Trainingspläne und Spielzüge das Gehirn.

Laufen ist ein soziales Ereignis – über Millionen Jahre ist der Mensch in Gruppen gelaufen. In der Zeit der Jäger und Sammler liefen die Menschen täglich 20 km und mehr. Dank ihrer Fähigkeit, lange Strecken im Dauerlauf zurückzulegen, waren sie bei der Jagd einigen schwerfälligen Beutetieren überlegen. Es stellt sich daher dem (angehenden) heutigen Läufer die Frage, ob er allein laufen sollte oder in der Gruppe. Wenn die Gesellschaft anderer Läufer Sie motiviert, schließen Sie sich einer Laufgruppe an (die finden Sie nahezu überall) – wenn nicht, auch gut.

Falls ich Sie mit diesen Zeilen zum Laufen motivieren konnte: Prima! Durch bewusste Auseinandersetzung mit der neuen Herausforderung vermeiden Sie die größten Anfängerfehler. Gehen Sie lieber kontinuierlich in kleinen Schritten als mit der Brechstange vor. Nur so wirken Sie dem Verschleiß Ihres Körpers entgegen, denn der Bewegungsapparat muss mit jedem Schritt große Kräfte kompensieren.

Dazu bieten die Verlage eine Fülle von Publikationen an; Buchhandel und Bibliotheken haben einiges zu bieten. Und die führenden Laufzeitschriften sind ebenfalls empfehlenswert – neben Tipps für Einsteiger, Trainingsplänen, Laufschuhtests, Informationen zu Verletzungen und Erlebnisberichten werden darin viele interessante Themen angeschnitten, die Ihnen weiterhelfen können. Der allerbeste Lehrmeister ist die eigene Erfahrung: Sogar aus gescheiterten Läufen, missglückten Trainingseinheiten und Verletzungsproblemen können oft wertvolle Schlüsse gezogen werden.

Bevor Sie jetzt in Ihr altes Paar Sportschuhe springen und übermotiviert und vielleicht auch übergewichtig einen schnellen 10-km-Trainingslauf absolvieren, sollten Sie einiges beachten:

- Sind Sie körperlich gesund und auf dieses Training physisch vorbereitet? Falls Sie länger keinen Sport getrieben haben und/oder weitere Risikofaktoren in sich tragen, empfiehlt sich unbedingt eine sportmedizinische Untersuchung beim Hausarzt.
- Vergessen Sie Ihre alten Schuhe, werfen Sie diese aber nicht gleich weg, sondern nehmen sie sie mit zu einem kompetenten Laufschuhhändler, der

eine Laufanalyse mit Ihnen durchführt und Ihnen ein geeignetes Modell verkauft.

- Meist werden in den Läden Laufschuhe internationaler Konzerne angeboten, bei denen der Löwenanteil des Verkaufspreises in der Vertriebskette und bei den Aktionären landet. Für wenig mehr Geld können Sie in Deutschland nachhaltig gefertigte Laufschuhe kaufen bzw. bestellen.
- Die Dämpfungselemente eines Laufschuhs halten bei mir etwa 1000 Laufkilometer; längerer Gebrauch führt zu Muskel- und Gelenkbeschwerden sowie einer höheren Verletzungsanfälligkeit.[1] Zwei Paar Schuhe zum Wechseln sind aus demselben Grund sinnvoll. Sparen Sie hier nicht am falschen Ende, der Schuh ist das wichtigste Accessoire.
- Die restliche Laufgarderobe ist wesentlich unkritischer. Sie werden merken, ob Baumwoll- oder Polymerkleidung für Sie besser geeignet ist und wie warm Sie sich anziehen müssen. Sie laufen für sich, nicht für andere – und daher brauchen Sie nicht zwangsläufig die aktuellste Kollektion.
- *Safety first!* Was im Betrieb gilt, sollte auch bei der Freizeitgestaltung sichergestellt sein. Laufen Sie nicht bei Eis oder glattem Schnee oder im dichten Autoverkehr. Für das Laufen in der Dunkelheit benötigen Sie geeignete Reflektoren und LED-Beleuchtung (z. B. Blinkband und Stirnleuchte) aus dem Fachhandel.
- Fangen Sie Ihr Trainingsprogramm langsam und entspannt an und übertreiben Sie es nicht. Nach sukzessiven Steigerungen müssen Sie die Trainingsbelastung zwischendurch immer mal wieder zurücknehmen, damit sich der Körper erholt.

Weitere Lauftipps aus eigener Erfahrung:

- Setzen Sie sich realistische Trainingsziele; stellen Sie gegebenenfalls einen Trainingsplan auf. Notieren Sie Datum und gelaufene Kilometer sowie eventuell Temperatur, Wetter, Strecke, Körpergewicht und weitere Parameter zu Ihren Läufen in einem *Läufertagebuch* – das motiviert, und Sie haben eine Kontrolle über das Geleistete. (Die Beziehung zum in Abschn. 2.1 vorgeschlagenen *Zeittagebuch* ist offensichtlich.)
- Legen Sie konkrete Zeiten für das Laufen fest, die lediglich in Ausnahmefällen verschoben oder abgesagt werden. Stimmen Sie diese Zeitfenster

---

[1]Die Hersteller schlagen – nicht ganz uneigennützig – einen Austausch nach 300 bis 500 km vor.

mit Familie, Kollegen etc. ab, um Konflikte zu vermeiden. Sollten Sie bei entsprechender Eignung für einen Marathonlauf trainieren, müssen Sie dies organisatorisch gut vorbereiten, denn diese Sondersituation ist sowohl für Sie als auch für Ihre Umgebung sehr belastend.

- Laufen Sie während des ganzen Jahres und nicht nur im Sommerhalbjahr oder zur Vorbereitung auf einen Laufevent. Werden Sie ein „Lebensläufer". Das ist, wie es der ehemalige Weltklasseathlet Dieter Baumann ausdrückt, eine „Haltung". Laufen ist Rückzugsraum, ein Kurzurlaub, eine Kraftquelle: Laufen im Hier und Jetzt (Baumann 2020).
- Laufen Sie draußen, möglichst in der Natur. Einheiten auf dem Laufband sind zweite oder dritte Wahl gegenüber Bewegung an der frischen Luft. Allerdings muss ich gestehen, dass mein persönlicher Ehrgeiz heute nicht mehr dafür reicht, bei Regen oder Schneefall zu laufen.
- Variieren Sie Ihre Trainingseinheiten (Länge, Gelände, Anstrengung usw.). Intervalltraining bringt auch für Hobbyläufer Vorteile – allerdings sollte *eine* Einheit mit hoher Belastung (Schnellkraft; langer Lauf) pro Woche das Maximum sein. Streben Sie an, mindestens zwei Drittel der Strecke langsam zu laufen.
- Laufen Sie nicht, wenn Sie krank sind. Ein leichter Schnupfen ist jedoch kein Entschuldigungsgrund.
- Ob Sie bei Vorliegen einer Verletzung pausieren sollten oder leicht trainieren dürfen, lässt sich nicht pauschal sagen und hängt vom Einzelfall ab. Eventuell können Sie sich mit anderen Aktivitäten (Radfahren, Schwimmen, Walken, Crosstrainer etc.) bis zum Ausheilen fit halten. Konsultieren Sie im Zweifelsfall einen Arzt oder Physiotherapeuten.

**Kontraintuitive Lauftipps**

Neben dem gesunden Menschenverstand benötigt man für die Bewertung von Situationen und Festlegung von Vorgehensweisen ebenso ein gewisses Maß an *Intuition,* das Bauchgefühl, dessen Grundlagen bereits in unserer prähistorischen Vergangenheit geschaffen wurden. Doch ein Läufer sollte im Interesse einer Leistungssteigerung bei Erhalt seiner Gesundheit einige Vorgehensweisen beherzigen, die im Widerspruch zum spontanen Impuls stehen und daher *kontraintuitiv* sind:

- Wenn es nicht so gut läuft: Kleben Sie sich nicht sklavisch am Trainingsplan, legen Sie eher einen Tag zusätzliche Pause ein, als zu viel zu trainieren. (Weltrekorde werden öfters nach Verletzungspausen gelaufen.)
- Wie gesagt – auch wenn es schwerfällt: Beachten Sie das Prinzip der Superkompensation (Sie benötigen mehr Erholungszeit als ein Profi), und laufen Sie überwiegend langsam.

- Machen Sie keinesfalls am Ende eines Trainingslaufs einen Sprint, sondern laufen Sie locker aus – anschließend bitte sorgfältig dehnen, das beugt Verletzungen vor.
- Dehnen Sie allerdings nicht – wie vielfach bei Volksläufen zu beobachten – *vor* dem Laufen, denn Sie nehmen damit teilweise die Spannung aus Ihren Muskeln.
- Laufen Sie zwischendurch einfach mal aus Spaß los, ohne Uhr und Pulsmesser auf einer neuen Strecke unbekannter Länge.
- Und wenn Sie sich noch so fit fühlen: In der Woche vor einem Wettkampf, z. B. einem 10-km- oder Halbmarathonlauf, sollte keine nennenswerte Trainingsbelastung mehr erfolgen.
- Gleichermaßen gefährlich wie eine Dehydratation ist es, *zu viel* Wasser beim Laufen zu trinken. Bei großen Marathonläufen sterben immer wieder Sportler – unnötigerweise – an zu hoher Blutverdünnung.

## 6.4   Die Welt der Kohlenhydrate

Zu einem Kapitel über Sport gehört selbstverständlich auch das Thema Ernährung. Berufssportler wissen, wie wichtig es ist, ernährungstechnische Grundlagen und Vorgaben zu beachten, um auf hohem Niveau trainieren und Wettkämpfe bestreiten zu können. Doch auch Amateure und Freizeitathleten, die ihrem Hobby schon längere Zeit nachgehen, verfügen oft über ein gutes Gespür und Verständnis dafür, was sie wann essen können, sollten bzw. dürfen.

### Ernährung und Übergewicht

Vielen anderen fehlen leider die entsprechende Kenntnis für die Zusammenhänge und eine gewisse Disziplin bei den Ernährungsgewohnheiten. Da gibt es gegen den kleinen Hunger schnell mal eine Currywurst mit Pommes oder einen Döner auf die Hand, Kuchen und Schokolade zwischendurch und abends eine Tiefkühlpizza. Oder es kommt jeden Tag eine große Portion Fleisch auf den Tisch. Anders als zu Zeiten unserer frühen Vorfahren, die als Jäger und Sammler regelmäßig von Hungersnöten bedroht waren (was für bestimmte Teile der Erde leider trotz des technischen Fortschritts bis heute gilt), ist Nahrung zumindest in den Ländern der ersten und zweiten Welt nahezu immer und überall verfügbar. Und das hat nicht nur positive Folgen.

Die Problematik *Übergewicht* klang im Beispiel von Sigmund Falkenhahn in Abschn. 1.2 bereits an. Laut Robert-Koch-Institut sind in Deutschland zwei Drittel der Männer und die Hälfte der Frauen übergewichtig; dies betrifft insbesondere Menschen ab 50. Ein Viertel der Erwachsenen besitzt einen Body-Mass-Index (BMI)[2] von über 30 und gilt damit als adipös (= fettleibig). Der Weltdurchschnitt adipöser Personen beträgt 13 %. Neben einem signifikant höheren Risiko z. B. für Skelettschäden, Herz-Kreislauf-Erkrankungen, Diabetes und Krebs besteht bei selbst jüngeren stark Übergewichtigen eine ernsthafte Gefahr für die Gesundheit bei Infektion mit SARS-CoV-2.

Was halten Sie von dieser weit verbreiteten Auffassung:

**Irrtum 18**

„Nudeln machen dick."

Wenn Pasta bei Sportlern einen eher schlechten Ruf genießen würde, müsste man sich fragen, warum am Vorabend von Laufevents traditionell *Nudelpartys* veranstaltet werden. Richtig ist: Nudeln sind ein wertvolles Lebensmittel, reich an Kohlehydraten, und führen nur dann zur Gewichtszunahme, falls sie regelmäßig zusammen mit fetten Soßen oder in viel Butter gebraten gegessen werden. Gekochte Nudeln besitzen je nach Zutaten einen physiologischen Brennwert von rund 150 kcal bzw. 628 kJ pro 100 g.

Genauso wenig korrekt ist das Vorurteil „Kartoffeln machen dick". Dieser Rat stammt aus den Zeiten unserer Groß- und Urgroßeltern. Doch haben Kartoffeln mit 70 kcal pro 100 g einen noch geringeren Brennwert als Nudeln. Je mehr Stärke eine Kartoffel enthält, desto mehliger ist sie; auf den Kaloriengehalt hat dies aber kaum einen Einfluss. Kritisch mit Blick auf die Kalorienzufuhr wird es auch hier erst durch eine gehaltvolle Soße oder das Backen der Kartoffeln in Fett (Pommes frites 290 kcal, Kartoffelchips 539 kcal jeweils pro 100 g). Wenn darüber hinaus durch übergroße Portionen deutlich mehr konsumiert wird als notwendig und fettes, paniertes oder frittiertes Fleisch die Kartoffeln dauerhaft begleitet, ist das Übergewicht vorprogrammiert.

Pauschalaussagen dieser Art sind einer gesunden Ernährung abträglich und müssen differenziert betrachtet werden. Ihre weite Verbreitung hat seit vielen Jahren die sogenannte *Low-Carb*-Ernährungswelle ausgelöst: Übergewichtigen wird suggeriert, dass sich Gewichtsprobleme durch eine drastische Reduktion von Kohlenhydraten schnell in Luft auflösen.

---

[2]Verhältnis Körpergewicht (in kg) zum Quadrat der Körpergröße (in m).

Bei solchen Diäten werden Fett als Hauptenergieträger sowie Protein als Lieferant von Aminosäuren genutzt (etwa bei der Atkins-Diät), und das geht sogar soweit, dass bei einigen Ernährungsplänen die Kohlenhydratzufuhr komplett wegfällt.

Auch wenn die Low-Carb-Ernährung zunächst zu einer schnellen Gewichtsabnahme führt, gibt es langfristig keine Unterschiede zu anderen Diätformen. Diäten zur Reduktion des Körpergewichts basieren immer auf der Erzeugung eines gewissen Mangels an Nahrungsbestandteilen. Dauerhafter Erfolg kann jedoch nur erreicht werden, wenn einer Diät eine Umstellung der Ernährung folgt, in der die Energiebilanz des Körpers ausgeglichen ist. Denn der Körper stellt sich auf einen Mangel ein und verwertet die künstlich verknappten Komponenten umso effizienter. Nach Abbruch oder regulärer Beendigung der Diät tritt ein Jo-Jo-Effekt auf, weil man in alte Essgewohnheiten verfällt, und das Gewicht schnellt wieder in die Höhe – teils höher als zuvor. Vom Verlust an Lebensqualität möchte ich gar nicht reden.

**Beispiel**

Aus den Vereinigten Staaten sind bereits viele sinnvolle Dinge zu uns gekommen, die Mikroelektronik etwa, der Marshallplan oder der Reißverschluss. Zumindest aus heutiger Sicht können viele in den USA verbreitete Nahrungsmittel und Ernährungsgewohnheiten nicht dazugezählt werden. Hormonbehandeltes Fleisch und genveränderte Feldfrüchte wie Mais und Soja möchte man in Deutschland nicht gerne auf dem Teller haben. Nachdem die Politik den Nahrungsmittelkonzernen sowie der Agrar- und Pharmaindustrie in den USA weitgehend freie Hand lässt, besitzt das Essverhalten inzwischen einen signifikanten negativen Einfluss auf die amerikanische Volksgesundheit. Laut dem dortigen Ärzteblatt hat jeder zweite erwachsene US-Bürger ein Problem im Zuckerstoffwechsel (Menke et al. 2015).

Meine eigenen Erkenntnisse zu amerikanischen Essgewohnheiten sammelte ich während eines mehrjährigen dienstlichen Aufenthalts in den 1990er Jahren an der Westküste. Schon damals war bekannt, dass der Ernährungsstil mit Hamburgern, French Fries (= Pommes frites) und Pizza in großen Portionen, süßen Milchshakes und literweise Cola auf Dauer äußerst ungesund ist. Nie zuvor hatte ich ähnlich adipöse Menschen gesehen wie in ärmeren und ländlichen Gegenden der USA. Im Gegensatz dazu waren die Leute beispielsweise in den Geschäftsbezirken von San Francisco, Manhattan oder anderen Großstädten sowie die meisten Asiaten und viele Senioren (die oft noch selbst kochen) überwiegend normalgewichtig.

Diese massive, von Nahrungsmittelindustrie und Werbung befeuerte Fehlernährung durch übergroße Mengen an Fett und vor allem kurzkettigen Zuckern mit den tragischen Folgen für den Einzelnen ist häufig untersucht und dargestellt worden (unter anderem in „Zucker vs. Fett: Das Experiment"; ARD-alpha 2020). Im Doku-Drama *Super Size Me* (2004) kritisiert US-

Regisseur Morgan Spurlock *McDonald's* und andere Fast-Food-Ketten und deren Produkte als wichtige Ursache für das in den USA weit verbreitete starke Übergewicht. Im Selbstversuch aß er 30 Tage lang ausschließlich McDonald's-Produkte. Anschließend war er nicht nur 25 Pfund schwerer, sondern sein Körperfettanteil schnellte von elf auf 18 % hoch, der Cholesterinspiegel von harmlosen 168 auf ungesunde 230 mg/dl, und seine Leberfettwerte waren schlicht bedrohlich. Viele andere Studien bestätigen diesen Effekt ungesunder Ernährung.

Mindestens zwei Drittel der erwachsenen Amerikaner sind übergewichtig. Heute verzeichnen die Vereinigten Staaten mit 34 % den höchsten Anteil an Adipösen in den Industrieländern (nach den Südseeinseln sowie einigen arabischen Staaten). Die folgenden Gründe kommen dafür in Betracht:

- Es wird zu wenig Sport getrieben und gleichzeitig zu viel gegessen. Während in Deutschland eine Vielfalt von Breitensportvereinen zum Mitmachen einlädt, gibt es in den USA für Erwachsene lediglich private Clubs und Fitnesscenter.
- US-Amerikaner essen vielfach außer Haus und damit relativ ungesund.
- Nahrung vor allem in Form von Fastfood ist überall und jederzeit in großen Mengen erhältlich.
- Die typische Portionsgröße hat sich mit den Jahren und Jahrzehnten deutlich nach oben verschoben („XXL").
- Das Verständnis für ernährungstechnische Zusammenhänge fehlt in Haushalten der niedrigeren Bildungsschichten.
- Durst wird gerne mit Cola und anderen Softdrinks gelöscht, die große Mengen an Mono- und Disacchariden enthalten.
- Daneben sind derartige Einfach- und Zweizucker in unzähligen weiteren prozessierten Lebensmitteln enthalten, wobei die Deklarationspflicht geschickt umgangen wird.
- Die billige, leicht zu verarbeitende Fruktose aus Maisstärke *(High-fructose corn syrup)* als Ersatz für Kristallzucker als Süßungsmittel beschleunigt die Gewichtszunahme, da sie zu einer niedrigeren Insulin-Ausschüttung und einem ausgeprägteren Hungergefühl führt.[3]
- Obwohl Zuckerzusätze in den USA (und auch in Deutschland) ein Hauptproblem für Gewichtsprobleme sowie Diabetes mellitus, Karies und weitere Zivilisationskrankheiten sind, hat es die verantwortliche Industrie geschafft, fetthaltige Produkte nachhaltig an den Pranger zu stellen, was eine *Low-Fat*-Welle mit teils fragwürdigen Ersatzstoffen ausgelöst hat. Beide Nahrungsgruppen sollten nur in Maßen genossen werden (ARD-alpha 2020).
- Eine Analyse interner Dokumente der US-amerikanischen Zuckerindustrie zeigt, dass bereits in den 1960er Jahren gezielt führende Forscher dafür bezahlt wurden, den Zusammenhang zwischen Zucker und Herzerkrankungen zu verschleiern und Fett auf die Anklagebank zu setzen. Doch auch in anderen Industrieländern betreibt die Zuckerlobby gezielte Desinformationskampagnen (s. z. B. Leslie 2016; VZH 2020).

---

[3]Über viele Jahre galt Fruktose daher als ideales Süßungsmittel für Diabetiker. Allerdings ist man davon inzwischen wieder abgekommen, da die Vorteile begrenzt sind und vor allem das schädliche LDL-Cholesterol dadurch erhöht wird.

## Kohlenhydrate: Hauptbestandteil der Nahrung

Kohlenhydrate sind nicht essenziell, da der Körper sie unter Energieaufwand aus anderen Nahrungsbestandteilen wie Proteinen und Glycerin selbst produzieren kann. Doch ist insbesondere das Gehirn hochgradig von Glukose als Energieträger abhängig, da es nicht in der Lage ist, Fette zu verwerten. Bisher liegt keine Evidenz aus wissenschaftlichen Studien vor, die positive Effekte einer Low-Carb-Ernährung bei Gesunden nachweist. Bei Kohlenhydratmangel wird das Gehirn durch Ketonkörper versorgt, was sich bei einer Diät durch Acetongeruch bemerkbar macht. Allerdings ist diese Art der einseitigen Ernährung mit weiteren Nachteilen verbunden:

- Da Kohlenhydrate auch für den Energiestoffwechsel der Organe wichtig sind, können unter einer kohlenhydratarmen Ernährung sowohl die geistige als auch die körperliche Leistungsfähigkeit leiden. Bei sportlicher Aktivität kann das durchaus von Nachteil sein – ebenso wie für intellektuelle und Management-Aufgaben im beruflichen Umfeld.
- Kohlenhydrate werden für die Bildung des Glückshormons Serotonin benötigt und sorgen somit für gute Laune (s. Abschn. 8.2). Daher sind Personen unter Low-Carb-Diät häufiger verstimmt oder schlecht gelaunt (Barmer 2017).

In diesem Zusammenhang kennt man den Spruch „Pasta macht glücklich". Vor allem, wenn sie *al dente* gekocht ist. Werfen wir zum besseren Verständnis einen Blick auf einige Grundlagen.

---

### Kohlenhydrate

Saccharide („Kohlenhydrate") bilden die biochemisch bedeutsame Stoffklasse der Polyhydroxyaldehyde, oft mit der Summenformel $C_nH_{2n}O_n$, und sind chemisch betrachtet überhaupt keine Hydrate. Sie kommen im Stoffwechsel aller Lebewesen vor und machen als Produkt der Photosynthese etwa zwei Drittel der weltweiten Biomasse aus. Man unterscheidet Mono- und Disaccharide („Zucker"; z. B. Traubenzucker = Glukose, Fruktose = Fruchtzucker, Kristallzucker = Glukose-Fruktose), Oligosaccharide (Vielfachzucker) und die wasserunlöslichen Polysaccharide (Stärke, Cellulose, Chitin). Pflanzen bauen Einfachzucker durch Photosynthese aus Kohlenstoffdioxid und Wasser auf. Zur Speicherung oder zum Zellaufbau werden diese Monosaccharide bei praktisch allen Lebewesen zu Mehrfachzuckern verkettet und bei Bedarf wieder zerlegt. Kohlenhydrate sind als Nährstoffe ein wesentlicher Bestandteil unserer Nahrung. Der Menschen verstoffwechselt 98 % der resorbierbaren Kohlenhydrate (s. z. B. Wikipedia 2020c und dort zitierte Literatur).

Kohlenhydrate gehören zu den nachwachsenden Rohstoffen; sie werden aus Kartoffeln, Süßkartoffeln, stärkehaltigen Knollen und aus agrarwirtschaftlich erzeugten Getreiden gewonnen. Hülsenfrüchte wie Erbsen, Bohnen und Linsen weisen ebenfalls einen hohen Kohlenhydratanteil auf. Stärke ist ein Hauptbestandteil von Mehl und von mehlhaltigen Lebensmitteln. Die kurzkettigen Zucker werden als Süßungsmittel verwendet. Diese sind im Gegensatz zu den Fetten relativ schnell verwertbar, da sie auch anaerob Energie liefern. Nur wenn die Versorgung der Gewebe mit Kohlenhydraten erheblich größer ist als ihr Verbrauch, wird der Überschuss in Fett umgewandelt und als Depotfett gespeichert.

In gereinigter Form werden Monosaccharide wie Glukose oder Fruktose aus Stärke erzeugt und in Form von Sirup als Süßungsmittel bei der Herstellung von Lebensmitteln eingesetzt (s. Beispiel USA). Daneben sind vielen prozessierten Lebensmitteln weitere Saccharide zugesetzt und mit den unterschiedlichsten Bezeichnungen versehen, die es dem Kunden unmöglich machen, den Gesamt-Zuckergehalt eines Produkts zu erkennen.

Zucker aktiviert über Dopamin-Ausschüttung das Belohnungszentrum; die Existenz einer „Zuckersucht" ist in der Wissenschaft jedoch umstritten (vgl. Abschn. 5.4). Früher wurde Zucker ausschließlich aus tropischem Zuckerrohr hergestellt und als „weißes Gold" vermarktet. Er war wie Kochsalz sehr teuer und wurde in der Regel ebenso sparsam verwendet.

Kohlenhydrate sind genau wie Proteine („Eiweiße") bei gleicher Einwaage wesentlich energieärmer als beispielsweise Fett. Ein Gramm Kohlenhydrate liefert ca. 4 kcal, ein Gramm Fett besitzt den höchsten physiologischen Brennwert und ist mit 9 kcal/g mehr als doppelt so energiehaltig. Auch Ballaststoffe, die unverdaulichen Bestandteile der Kohlenhydrate, besitzen mit 2 kcal/g einen viel geringeren physiologischen Brennwert.

Hochkalorisch ist auch „Alkohol" (Ethanol) mit rund 7 kcal/g. Allerdings handelt es sich bei der Energie, die der Körper aus Alkohol gewinnt, überwiegend um sogenannte „leere Kalorien", da Alkohol als Lebensmittel kaum Nährstoffe wie Vitamine oder Mineralstoffe besitzt und nicht vorteilhaft verwertet werden kann.

Angesichts der Fülle an Informationen, die nicht immer ganz uneigennützig ausgerichtet sind, kann der rote Faden schnell verloren gehen, welche Nahrungsbestandteile nun in welchen ungefähren Mengenverhältnissen sinnvoll sind. Dafür eignet sich eine *Ernährungspyramide,* in der die relativen Mengenverhältnisse von Lebensmittelgruppen vertreten sind, die für eine gesunde Ernährung des Menschen empfohlen werden. An der Basis der Pyramide finden sich die mengenmäßig zu bevorzugenden Nahrungsmittel, an der Spitze diejenigen, von denen nur wenig konsumiert werden sollte.

Beispiele sind, dem Vorbild der USA folgend, die Ernährungspyramide der Deutschen Gesellschaft für Ernährung (DGE; Abb. 6.5) und des Österreichischen Bundesministerium für Gesundheit (MSGPK). An erster Stelle stehen die Getränke, vor allem Wasser. Es folgen Grundnahrungsmittel mit langkettigen Kohlenhydraten (Stärken), wie Brot, Reis oder Nudeln, und

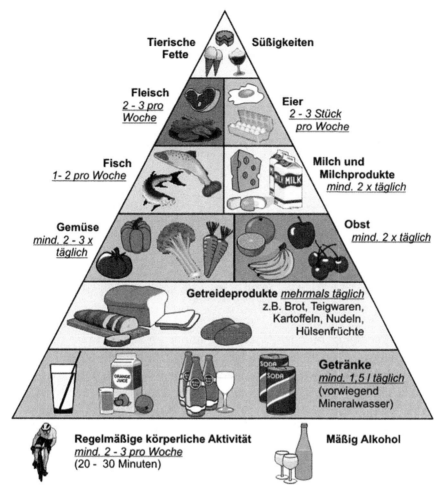

**Abb. 6.5** Ernährungspyramide nach den Empfehlungen der DGE (nach 1992, aktuell bis 2005). (Bild: Targan, 2006. Wikipedia 2020b)

auf der nächsthöheren Ebene Gemüse und Obst. Die dritte Stufe beinhaltet Proteine und eiweißhaltige Nahrungsmittel wie Milch und Milchprodukte einerseits sowie Fleisch, Fisch, Geflügel, Eier, Nüsse und Hülsenfrüchte andererseits. An der Spitze der Pyramide sind Zucker und Fette wie Butter und Pflanzenöle zu finden.

2005 veröffentlichte die DGE eine Pyramide, in der Gemüse und Obst zusammen die kohlenhydrathaltigen Lebensmittel als größte Lebensmittelgruppe verdrängt hatten. Die WHO empfiehlt, 55 bis 75 % des

Kalorienanteils durch Kohlenhydrate abzudecken, wobei nicht mehr als zehn Prozent aus Zucker stammen solle. Vollkornprodukte weisen durch einen höheren Anteil an Mineralien, Vitaminen und Ballaststoffen aus den Schalen deutliche Vorteile auf. Zudem können junge Kartoffeln ohne Keime und ohne grüne Stellen mit Schale gekocht und verzehrt werden, was den Verlust an wertvollen Geschmacks- und Inhaltsstoffen etwas reduziert.

---

**Kohlenhydratreiche Produkte und ihre Vielfalt**

Verlassen Sie bei der Auswahl und Zubereitung von kohlenhydratreichen Produkten doch mal die ausgetretenen Pfade. Alte Getreidesorten wie Dinkel, Emmer, Einkorn, Kamut oder Gelbweizen sind für Nudeln oder Gebäck interessant schmeckende und teilweise nährstoffreichere Alternative zum „normalen" Weizen[4]. Backen Sie roggenhaltiges Vollkornbrot; Sauerteig kann man sich auch ohne Starterkultur sehr leicht an der Luft selbst herstellen. Greifen Sie anstelle der Arten aus industrieller Agrarwirtschaft auf die Variation von Kartoffelraritäten zurück. Süßkartoffeln, Reis, Hirse, Bulgur, Polenta und weitere Stärketräger bereichern die moderne Küche außerdem.

---

In Zusammenhang mit der Ernährung durch Fleischprodukte (besonders Rindfleisch) und Fisch aus Wildfang (Überfischung der Meere)[5] sei auf den damit verbundenen Ressourcenverbrauch hingewiesen („ökologischer Fußabdruck") – allein deshalb sollte der Konsum in Grenzen gehalten werden. Die darin enthaltenen Nährstoffe können ebenfalls weitgehend durch den Verzehr von fett- und proteinreichen Pflanzen zugeführt werden, was für Vegetarier und vor allem Veganer relevant ist. Doch auch im Bereich der pflanzlichen Nahrungsmittel ist darauf zu achten, was man in den Warenkorb legt: Durch den Einkauf lokaler und jahreszeitlich passender Produkte lassen sich lange Transportwege vermeiden und die $CO_2$-Belastung reduzieren. Schadstoff- und Pestizidbelastungen kann man durch die Wahl von Bioware weitgehend aus dem Weg gehen. Und Palmöl bzw. -fett hat wegen der mit dem Anbau verbundenen Zerstörung von Regenwäldern auf einem nachhaltigen Speiseplan keinen Platz.

---

[4] … der besser als sein Ruf ist: Die These, dass inzwischen weltweit sämtlicher Weizen (selbst aus biologischem Anbau) durch Überzüchtung minderwertig und daher nur bedingt zu empfehlen ist, lässt sich wissenschaftlich nicht belegen.

[5] In Küstennähe angesiedelte Aquakulturen beispielsweise für die Lachszucht stellen eine ökologisch ebenso bedenkliche Alternative dar.

# 6.5    Sportlerernährung

Ein Problem von Ernährungspyramiden ist, dass sie spezielle Anforderungen bestimmter Personengruppen nicht berücksichtigen und daher nur für einen vergleichsweise kleinen Teil der Bevölkerung korrekte Anhaltspunkte liefern. Insbesondere wird die mit dem Alter zunehmende Bedeutung der Proteinversorgung nicht berücksichtigt. Doch auch aktiven Sportlern im Leistungsbereich ist damit nicht immer gedient.

Für Sportler gibt es spezielle Ernährungsvorschläge, die meist auf einer ausgewogenen Ernährung und nicht zu schwerer Kost vor Training und Wettkampf basieren. Viele dieser Tipps können auch im beruflichen Alltag gute Dienste leisten. Die Aufnahme ausreichender Mengen an vorwiegend langkettigen Kohlenhydraten sollte dabei im Vordergrund stehen.

**Glykogen – der Treibstoff für die Muskeln**
Werden stärkehaltige Nahrungsmittel wie Brot oder Kartoffeln gegessen, so zerlegen die Verdauungsenzyme die Glukosekette der Stärke in Bruchstücke und schließlich bis zu den einzelnen Glukosemolekülen, die nach und nach in den Blutkreislauf übergehen. Dadurch steigt der Blutzuckergehalt zunächst an und pendelt sich durch das Zusammenspiel von ausgeschüttetem *Insulin* (Senkung des Glukosespiegels im Blut) und *Glucagon* (Erhöhung durch Umsetzung von Glykogen in der Leber) ein. Mit einer gleichbleibenden Konzentration wird die Versorgung des Gehirns, der Nervenzellen und der roten Blutkörperchen mit Glukose sichergestellt und die Körpertemperatur aufrechterhalten.

In Situationen großen Energiebedarfs ist es nicht egal, wie schnell die Resorption der Glukose erfolgt. Da die Glukose in der Nahrung meistens in mehr oder weniger langkettiger Form vorliegt, müssen die Glukosesequenzen im Verdauungstrakt aufgespalten werden, was je nach Länge der Ketten unterschiedlich schnell geschieht. Der *glykämische Index* ist ein Maß zur Bestimmung der Wirkung eines kohlenhydrathaltigen Lebensmittels auf den Blutzuckerspiegel. Ein hoher Index steht für eine schnelle Resorption der Glukose (z. B. aus weißem Reis oder Mehl), ein niedriger Wert für eine verzögerte Aufnahme (etwa bei Roggenvollkornbrot, Vollkornnudeln oder Nüssen) (Strohm 2013). Ein hoher Anteil an niedermolekularen löslichen Kohlenhydraten mit hohem glykämischen Index erzeugt weniger Sättigungsgefühl als Polysaccharide, die der Körper erst aufschließen muss.

Insbesondere Ausdauersportlern wie Läufern wird geraten, ihren Glykogenspeicher rechtzeitig aufzufüllen, damit bei der Beanspruchung ausreichend Energiereserven zur Verfügung stehen. Nicht zuletzt deshalb haben die angesprochenen Nudelpartys vor Laufveranstaltungen Tradition: ausreichend Kohlenhydrate zum Auffüllen der Depots. Doch wie sind die Zusammenhänge zwischen Ernährung, Glykogenspeicher und Leistung? Auch hier möchte ich etwas weiter ausholen. Zunächst wiederum eine Definition:

> **Glykogen** ist ein aus Glukosemonomeren aufgebautes Oligosaccharid und dient der kurz- und mittelfristigen Speicherung und Bereitstellung des Energieträgers Glukose. Bei einem Überangebot an Glukose speichern neben der Leber (mit einem Gewichtsanteil von bis zu 20 %) auch Muskelzellen (bis zu zwei Dritteln des Gesamtvorrats an Glykogen) und Nieren diesen Brennstoff zusammen mit Wasser.

Der Glykogenspeicher in den Muskelfasern wird nach Umwandlung in Glukose zur Energiebereitstellung für die Muskelarbeit genutzt. Bei einer Low-Carb-Diät kommt es in den ersten Tagen primär deshalb zum starken Gewichtsverlust, weil sich die Glykogenspeicher entleeren und somit auch das Wasser ausgeschieden wird. Ein untrainierter Mensch verfügt über ein Glykogendepot von ca. 300 bis 400 g, ein gut trainierter Ausdauersportler hingegen kann auf einen Speicher von bis zu 600 g zurückgreifen. Bei hoher Ausdauerbelastung reicht dies für rund 90 Minuten; parallel dazu wird nach einer halben Stunde auf die Fettreserven zugegriffen (vgl. Abschn. 6.3) (s. z. B. RW 2019). Dies erklärt den plakativen Spruch:

> Die Fette verbrennen im Feuer der Kohlenhydrate.

Sind die Speicher durch ein Überangebot an Kohlenhydraten voll, wird die zusätzlich verfügbare Glukose umgewandelt und wie erwähnt als Depotfett im Körper gespeichert. Daher führt ein dauerhafter Kalorienüberschuss zwangsläufig zu einer Aufstockung der Fettreserven und folglich zu einer unerwünschten Gewichtszunahme.

Das Ziel insbesondere von Ausdauersportlern ist es, Glykogenspeicher und Fettstoffverbrennung zu trainieren und mit einem komplett gefüllten Glykogenspeicher die persönlichen Möglichkeiten durch Superkompensation (Abschn. 6.3) zu steigern.

**Wettkampfkost, Prophylaxe und Vollwerternährung**

Von einigen ostafrikanischen Profiläufern heißt es, dass sie kein Problem damit haben, vor einer harten sportlichen Belastung Eier mit Speck zu essen. Und umgekehrt ist von westlichen Spitzenathleten bekannt, dass sie zur Gewichtsregulierung nach Genuss eines doppelten Espressos ihre erste Laufeinheit noch vor dem Frühstück absolvieren. Einem Amateursportler ist von derartigen Extrema abzuraten; für ihn sollte das Ziel eine ausgewogene, kohlenhydratreiche Ernährung mit wenig prozessierten Nahrungsmitteln sein, am besten unter Verzicht auf Nahrungsergänzungsmittel.

> Nehmen Sie vor dem Training und vor allem vor Wettkämpfen das zu sich, was Sie sonst auch essen und woran der Körper gewöhnt ist – Experimente wirken sich leider oft negativ aus.

Die gute Nachricht: Ich kenne niemanden, der regelmäßig – eine nennenswerte Strecke – läuft und auf sein Gewicht achten muss. Machen Sie keine zusätzliche Diät, um durch Laufen schneller abzunehmen. Als Voraussetzung für das Abnehmen gilt die einfache Vorgabe, dass Sie weniger Kalorien zuführen müssen, als Ihr Körper verbraucht – so einfach ist das. Dazu kann es bereits ausreichen, auf süße Zwischenmahlzeiten zu verzichten.

Ein Läufer wird darauf achten, mindestens zwei Drittel der benötigten Kalorien in Form von möglichst langkettigen Kohlenhydraten zu sich zu nehmen (z. B. über Vollkornbrot, -nudeln, -reis oder Kartoffeln); darin sowie in Obst und Gemüse sind wertvolle Ballaststoffe und Mineralien (in letzteren auch Vitamine) enthalten. An Getränken bieten sich Wasser oder Saftschorlen an – mit Zucker versetzte Softdrinks sollten gemieden werden. Ebenso halte ich jegliche Art von Fitnessgetränken, Sportlerriegeln und Zusatzstoffen für verzichtbar.

**Beispiel**

Vor etwa zehn Jahren begann mein rechtes Knie beim Laufen dauerhaft zu schmerzen, nachdem in der Zeit davor kleinere Beschwerden jeweils nach kurzer Zeit wieder verschwunden waren. Vielleicht eine Spätfolge, weil ich früher als Linksaußen beim Handball zu oft draufgefallen war? Da ich in meiner gesamten sportlichen Laufbahn – abgesehen von einem ausgekugelten Finger sowie den üblichen Zerrungen und Muskelfaserrissen – nie ernsthafte Beschwerden hatte, versuchte ich es auch diesmal zunächst mit einer Sportpause. Ein lokal tätiger Orthopäde, den ich nach vergeblicher Schonung aufsuchte, diagnostizierte eine Beinlängendifferenz und verschrieb mir Einlagen. Die Folge nach Wiederaufnahme des Lauftrainings war, dass nun beide Knie schmerzten.

Völlig entnervt und demotiviert durch die dauerhafte Beeinträchtigung ließ ich es erst einmal dabei bewenden und behalf mir mit Walken und (was leider nur im Sommerhalbjahr Sinn macht) Radfahren. Ein knappes Jahr später fasste ich mir ein Herz und besuchte auf Empfehlung von Freunden einen ausgesprochenen Kniespezialisten ebenfalls nicht weit von meinem Wohnort, der zwar keinen Doktortitel, dafür aber umso mehr Erfahrung und Fachkenntnis aufzuweisen hatte. Nach eingehender Untersuchung bestätigte er meine durch „Dr. Google" inzwischen gereifte Vorahnung[6], dass es sich um beidseitige Kniegelenksarthrose (Verschleiß der knorpeligen Gelenkflächen) handelt, ein gewöhnlich irreversibler Prozess. Von einer Beinlängendifferenz war nicht mehr die Rede.

Gleichzeitig erklärte er mir, dass meine Beinmuskulatur nicht sehr gut entwickelt sei – damit hatte ich nach jahrzehntelanger Sportausübung überhaupt nicht gerechnet. Wenn ich gezieltes Krafttraining durchführen würde, dürfte das über eine Entlastung der Knie meine Beschwerden lindern. Parallel dazu empfahl dieser Orthopäde Hyaluronsäure-Injektionen direkt in die Knie, einem körpereigenen Polysaccharid, das als Schmiermittel in den Gelenken dient. Außerdem wies er darauf hin, dass weitere Faktoren ebenfalls eine wichtige Rolle bei diesem Krankheitsbild spielen können.

Inzwischen gilt es als belegt, dass der Aufbau der Knochen- und Knorpelsubstanz im Gelenk auch von der Nahrung abhängt. Eine gesunde Ernährung führt zunächst zur Vermeidung bzw. dem Abbau von Übergewicht (das bei mir nicht vorhanden war und ist). Die Zufuhr wertvoller und die Vermeidung ungesunder Inhaltsstoffe kann den Verlauf einer Arthrose durchaus positiv (im Sinne von *lindernd*) beeinflussen. Dazu zählt eine vitamin- und mineralstoffreiche Kost mit ausreichend Ballaststoffen und wenig Fett, Zucker und Genussmitteln, um Entzündung und Übersäuerung zu begegnen. Auch wenn dies von der Schulmedizin vielfach zurückgewiesen wird und die zahlreichen begeisterten Betroffenenberichte in Zeitschriften und im Internet teilweise übertrieben sein mögen: Es dürfte bei aller berechtigten Skepsis schon ein wahrer Kern darin zu finden sein (s. auch Lafer et al. 2020).

Mein Plan zur Reduktion der Kniebeschwerden sah folgende Maßnahmen vor:

- regelmäßiges Training im Kraftraum des Sportvereins zur Stärkung der Muskulatur
- Wiederaufnahme eines leichten Lauftrainings mit moderater Steigerung
- Ergänzungsprogramm mit Gymnastik und Radfahren
- dauerhafte Reduktion des Konsums von Weißmehlprodukten, Kaffee und Süßigkeiten
- sechsmonatiger konsequenter Verzicht auf alle Arten von Milchprodukten, danach Verzehr lediglich in moderaten Mengen (stattdessen Genuss von Soja- und anderen Getreideprodukten, vegetarischen Brotaufstrichen etc.)

Voraussetzung für eine solche Umstellung der Ernährung ist meist, dass auch die Familie mitzieht. Es benötigt allerdings Geduld, bis sich Erfolge einstellen: In meinem Fall dauerte es ein ganzes Jahr, bis mit diesem Maßnahmenpaket eine nachhaltige Verbesserung auftrat und ich sogar längere Strecken wieder schmerzfrei laufen konnte. Heute genieße ich auch die „ungesunden" Dinge

---

[6]Inzwischen kennen Psychologen eine Angststörung, *Cyberchondrie* genannt (ein Kofferwort aus *Cyber* und *Hypochondrie*), die auf gesundheitliche Selbstdiagnosen mittels Internet zurückzuführen ist.

wieder etwas öfter (wenn auch bewusster). Eine aktuelle Untersuchung gut 10.000 Laufkilometer später hat eine Verbesserung des Innenlebens meiner Knie gezeigt, und ich bin glücklich, meinen gewohnten Sport auch weiterhin betreiben zu können. Welche der genannten Maßnahmen nun welchen Effekt hatte, ob es eine Kombination davon gewesen ist oder auch nur ein langfristiges Ausheilen von Entzündungen – geschenkt! Letztlich zählt das Ergebnis.

Vor dem Hintergrund des Gesagten möchte ich Sie animieren, auch bei der Gestaltung Ihrer Ernährung den gesunden Menschenverstand einzusetzen. Wie bei den sportlichen Aktivitäten wird Ihnen eine klare Zielsetzung helfen, Ihre Wünsche zu realisieren. Seien Sie auch bei diesem Thema nicht zu streng mit sich und lernen Sie, Ihr Essen zu genießen. Ich trinke beispielsweise seit vielen Jahren keine süßen Limonaden mehr (was für mich keine Einschränkung bedeutet). Mein Anspruch ist darüber hinaus, mich zu rund 90 % gesund und vorbildlich zu ernähren. – Hier einige zusammenfassende Ernährungstipps:

- Gesundes und schmackhaftes Essen sind keine Widersprüche.
- Ernähren Sie sich abwechslungsreich mit einer gesunden Mischung aus frischen und gekochten Lebensmitteln. Geben Sie Bio- und Vollwertprodukten aus lokaler Herstellung den Vorzug.
- Verzichten Sie weitgehend auf prozessierte Lebensmittel, Fastfood und zuckerhaltige Softdrinks. Kochen und backen Sie öfter mal selbst!
- Nehmen Sie nicht mehr Kalorien zu sich, als Sie durch Arbeit, Sport und sonstige Aktivitäten verbrennen, um Ihr Wunschgewicht zu halten.
- Der Abnehmerfolg durch eine Diät hält in der Regel nicht lange an, und Hungern ist die schlechteste Möglichkeit, um sein Wunschgewicht zu erreichen. Erst eine nachhaltige Verhaltensänderung führt zu einer dauerhaften Gewichtsreduktion.
- Die Reduktion des Verzehrs von tierischen Produkten (Milch, Sahne, Käse, Fleisch, Wurst) und bestimmten Genussmitteln (z. B. Kaffee und Alkohol) kann Ihre Gesundheit und Ihr Wohlbefinden deutlich verbessern.

Vollwerternährung resultiert in durchschnittlich zwölf Prozent niedrigeren Ausgaben als die Durchschnittskost – vor allem dadurch, dass nicht jeden Tag Fleisch oder Fisch auf dem Speiseplan steht.

Die Umstellung auf gesunde Ernährung gelingt entweder durch einen Schock (etwa plötzliche gesundheitliche Probleme oder ein Besuch in der

Massentierhaltung) oder durch eine gezielte Folge kleiner Schritte. Wie auch immer der Einzelne vorgeht: Der Beginn sportlicher Betätigung, Abnehmen und Ernährungsumstellung erfordern ein gewisses Maß an *Veränderungsmanagement*. Mit diesem Thema beschäftigen wir uns in Kap. 7.

---

**Zusammenfassung**

1. Treiben Sie regelmäßig Sport und verbessern Sie dadurch Ihre Gesundheit und Belastbarkeit.
2. Auch angehende Profisportler sollten mit Blick auf die Zukunft eine abgeschlossene Berufsausbildung oder einen Studienabschluss anstreben.
3. Wie bei Profisportlern ist bei Führungskräften in der Wirtschaft eine ausgeglichene Balance zwischen Konzentration und Lockerheit notwendig, um wirksam und dauerhaft erfolgreich zu sein.
4. Körperliche Fitness wirkt sich nicht nur auf Gesundheit und Wohlbefinden aus; Menschen, die sich regelmäßig bewegen, sind leistungsfähiger und ausgeglichener.
5. Mannschaftssportarten bieten eine hervorragende Schule, um Teamverhalten auch unter Leistungsdruck zu lernen und zu leben.
6. *„Mach's dir im Training schwer, dann wird es im Wettkampf leichter."* (Zitat von Emil Zátopek)
7. Den üblichen Motivationsthesen der Managementtrainer blind zu vertrauen kann mittelfristig in Frustration und Versagensgefühl münden statt in Erfolgserlebnissen und Euphorie.
8. Sehen Sie möglichst generell von Diäten zur Gewichtsreduktion ab und ernähren sich gesund, abwechslungsreich und kohlenhydratreich mit vollwertigen und biologisch erzeugten Nahrungsmitteln.
9. Achten Sie darauf, dass Ihr Glykogenspeicher vor allem vor dem Ausdauersport aufgefüllt ist.
10. Nehmen Sie nicht mehr Kalorien zu sich, als Sie durch Arbeit, Sport und sonstige Aktivitäten verbrennen, um Ihr Wunschgewicht zu halten.

---

# Literatur

ARD-alpha (2020) „Zucker vs. Fett: Das Experiment". Ausstrahlung 8. Juli. https://programm.ard.de/TV/Themenschwerpunkte/Dokus--Reportagen/Gesundheit/Startseite/?sendung=284873213737969. Zugegriffen: 8. Juli 2020

Barmer (2017) Unter der Lupe: Die Low Carb-Ernährung. Barmer-Krankenkassen, Internet-Veröffentlichung, Webcode: s000686, letzte Aktualisierung 13. Juli. https://www.barmer.de/gesundheit-verstehen/ernaehrungsgesundheit/unter-der-lupe-die-low-carb-ernaehrung-95784. Zugegriffen: 9. Juni 2020

Baumann D (2020) Homepage von Dieter Baumann. https://www.dieterbaumann.de/lebenslaeufer-laufen-kann-jeder/. Zugegriffen: 12. Juni 2020

DHB (2017) Weltklasse auf der Königsposition: Handballer Hansi Schmidt wird 75. Deutscher Handballbund, Internet-Veröffentlichung 23. September. https://www.dhb.de/de/redaktionsbaum/news-archiv/der-dhb/weltklasse-auf-der-koenigsposition--handballer-hansi-schmidt-wird-75/. Zugegriffen: 13. Juni 2020

Drösser C (2005) Sportlicher Premier. Die Zeit Nr. 25, Kolumne 16. Juni

Frey A, Brendler M (2016) Doping im Fußball: Die wollen doch nur spielen. Frankfurter Allgemeine Zeitung, Internet-Veröffentlichung 17. Juni. https://www.faz.net/aktuell/wissen/medizin-ernaehrung/doping-im-fussball-die-wollen-doch-nur-spielen-14281989.html?printPagedArticle=true#pageIndex_2. Zugegriffen: 20. Juni 2020

Grüning M (2019) Im Porträt: Emil Zatopek. Runner's World, Internet-Veröffentlichung 23. Juli. https://www.runnersworld.de/lauftraining/emil-zatopek/. Zugegriffen: 10. Juli 2020

Krieghofer G (2017) Zitatforschung: „No sports." Winston Churchill (angeblich). Internet-Veröffentlichung 31. Mai. https://falschzitate.blogspot.com/2017/05/no-sports-winston-churchill-angeblich.html. Zugegriffen: 20. Sept. 2020

Lauftipps (2020) Runners High und Flow beim Laufen. Lauftipps.ch, Internet-Veröffentlichung, 7. Mai. https://lauftipps.ch/trainingstipps/runners-high-und-flow-beim-laufen/. Zugegriffen: 18. Juni 2020

Lafer J, Bracht P, Liebscher-Bracht R (2020) Essen gegen Arthrose – Vegane Genussrezepte bei Schmerzen und Gelenkbeschwerden. Gräfe und Unzer, München

Leslie I (2016) Die Zucker-Verschwörung. Zeit online, Internet-Veröffentlichung 5. Mai. https://www.zeit.de/wissen/gesundheit/2016-05/zucker-verschwoerung-ernaehrung-fett-uebergewicht. Zugegriffen: 11. Juni 2020

Meinhardt E (2016) „Fahnenflucht in die Freiheit". Landsmannschaft der Banater Schwaben, Internet-Veröffentlichung 14. März. https://www.banater-schwaben.org/nachrichten/dokumentation/detail/1413-fahnenflucht-in-die-freiheit/. Zugegriffen: 13. Juni 2020

Menke A, Casagrande S, Geiss L, Cowie CC (2015) Prevalence of and Trends in Diabetes Among Adults in the United States, 1988–2012. JAMA 314–10, 8. September, S 1021–1029. https://doi.org/10.1001/jama.2015.10029. Zugegriffen: 10. Juni 2020

Monika (2010) Fußball: Doping-Affairen [sic!] in Deutschland (BRD). Cycling4Fans, Internet-Veröffentlichung im Dossier „Fußball und Doping", Juni. https://www.cycling4fans.de/index.php?id=4990. Zugegriffen: 20. Juni 2020

Murakami H (2010) „Wovon ich rede, wenn ich vom Laufen rede". btb, München

RW (2019) Glykogenspeicher: Speicherdepot der Kohlenhydrate. Runner's World, Internet-Veröffentlichung 23. Juni. https://www.runnersworld.de/lexikon/glykogenspeicher/. Zugegriffen: 10. Juni 2020

Steiner J (2005) Hansi Schmidt: Weltklasse auf der Königsposition. Biografie eines Handballers. Gilde & Köster, Troisdorf. Leseproben finden sich unter https://

www.heimathaus-billed.de/home/besucher/373-hansi-schmidt. Zugegriffen: 10. Juni 2020

Strohm S (2013) Glykämischer Index und glykämische Last – ein für die Ernährungspraxis des Gesunden relevantes Konzept? Wissenschaftliche Stellungnahme der DGE. Ernährungs-Umschau 1, S M26–M38. https://www.ernaehrungs-umschau.de/fileadmin/Ernaehrungs-Umschau/pdfs/pdf_2013/01_13/EU01_2013_M026_M038.2.pdf. Zugegriffen: 9. Juni 2020

VZH (2020) Wie die Zuckerlobby forscht und argumentiert. Verbraucherzentrale Hamburg, Internet-Veröffentlichung. https://www.vzhh.de/themen/lebensmittel-ernaehrung/zucker/wie-die-zuckerlobby-forscht-argumentiert. Zugegriffen: 11. Juni 2020

Wikipedia (2020a) Emil Zátopek. In: Wikipedia, Die freie Enzyklopädie. https://de.wikipedia.org/wiki/Emil_Zátopek. Zugegriffen: 11. Juni 2020

Wikipedia (2020b) Ernährungspyramide. In: Wikipedia, Die freie Enzyklopädie. https://de.wikipedia.org/wiki/Ernährungspyramide. Zugegriffen: 11. Juni 2020

Wikipedia (2020c) Kohlenhydrate. In: Wikipedia, Die freie Enzyklopädie. https://de.wikipedia.org/wiki/Kohlenhydrate. Zugegriffen: 20. Sept. 2020

Wikipedia (2020d) No Sports. In: Wikipedia, Die freie Enzyklopädie. https://de.wikipedia.org/wiki/No_Sports. Zugegriffen: 20. Sept. 2020

Wikipedia (2020e) Superkompensation. In: Wikipedia, Die freie Enzyklopädie. https://de.wikipedia.org/wiki/Superkompensation. Zugegriffen: 11. Juni 2020

# 7

# Veränderungsmanagement

Das Leben – auch das berufliche – nimmt keinen geraden Weg, und an der einen oder anderen Stelle sind aktive Korrekturen notwendig. Rechtzeitig eingeleitete Veränderungen halten Menschen und Unternehmen in der Erfolgsspur und sorgen für Stabilität. Dazu werden Mitarbeiter benötigt, die gestalten können und bereit sind, dafür ihre Komfortzone zu verlassen.

Das Schlagwort „Veränderungsmanagement" ist zumindest in der Welt der Großunternehmen in aller Munde. Von der Globalisierung und sich dramatisch verändernden Märkten aufgescheucht und von Anteilseignern und Aufsichtsräten vor sich hergetrieben, bleibt vielen Gesellschaften gar nichts anderes übrig, als sich von Zeit zu Zeit neu zu erfinden. Veränderungen können die Aufbau- oder die Ablauforganisation betreffen, wirtschaftliche oder technische Neuerungen mit sich bringen u. v. m.

Der aus der Organisationsentwicklung stammende Begriff **Veränderungsmanagement** *(Change Management)* bezieht sich auf die strukturierte Initiierung und Begleitung aller inhaltlich weitreichenden Veränderungen zur Umsetzung neuer Strategien, Strukturen, Systeme, Prozesse oder Verhaltensweisen in Organisationen.

Veränderungsprozesse in Unternehmen sind wichtig, allerdings im Rahmen ihrer Durchführung auch mit großen Unsicherheiten verbunden. Im Stimmungsbild innerhalb der Belegschaft macht sich während solcher

Umbrüche meist eine signifikante Unzufriedenheit breit, die sich im Ergebnis von Befindlichkeitsumfragen niederschlägt.

Veränderungsmanagement betrifft ebenso – und davon handelt dieses Kapitel – die eigene Person und ihre Entwicklungen und Vorgehensweisen. Denn das Leben geht gerne einen seltsam anmutenden Zickzackkurs. An bestimmten Meilensteinen (symbolisch dargestellt in Abb. 1.1) kann man die Initiative ergreifen – oder auch nicht.

## 7.1    Private und berufliche Veränderungen

Unsere Leben ist vor allem in jüngeren Jahren eine stete Folge von teils gravierenden Veränderungen. Betrachten wir das Bildungssystem: Hier sind die Wechsel mit tiefgreifenden Einschnitten verbunden. An weiterführenden Schulen weht ein ganz anderer Wind als in der Grundschule. Die Oberstufe des Gymnasiums soll zwar zu eigenständigem Lernen erziehen, bereitet jedoch nur bedingt auf das Vorlesungs- und Praktikumsformat der Hochschulen vor. Der erste Job bei einem neuen Unternehmen vielleicht auch in einer neuen Stadt toppt das Ganze oft noch und verlangt den Betreffenden eine Menge Resilienz und Anpassungsfähigkeit ab. In diesem Zusammenhang ist von Bedeutung, dass jede dieser gravierenden Veränderungen Stress auslösen kann.

**Psychosoziale Stressfaktoren**
Sehe wir uns an einem Beispiel an, wie ein holpriger Start ins Berufsleben aussehen kann.

**Beispiel**

Anton Schmitz (36) wurde im Rheinland geboren und hat in Aachen Maschinenbau studiert. Er ist vielseitig interessiert, treibt Sport und begeistert sich für Rockmusik. Nach einer Startposition bei einem deutschen Distributor für Messgeräte arbeitet er seit mehreren Jahren in Düsseldorf als Leiter der europäischen Vertriebs- und Serviceniederlassung für das japanische Unternehmen Ishikawa Corp., das Großanlagen und Komponenten zur Halbleiterproduktion und für die Industrie zur regenerativen Energiegewinnung herstellt.

Der Distributor, sein erster Arbeitgeber, war ein mittelständisches Mannheimer Unternehmen namens LabControl GmbH, das Analyse- und Messgeräte für Laboranwendungen von Herstellern vorwiegend aus dem außereuropäischen Ausland an Abnehmer in der DACH-Region weiterverkaufte und betreute. Nach Studienende während der Finanzkrise hatte er das Glück, dort einen Job im Innendienst zu bekommen, und er wurde sukzessive an das aktive Vertriebsgeschäft bei den Endkunden herangeführt.

Allerdings ging es Anton Schmitz an der neuen Wirkungsstätte zunächst überhaupt nicht gut. Mannheim als Stadt und die Badener Mentalität sagten ihm nicht so ganz zu. Statt in der geliebten Studenten-WG wohnte er jetzt in einem kleinen Appartement und hatte nur wenige private Anknüpfungspunkte. Anstelle der etablierten Abläufe an der Universität sah er sich mit einem unbekannten Arbeitsumfeld konfrontiert und wurde von seinem Vorgesetzten aus Zeitmangel nicht ausreichend unterstützt. Als dann noch seine Freundin mit ihm Schluss machte, war er am Boden zerstört und brauchte Zeit, um sich wieder zu berappeln.

Sein subjektives Befinden verbesserte sich – trotz umfangreicher Reisetätigkeit – nach etwas mehr als einem Jahr, als ihm Verantwortung für die Betreuung einiger Kunden übertragen wurde. Mit der privaten Situation hatte er sich ebenfalls einigermaßen arrangiert und wieder begonnen, Sport zu treiben. Doch als eines Tages ein Headhunter anrief und ihm die Stelle bei Ishikawa anbot, war er sofort interessiert. Ein neben der Karriereplanung nachrangiger Grund für den Wechsel war zweifellos, dass er wieder ins Rheinland mit den wohlvertrauten Menschen und seiner Sprache zurückwollte.

Es ist bekannt, dass individuelle Veränderungen der Lebensumstände eine Anpassungsleistung des Betroffenen erfordern. Deshalb hat jede Neuorientierung einen gewissen Belastungscharakter, selbst wenn es sich um die eigene Hochzeit oder eine Beförderung handelt. Zu den medizinischen Auswirkungen von Stress sei auf Abschn. 5.1 verwiesen – im Folgenden soll statt Prävention Ursachenforschung betrieben werden. Dabei hilft die nach den Psychiatern Thomas Holmes und Richard Rahe benannte „Holmes-und-Rahe-Stressskala" (Holmes und Rahe 1967), eine Liste mit 43 stressbehafteten Veränderungen im Leben, die zu Erkrankungen führen können und als *Life-Change-Unit*-Werte bezeichnet werden.

## Holmes-und-Rahe-Stressskala (Auszug): arbeitsbedingte Ereignisse

Auf dieser Liste von Stressoren stehen private Ereignisse wie Tod des Ehegatten (mit einem Maximum von 100 Punkten) oder eines nahen Angehörigen, Trennung/Scheidung, Verletzung/Krankheit und Hochzeit (50 Punkte) ganz oben. Aber schon kurz darauf findet man Ereignisse, die mit der Arbeit in Verbindung stehen – laut Umfragen stresst die Deutschen nichts so sehr wie der Job:

| | | |
|---|---|---|
| Rang 8 | Entlassung | 47 Punkte |
| Rang 10 | Pensionierung | 45 Punkte |
| Rang 15 | Berufliche Veränderung | 39 Punkte |
| Rang 16 | Finanzielle Veränderung | 38 Punkte |
| Rang 18 | Arbeitsplatzwechsel | 36 Punkte |
| Rang 22 | Veränderung beruflicher Aufgaben | 29 Punkte |

| Rang 28 | Veränderung der Lebensumstände | 25 Punkte |
| Rang 29 | Aufgabe persänlicher Gewohnheiten | 24 Punkte |
| Rang 30 | Schwierigkeiten mit dem Chef | 23 Punkte |
| Rang 31 | Veränderung der Arbeitsbedingungen | 20 Punkte |
| Rang 32 | Umzug | 20 Punkte |

Die vollständige Liste findet sich z. B. unter Wikipedia (2020e)

Der *Life-Change-Unit*-Wert ist die Summe für die in einem Jahr eingetretenen Ereignisse. Als kritischer Wert gilt die Zahl 300; bei Überschreitung durch mehrere gleichzeitig belastende Ereignisse bzw. Krisen (auch in verschiedenen Lebensbereichen) ist die reale Gefahr von stressbedingten Gesundheitsproblemen gegeben. Das heißt wenn Sie sich innerhalb eines Jahres scheiden lassen, Ihre Mutter stirbt und Sie eine signifikante berufliche Veränderung erleben, haben Sie den kritischen Wert vielleicht schon fast erreicht.

Andere Quellen geben eine abweichende Gewichtung dieser sogenannten psychosozialen Stressfaktoren an. Man findet weitere Faktoren wie Unter- oder Überforderung (Abschn. 5.2) und Mobbing ebenso wie Zeit- und Schlafmangel (Abschn. 2.1 und 5.3) sowie Versagensangst (Abschn. 5.1). Wie dem auch im Detail sei – Druck und Veränderung wirken sich bei jedem Individuum unterschiedlich aus, und der Versuch einer Quantifizierung der Faktoren erscheint nicht zwangsläufig zielführend. Wichtig ist vielmehr, dass man sich den jeweiligen Umständen und Herausforderungen offen stellt, konstruktiv und ohne in Panik zu verfallen damit umgeht und das jeweils Beste daraus macht. Ein Umzug und Wechsel des Umfelds kann beispielsweise durchaus mit Chancen verbunden sein und Eustress statt Disstress bewirken.

**Veränderungen in Unternehmen**

Viele Organisationen kommen erst dann auf die Idee, dass Veränderungen notwendig sind, wenn der Karren bereits im Dreck steckt; dies ist nicht zuletzt in Corona-Zeiten wieder einmal offenkundig geworden. Die Fehler sind meist in der Zeit vor dem Auftreten der Probleme zu suchen – gewöhnlich in Form von Versäumnissen. Hat man sich jedoch, teilweise unter Mithilfe von Beratern, seitens der Unternehmensleitung endlich für die Durchführung von Maßnahmen entschieden, liegt das Hauptmanko teilweise darin, dass die Belegschaft inhaltlich nicht mitgenommen wird:

**Irrtum 19**

„Über anstehende Veränderungen zu informieren ist ausreichend – wozu diskutieren?"

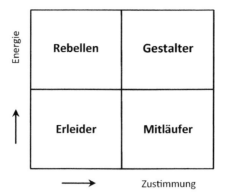

**Abb. 7.1** Quadrantenmodell der Veränderungsbereitschaft

In seiner Selbstherrlichkeit glaubt so mancher Top-Manager, dass es aus-reicht, einen notwendigen Veränderungsprozess sorgfältig zu planen, und dieser wird dann automatisch zum Selbstläufer. Dass es in den meisten Fällen nicht so kommt, ist bekannt und hinreichend erforscht.

Erfahrene Veränderungsmanager gehen davon aus, dass sich die Beleg-schaft bei jeder Veränderungsinitiative schnell in drei Gruppen spaltet: Die Begeisterten und Mitmacher (rund 20 %), die Zögerlichen und Zurück-haltenden (etwa 60 %) sowie die Beharrer und grundsätzlichen Nein-sager (die restlichen 20 %). Eine alternative Aufteilung bedient sich des *Quadrantenmodells der Veränderungsbereitschaft* (dieses Format wurde bereits in Abschn. 5.2 zur Erläuterung des Flow verwendet): Dabei erfolgt eine Auf-teilung der Betroffenen in Erleider, Mitläufer, Rebellen und Gestalter (s. Abb. 7.1).

In diesem Modell zeichnen sich die einzelnen Gruppen wie folgt aus:

- **Erleider** befinden sich in einer nachteiligen Situation, weil sie weder den Mut haben, offen dagegen zu sein, noch die Energie aufbringen können und/oder wollen, in die Umsetzung zu investieren. Sie sind meist schlecht motiviert, glauben nicht an den Sinn der Veränderung und halten Leistung und Zustimmung zurück. Es ist wichtig, mit den Erleidern im Gespräch zu bleiben, da sie sonst dem Prozess und sich selbst mehr schaden als nutzen.
- **Mitläufer** sind zwar leicht bereit, der Veränderung zuzustimmen, lassen es allerdings an Energie und Überzeugung fehlen, sodass sie nichts oder nicht viel zur Umsetzung beitragen. Sie äußern sich positiv zu den geplanten Veränderungen, lehnen sich jedoch nicht aus dem Fenster. Sie tendieren dazu, den Erwartungen zu entsprechen, verhalten sich politisch

angemessen, gehen aber kein Risiko ein, sich für etwas stark zu machen, an das sowieso keiner glaubt. Mitläufer sind kritisch für den Erfolg, und man muss sie für die neuen Ideen gewinnen.

- **Rebellen** äußern sich und agieren mit viel Energie „dagegen", das heißt sie haben den Mut zu sagen, dass sie mit einer angekündigten Veränderung nicht einverstanden sind. Sie zeigen ihre Meinung und sollten mit ihrer Denkweise einbezogen werden. Man kann sie gewinnen, wenn man bereit ist, ihren Widerstand zunächst ernst zu nehmen, um sie dann zum Mitspielen zu bewegen. Rebellen können ein Team stark negativ beeinflussen.
- **Gestalter** sind mit viel Energie und Zustimmung „dafür" – und erkennen eine Win-Win-Situation für die Organisation und gleichzeitig für sich selbst. Sie agieren als Umsetzer, die sich und andere in die angestrebte Richtung treiben, hadern nicht (mehr) mit der Situation und sind sehr zukunftsorientiert: bereit, ihre Erfahrungen einzubringen und angemessene Schlussfolgerungen aus Fehlschlägen zu ziehen. Es darf nicht als selbstverständlich vorausgesetzt werden, dass sie auch in Zukunft Gestalter bleiben.

Veränderungsprozesse in Unternehmen folgen vielfach einer V- oder U-Kurve, wobei die Stimmung im Betrieb zunächst ein Minimum oder eine Talsohle durchläuft und sich dann wieder normalisiert. Daher ist es gerade bei solchen Vorhaben von Vorteil, die Belegschaft und deren Vertretungen frühzeitig einzubinden – gegebenenfalls unter Mithilfe von externen Fachleuten –, um so die größten Bedenken bereits vorzeitig aus dem Weg zu räumen. Dies gelingt über Diskussionsrunden und Workshops, was zeitaufwendig ist, jedoch essenziell für die Akzeptanz und das Mittragen des Prozesses durch alle Beteiligten. Die Geschäftsidee „Veränderungsmanagement" hat sich inzwischen zu einem lukrativen Beratungsfeld mit nennenswerten Umsätzen entwickelt.

> Im Prinzip gilt seit der industriellen Revolution der Satz: „Stagnation bedeutet Rückschritt."

„Das Feuer weitertragen, anstatt die Asche zu bewahren" und „Hinter dem Horizont geht's weiter" sind andere griffige Formulierungen, die zu (notwendigen) Veränderungen motivieren sollen, denn das Leben – insbesondere das berufliche – besteht aus einer permanenten Kette von Neuerungen und Umwälzungen organisatorischer und persönlicher Art. Sie sollten sich darüber klarwerden, wo Sie während solcher Veränderungsprozesse in Ihrem

Unternehmen stehen und welche Rolle Sie selbst dabei bekleiden möchten. Als Gestalter nehmen Sie den meisten Einfluss und sichern sich vermutlich die besseren Zukunftsoptionen; Rebellen stoßen möglicherweise auf Widerstände, und Erleidern und Mitläufern traut man eher nicht viel zu.

## 7.2 Verlassen der Komfortzone

Im Rahmen des Selbstmanagements kommt dem Thema Veränderung eine individuelle Bedeutung zu. In diesem Zusammenhang ist der Begriff *Komfortzone* relevant.

> Die **Komfortzone** ist eine Art Wohlfühlbereich, innerhalb dessen Grenzen wir uns zutrauen, Dinge zu erreichen, und uns entspannt und selbstbewusst fühlen. Ihr Verlassen kostet Überwindung und kann Stress verursachen.

Die Komfortzone ist somit ein Gebilde in unserem Kopf, in dem es uns gutgeht. Ihre Begrenzungen und Schranken sind imaginär und lassen sich beliebig ausweiten. Schafft man es, aus ihr herauszutreten, ist dies mit verschiedensten Vorteilen verbunden:

- Regelmäßiges Verlassen der Komfortzone lehrt Sie, sich nur auf sich selbst zu verlassen. Sie lernen, wirkliche Verantwortung für das eigene Handeln zu übernehmen, und merken, dass dieses Handeln Konsequenzen hat.
- Sie erkennen, dass Sie Herausforderungen bewältigen können, und entwickeln Selbstvertrauen. Es fühlt sich nicht so schlimm an wie befürchtet, und es entsteht Übung darin. So steigt die Menge an Referenzerfahrungen, und Ihre Persönlichkeit entwickelt sich weiter.
- Sie beginnen, Dinge für sich selbst zu tun und nicht, um andere zu beeindrucken. Dadurch gelingt es Ihnen, Ihre Ziele im Leben zu verfolgen und nicht die Ziele, die das Umfeld Ihnen auferlegt.
- Sie lernen sich selbst besser kennen, Ihre Ängste (denen Sie sich stellen) und Ihr Verlangen (das Sie sich erfüllen). Dies erzeugt innere Zufriedenheit. Auf dieses Thema kommen wir in Abschn. 8.3 und 8.4 zurück.

Persönliche Veränderung findet in den meisten Fällen aus einer aktuellen Situation heraus statt – Beschäftigte sind gezwungen, ihren Arbeitgeber und/oder Wohnort zu wechseln. Menschen entscheiden sich vielleicht zu heiraten, wenn sich Nachwuchs ankündigt, oder beginnen, Sport zu treiben, nachdem Inaktivität, ungesunder Lebenswandel und Übergewicht bereits zu gesundheitlichen Problemen geführt haben. Obwohl Veränderungen viele Vorteile bieten, bleibt deren selbstbestimmtes Anstoßen unter Verlassen der Komfortzone eher die Ausnahme.

Verständlicherweise, möchte man zumindest mit Blick auf die Arbeitswelt hinzufügen. Der angestrebte Wechsel der Position innerhalb und vor allem außerhalb des Unternehmens ist nun mal nicht ganz risikolos. Eine finanzielle Kosten-Nutzen-Rechnung unter Einbezug aller zusätzlichen Faktoren (gegebenenfalls Umzug, Zweitwohnung und Pendeln usw.) führt oft dazu, dass insbesondere angesichts einer räumlichen Veränderung unter dem Strich zunächst kein Vorteil sichtbar ist. Von der Ungewissheit, was einen an der neuen Wirkungsstätte erwartet, ganz zu schweigen. Letztlich handelt es sich bei einem Wechsel um mehr als nur gute Vorsätze an Silvester.

**Selbstbestimmte Veränderungen**

In Assessment Centern wird von den Beobachtern gerne gefragt, inwieweit einzelne Veränderungen in der bisherigen Karriere selbst- oder fremdbestimmt erfolgten – Selbstbestimmung kommt dabei positiv an. Mentoren, Vorgesetzte und Top-Management sollten derartige Bestrebungen ihrer Mitarbeiter unbedingt unterstützen und nicht so sehr die momentanen, kurzfristigen Nachteile sehen, wenn tüchtige Kräfte die Stelle wechseln. Viele Führungskräfte haben den Punkt inzwischen verstanden und setzen dies zum Wohl der Unternehmen um. Man begegnet jedoch immer noch Managern, die bei der Förderung junger Talente opponieren: „Den gebe ich nicht für eine Beförderung frei, den brauche ich weiterhin als Experten."

> Es kann einen Unterschied machen, ob ein Veränderungsvorschlag vom Unternehmen ausgeht – das wird den Verhandlungsspielraum des Mitarbeiters oft erheblich vergrößern – oder ob dieser selbst proaktiv danach fragt – was zwar der Selbstbestimmung und dem Nutzen von Chancen Vorschub leistet, die eigene Position aber durchaus schwächen kann.

Zahlreiche Studien zeigen, dass erfolgreiche Selbstveränderung ein langfristiger Prozess ist, der in mehreren aufeinanderfolgenden Phasen abläuft. Veränderungswillige müssen durch alle Phasen dieses Prozesses, denn zum Erfolg führen keine „Abkürzungen". Zielstrebiger an der Verwirklichung der Karriereziele zu arbeiten, den Führungsstil zu ändern, effektiver und effizienter zu arbeiten oder sich von schlechten Gewohnheiten zu trennen: all dies gelingt nicht von heute auf morgen. Nur wenige Führungskräfte schaffen es ohne Probleme – sozusagen aus dem Stand heraus –, neue Handlungs- und Überzeugungsmuster stabil in ihr Leben zu integrieren. Die Mehrzahl aller Veränderungsvorhaben scheitert bzw. bleibt weit hinter den Zielen zurück.

Ein hilfreicher Ablauf zum Veränderungsmanagement wurde von Roth (2016) beschrieben; die vorgeschlagenen Punkte sind selbsterklärend:

1. Problemverständnis gewinnen und Ziele definieren
2. Bilanz ziehen und eine klare Entscheidung treffen
3. Umsetzung planen und Hürden gedanklich vorwegnehmen
4. erste Schritte tun und durchhalten
5. mit Erfolgen und Misserfolgen umgehen lernen
6. verändertes Verhalten stabilisieren und im Alltag integrieren

Sie erkennen also: Auch bei der Implementierung von persönlichen Veränderungsprozessen kommt es auf Ihre Stringenz und Konsequenz, Ihre Willensstärke und Ihr Durchhaltevermögen an. Legen Sie Ihre Ziele und Zeitachsen schriftlich fest. Und holen Sie sich eventuell Unterstützung von anderen – Familie und Freunde, Mentor, Vorgesetzter und Kollegen –, denen Sie in dieser Hinsicht vertrauen.

> Führen Sie sich vor Augen, dass ausschließlich Sie selbst für Ihr Denken, Erleben und Handeln verantwortlich sind. Sie sollten also nicht darauf warten, dass etwas geschieht – sorgen Sie dafür, *dass* es geschieht.

Die Energie, die Sie benötigen würden, um andere Menschen zu verändern, können Sie genauso gut in die Entwicklung Ihrer eigenen Persönlichkeit stecken.

**Persönliches Veränderungsmanagement**
Einige weitere Gedanken zum Thema Veränderungsmanagement:

- Persönliches Veränderungsmanagement hat sehr viel mit dem in Kap. 2 skizzierten **Zeitmanagement** zu tun: Veränderungsprozesse sind oft recht zeitintensiv, und dieser Umstand muss entsprechend berücksichtigt werden. Wenn mir durch die Tagesroutine und die drängenden primären Aufgaben und Probleme keine Zeit zum Luftholen bleibt, bin ich kaum für Veränderungen offen, die sich nicht unmittelbar auszahlen, auch wenn sie mittelfristig wertschöpfend sind.

- *Unclutter Your Life* – dieser Vorschlag bedeutet, dass Sie sich von unnützen, belastenden und zeitfressenden Dingen und Aktivitäten in Ihrer Umgebung befreien sollten (vgl. die in Abschn. 7.3 beschriebene Kraftfeldanalyse). Dazu gehören auch Menschen – Kontakte, die einen nerven, einem nichts geben und viel nehmen, für die wir der seelische Mülleimer sind.
- Brennen Sie vor allem bei gravierenden Veränderungen möglichst keine **Brücken** ab. Der Volksmund sagt nicht zu Unrecht „Man sieht sich immer zweimal"; daher sollte etwa bei Stellen- und vor allem Unternehmenswechseln alles korrekt und gesittet zugehen, und auch die Ausrichtung einer Ausstandfeier ist meist ratsam und angemessen. Ich gebe zu: Im privaten Bereich mit noch mehr Emotionen im Hintergrund klappt die freundschaftliche Trennung mit Blick auf den Tipp „Unclutter Your Life" nicht immer.
- Veränderung sollte angestrebt werden, solange man wertgeschätzt wird – während der eigene **„Marktwert"** noch hoch genug ist, um sich selbst und seine Dienste/Leistungen für andere interessant erscheinen zu lassen. Das gilt vornehmlich für den professionellen Alltag, jedoch mit Einschränkungen auch für die gesellschaftlichen und privaten Lebensbereiche. Es ist zielführender, mit Anfang 30 an sich zu arbeiten und sich für höhere Aufgaben zu empfehlen als erst mit Mitte 50.
- Insbesondere bei organisatorischen Veränderungen ist die Einbindung der Betroffenen von Anfang an nicht nur sinnvoll, sondern für das Gelingen notwendig ist. Dies gilt – und das sei hier explizit betont – natürlich auch für den privaten Bereich. Die **Familie** muss bei Aufgaben-, Positions- und vor allem Ortswechseln unbedingt frühzeitig in die Überlegungen mit einbezogen werden. Berufliche Probleme sollten sowieso mit dem Lebenspartner diskutiert werden, denn dessen Rolle – ebenfalls Betroffener, Ratgeber, Unterstützer, Freund – ist keinesfalls zu unterschätzen.
- Vergessen Sie in der Aufregung Ihrer Veränderungsaktivitäten bitte diese Formalität nicht: Auch bei jedem internen Stellen- oder eventuell auch Vorgesetztenwechsel ist die Ausstellung eines **(Zwischen-)Zeugnisses** wichtig. Denn wenn Sie Pech haben, liegen Sie mit dem letzten Ihrer Chefs vor einem Unternehmenswechsel über Kreuz, und dann zahlte es sich aus, wenn Sie mehrere Zwischenzeugnisse haben. Sie werden möglicherweise die Erfahrung machen, dass Personalabteilungen nicht gerade enthusiastisch auf diese Zusatzbeschäftigung reagieren und Sie teilweise nachhaken müssen. Doch geben Sie nicht auf. Für die Abfassung von Arbeitszeugnissen gelten bestimmte Vorgaben, Regeln und Codes, über die Sie sich informieren sollten.

# 7.3 Kraftfeldanalyse

Der Ausdruck Kraftfeldanalyse *(Force Field Analysis)* ist in Abschn. 7.2 bereits gefallen. Dort wurde geraten, sich von Dingen (und Menschen) zu verabschieden, die einem im Weg sind bzw. nur Energie kosten. Aufgrund ihrer Anschaulichkeit lohnt sich ein genauerer Blick auf diese Technik.

> Unter **Kraftfeldanalyse** versteht man eine einfache Methode zur Analyse der treibenden und rückhaltenden Faktoren in einer Situation.

Die Kraftfeldanalyse stellt einen Vorstellungsrahmen für eine (ursprünglich soziale) Situation dar. Sie betrachtet Kräfte, die entweder auf ein Ziel hintreibend (helfende Kräfte) oder blockierend wirken (hindernde Kräfte) und so einen Gleichgewichtszustand erzeugen (s. Abb. 7.2). Die Kraftfeldanalyse wird unter anderem im Bereich der Sozialwissenschaften und Psychologie wie auch im Prozess- und Change-Management verwendet.

Die Methodik dient in verschiedenen Phasen von Problemlösungsverfahren zur Darstellung der Situation. Wichtig ist die Erkenntnis, dass eine Veränderung der Situation meist auf einem von zwei Mechanismen beruht:

- Man kann die helfenden Kräfte verstärken.
- Man kann die hindernden Kräfte abschwächen.

Am besten strebt man beides zugleich an.

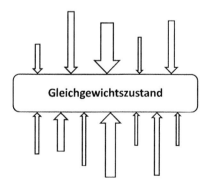

**Abb. 7.2** Gleichgewicht der Kräfte. (Eigene Darstellung in Anlehnung an Yotwen 2007; Wikipedia 2020c)

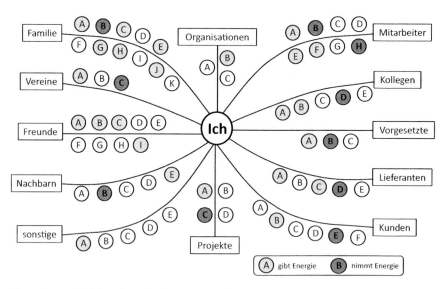

**Abb. 7.3** Kraftfeldanalyse für die persönlichen Kontakte, beispielhaft dargestellt als *Mindmap*

Die Kraftfeldanalyse ist ein einfaches Verfahren zur ersten, schnellen Analyse von Situationen. Damit unterstützt sie vorrangig das Ziel, auf bestehende Möglichkeiten aufmerksam zu machen. Im Rahmen des Selbstmanagements bietet sich an, die Kraftfeldanalyse auf die Personen anzuwenden, mit denen man regelmäßig in Kontakt steht. Dazu eignet sich eine *Mindmap* wie in Abb. 7.3 gezeigt, in der die hauptsächlichen Kontakte im privaten, beruflichen und öffentlichen Umfeld eingezeichnet sind. Achten Sie darauf, dass Sie alle relevanten Zielgruppen und Individuen erfasst haben, mit denen eine Wechselwirkung besteht. Anstelle von Personen kann es unter gewissen Umständen auch angebracht sein, Abteilungen, Organisationen oder sonstige Gruppen pauschal zu erfassen.

Dabei wird notiert, wie Sie die betreffenden Kontakte aus heutiger Sicht bewerten. Dies lässt sich beispielsweise daran festmachen, ob die betreffenden Personen Ihnen selbst Energie *geben* und Sie in Ihren Absichten, Vorhaben und Aktionen unterstützen. Dies sollte auf den Lebenspartner, einen echten Freund oder Ihren Mentor zutreffen. Ebenfalls markiert werden die Kontakte, die Ihnen Energie *rauben* – die nerven, alles durcheinanderbringen und Ihnen womöglich (absichtlich oder unabsichtlich) schaden.

**Fragen**

Auf der Basis dieser Visualisierung können Sie Ihr weiteres Vorgehen im Rahmen von Veränderungsprozessen planen; dazu bieten sich folgende Fragen an:

- In welchen Bereichen sind Probleme lokalisiert, wo ticken Zeitbomben? Wie kann ich die betreffenden Personen erreichen, um vorhandene Konflikte zu lösen? Wäre es vielleicht besser, den Kontakt mit ihnen aufzugeben – im Sinne von *Unclutter Your Life* etwa derartig eingestufte Mitarbeiter zu versetzen, Verwandte zu meiden und Vereine zu verlassen?
- Welche externen Faktoren spielen eine Rolle, die ich (zumindest momentan) nicht beeinflussen kann? Wo habe ich Handlungsspielraum, wo nicht?
- Welche Personen kosten mich lediglich Energie und Zeit, ohne mir jedoch direkt zu schaden? Was sollten diese im Gegenzug für mich tun, um die Balance zu wahren, und wie kommuniziere ich dies?
- Mit wem müsste ich mehr Zeit verbringen? Welche relevanten Kontakte kann ich um mehr Unterstützung bitten? Von wem hole ich mir am besten (mehr) Feedback, wer käme als Mentor infrage?
- Wie gut gelingt es mir, die verschiedenen Interessen unter einen Hut zu bringen? Wie steht es generell um meine Effektivität und Effizienz? Was muss ich dringend korrigieren? Welche nächsten Schritte sind ratsam?

Eine derartige Analyse Ihrer Situation im aktuellen Umfeld mit den resultierenden Maßnahmen schließt sich inhaltlich unmittelbar an die in Abschn. 3.1 gestellten kritischen Fragen an; es charakterisiert und optimiert Ihr Netzwerk. Ehrliche und vorbehaltlose Antworten beinhalten vielfach bereits Hinweise zum angezeigten Vorgehen.

# 7.4 Feedback und blinde Flecken

Das Thema Feedback wurde bereits mehrfach angesprochen. Folgendes wird darunter verstanden:

**Feedback** nennt man im Bereich der menschlichen Kommunikation die Rückübermittlung von Informationen durch den Empfänger einer Nachricht an den Sender jener Nachricht. Diese Informationen melden dem Sender, was der Empfänger wahrgenommen bzw. verstanden hat, und ermöglichen dem Sender, durch etwaige Korrektur des Verhaltens auf die Rückmeldungen des Empfängers zu reagieren (Wikipedia 2020a).

In Assessment Centern erhält man Feedback von Psychologen und Beobachtern, als Mitarbeiter vom Vorgesetzten und als Mentee vom Mentor – meist allerdings über das Verhalten Dritten gegenüber in verschiedenen Situationen. In Erwartung von Feedback vereinigt sich gewöhnlich die Vorfreude darauf, positive Dinge über sich zu hören, mit der Angst, doch nicht so perfekt zu sein wie geglaubt.

**Feedback geben und annehmen**
Nur derjenige entwickelt sich als Persönlichkeit weiter, der willens und in der Lage ist, Feedback anzunehmen und in sein zukünftiges Handeln einfließen zu lassen. Leider wird dieser Aspekt von vielen Menschen missachtet. Der Hauptgrund ist oft das eigene Ego, das verhindert, dass der Betreffende ein differierendes Selbst- und Fremdbild erfolgreich in Einklang bringen kann und es zuweilen nicht einmal ernsthaft versucht.

Auf eine solche Verweigerungshaltung trifft man immer wieder – beratungsresistente Mitmenschen sozusagen –, und niemand ist von diesem Verhalten auch selbst völlig ausgenommen. Die Ursache könnte darin zu finden sein, dass Kritik, insbesondere negative, von vielen Menschen instinktiv als Überlegenheitsgeste des Gegenübers abgelehnt wird. Und so ist es für das Individuum schwierig, in der Kritik die Vorteile zu sehen – das erfordert Vertrauen in den Kritiker und muss erlernt und geübt werden. Es bedarf eines hohen Maßes an Selbstüberwindung, seine Schutzeinrichtungen (die interne *Firewall*) herunterzufahren und sich anzuhören, was der andere zu sagen hat. Es hat den Anschein, dass sich der Feedbackgeber generell in der besseren Position befindet als der Feedbacknehmer. Doch dieser Schein trügt.

> **Irrtum 20**
> „Feedback zu geben ist viel einfacher, als Feedback anzunehmen."

Diese Aussage stimmt genauso wenig wie ihre Umkehrung. Konstruktives Feedback zu geben, das erfolgreiche Verhaltensänderungen nach sich ziehen kann, ist nicht so trivial wie das unreflektierte Kritisieren beispielsweise eines schlechtleistenden Mitarbeiters. Gute Feedbackkultur beinhaltet beispielsweise, sich als Gebender nicht ungefragt bzw. ungewünscht zu äußern. In der Praxis bedeutet dies, dass man denjenigen, dem man etwas sagen möchte, zunächst fragt, ob er für einen Kritikpunkt offen ist. Nun kann es heikel werden, denn der zu Kritisierende läuft vielleicht rot an, und die Frage mag von Natur her schon so suggestiv sein, dass Ablehnung bereits einen Gesichtsverlust darstellt.

Deshalb sollte derjenige, der Kritik äußert, behutsam vorgehen und die anzusprechende Angelegenheit weitgehend neutral und nebensächlich behandeln – „den Ball flach halten". Je belehrender, anmaßender oder gönnerhafter der Kritiker auftritt, desto proportional geringer sind die Chancen, dass seine Äußerungen auf fruchtbaren Boden fallen. Allerdings ist zu bedenken:

> Wenn das Umfeld aufhört, jemanden zu kritisieren, hat es einen aufgegeben. Im Umkehrschluss bedeutet diese Beobachtung: Solange Sie von anderen kritisiert werden, gehören Sie noch dazu, sind kritikwürdig und stellen somit eine Instanz dar.

Je älter der Mensch wird, desto mehr Probleme hat er, Kritik anzunehmen. Als Berufsanfänger gebietet der Überlebenstrieb in der neuen Organisation, dass man sich zurückhält und nach den vorhandenen Regeln spielt. Zu Beginn der Laufbahn besteht am ehesten die Chance, konstruktive Kritik anzunehmen und zu beherzigen. Doch schon im besten Alter einer Führungskarriere (zwischen 45 und 60) mangelt es bei manchen Mitmenschen an der gebotenen Kritikfähigkeit. Die letzte Phase im Seniorenalter nennt man *Altersstarrsinn,* und hier sollte den betagten Personen zugutegehalten werden, dass Körper und Geist bereits gewisse Abnutzungserscheinungen zeigen, die eine gerechte Abwägung von Fakten, Meinungen und Interessen erschweren mögen – die Flexibilität gerät abhanden.

Bei der Diskussion der Erfolgsgleichung in Abschn. 3.4 wurde der Einfluss der Gene und vor allem des Elternhauses auf das berufliche Fortkommen angeführt. Diese Faktoren wirken sich natürlich ebenso auf die Persönlichkeitsentwicklung aus. Kinder saugen Wissen förmlich auf und ahmen Verhalten nach – der Schluss liegt nahe, dass sie wesentliche Vorgehensweisen von ihren Eltern übernehmen, die sie zwei Jahrzehnte lang intensiv beobachten konnten. Diese Verhaltensmuster – positive wie negative – kann das Kind später im Erwachsenenalter kaum jemals komplett ablegen („Du verhältst Dich genauso wie Dein Vater!"). Eine denkbare Konsequenz ist, dass ein bestimmtes Verhalten – in abgeschwächter und modifizierter Form zwar – nahezu zwangsläufig an die jüngere Generation weitergegeben wird und erhalten bleibt. Dessen sollte man sich bewusst sein, auch wenn es einem nicht gefällt, dass man ab und an vom Umfeld mit seiner Mutter oder seinem Vater verglichen wird. Doch nur so kann man es schaffen, die positiven Verhaltensmuster zu bewahren und zu stärken und die negativen, teils verhassten weitgehend abzulegen oder wenigstens zu kaschieren.

## 360°-Feedback

Das Konzept einer Rundumbetrachtung mit Selbsteinschätzung sowie Fremdeinschätzung aus verschiedenen Blickwinkeln (von oben/von unten/ von der Seite) nennt man 360°-Feedback. In der Auswertung werden einerseits Selbst- und Fremdeinschätzung verglichen, andererseits aber auch die Sichten von Vorgesetzten, Kollegen und Mitarbeitern gegenübergestellt. Dadurch lassen sich wertvolle Hinweise über das *Standing* des Bewerteten gewinnen, die neben der Selbsteinschätzung auf einer breit abgefragten Fremdbewertung beruhen. Gegebenenfalls werden so auch verborgene Probleme frühzeitig erkannt, etwa mit dem Chef oder mit Mitarbeitern.

> **360°-Feedback** (auch: 360-Grad-Beurteilung oder *Multi Rater Feedback*) ist eine Methode zur Einschätzung der Kompetenzen und Leistungen von Fach- und Führungskräften aus unterschiedlichen Perspektiven, z. B. aus Sicht der Mitarbeiter, der Vorgesetzten, der Kollegen, Teammitglieder oder auch der Kunden und Lieferanten. Mit den letztgenannten Kontakten kommen somit auch laterale Verknüpfungspunkte zu Wort.

Der Ursprung liegt bei der Wehrmacht, wo bereits um 1930 im Rahmen eine Vorläuferversion des heutigen Assessment Centers, das sogenannte *Rundgespräch,* zur Auswahl von Offiziersanwärtern eingesetzt wurde. Dabei stellte sich unter anderem heraus, dass die Einschätzung der Kameraden die Frontbewährung besser voraussagen konnte als Testergebnisse.

Die Bedeutung der Methode des 360°-Feedbacks resultiert aus der Tatsache, dass Lernen ohne Feedback kaum denkbar ist. Es basiert darauf, dass es bei zunehmender Arbeitsteilung für eine einzelne Person immer schwieriger wird, eine einigermaßen objektive Einschätzung der Arbeitsergebnisse und des Verhaltens anderer vorzunehmen. (Das Thema klangt in Zusammenhang mit der Bewertung von Beschäftigten im Homeoffice bereits an; s. Abschn. 2.3.)

Traditionelle Vorgehensweisen greifen daher meistens zu kurz. Durch den Vergleich des Selbstbilds mit Fremdbildern aus verschiedenen Perspektiven entsteht eine sehr realistische Einschätzung der Leistungen und Verhaltensweisen des Feedbacknehmers, und aus der Analyse der Stärken und Schwächen lassen sich konkrete, praxisnahe Lern- und Verbesserungsmöglichkeiten ableiten. Diese Vorgehensweise ist zwar mit relativ hohem

Aufwand verbunden, rechtfertigt diesen jedoch gewöhnlich durch die ebenfalls hohe Aussagekraft der Ergebnisse.

360°-Feedback führt aus folgenden Gründen nicht automatisch zu einer Verhaltensänderung oder Kompetenzverbesserung:

1. Akzeptanzprobleme können auftreten, vor allem wenn die Ergebnisse für die beurteilte Person negativ ausfallen.
2. Insbesondere beurteilten Führungskräften mag es an Einsicht, Willen und Bereitschaft fehlen, ihr Verhalten zu verändern.
3. Beurteilte Mitarbeiter sehen keine unmittelbaren Vorteile in der Umsetzung der Resultate.

Zu einer erfolgreichen Verwertung und Nutzung der Ergebnisse gehören daher konkrete Entwicklungsmaßnahmen wie Training, Coaching und die Verknüpfung mit Zielen und Kennzahlen z. B. im Rahmen einer Leistungs- und Potenzialeinschätzung.

> Beim 360°-Feedback geht es nicht um Vergangenheitsbewältigung oder „Aburteilung" von Mitarbeitern, sondern um die Verwirklichung klarer Ziele des Unternehmens, die für jeden nachvollziehbar sind. Das Verfahren wird sinnvollerweise nicht in Krisenzeiten durchgeführt, wenn Entlassungen oder Umstrukturierungen anstehen.

**Johari-Fenster**

Bei einer fundierten Betrachtung des Themas Feedback kommt man um die Diskussion des Johari-Fensters nicht herum. Dieses Konzept aus der Psychologie beschreibt ein Fenster bewusster und unbewusster Persönlichkeits- und Verhaltensmerkmale zwischen einem selbst und anderen oder einer Gruppe. Entwickelt hatten es 1955 die amerikanischen Sozialpsychologen Joseph Luft und Harry Ingham, deren Vornamen für die Namensgebung dienten. Mithilfe des Johari-Fensters wird der sogenannte blinde Fleck im Selbstbild eines Menschen, der *Blind Spot,* illustriert.

Dieser Ansatz spielt eine bedeutsame Rolle zur Demonstration der Unterschiede zwischen Selbst- und Fremdwahrnehmung und gehört zum Standardrepertoire gruppendynamischer Modelle und Verfahren. Meist werden bei der Durchführung innerhalb einer Seminargruppe von den – einander bekannten – Teilnehmern mehrere Adjektive aus einer größeren vorgegebenen Gruppe für die eigene Person und für die anderen ausgewählt.

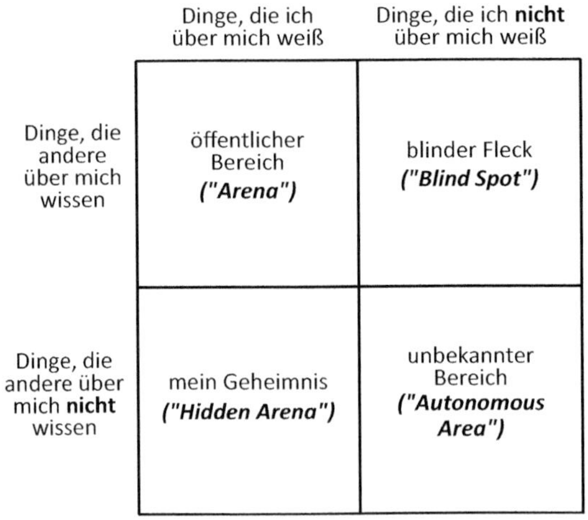

|  | Dinge, die ich<br>über mich weiß | Dinge, die ich **nicht**<br>über mich weiß |
|---|---|---|
| Dinge, die<br>andere<br>über mich<br>wissen | öffentlicher<br>Bereich<br>(*"Arena"*) | blinder Fleck<br>(*"Blind Spot"*) |
| Dinge, die<br>andere über<br>mich **nicht**<br>wissen | mein Geheimnis<br>(*"Hidden Arena"*) | unbekannter<br>Bereich<br>(*"Autonomous<br>Area"*) |

**Abb. 7.4** Die vier Bereiche des Johari-Fensters. (Eigene Darstellung in Anlehnung an Schlauer emu 2018/CC BY-SA 4.0, Wikipedia 2020b)

Abb. 7.4 zeigt schematisch die vier Bereiche, die im Johari-Fenster vorhanden sind. Es gibt mich betreffende Dinge und Eigenschaften, die sowohl mir als auch meinen Mitmenschen bekannt sind – die Arena. Weitere Attribute bleiben mein Geheimnis und werden als Hidden Arena bezeichnet. Problematisch kann der blinde Fleck sein, der das betrifft, was andere über mich wissen, mir selbst allerdings unbekannt ist.

Vorgänge und Verhaltensweisen im Bereich des blinden Flecks besitzen manchmal geradezu tragische Züge – vor allem dann, wenn sich der Betroffene lächerlich macht, ohne es zu merken. Die Mitarbeiter witzeln hinter dem Rücken des Vorgesetzten, die Mitspieler sind wenig begeistert vom Egoismus eines Teamkameraden, und das Auditorium ist entsetzt von der jämmerlichen Leistung eines Vortragenden. An dieser Stelle kommt das Feedback ins Spiel.

Die Arena mit Punkten zu meiner Person, die mir und anderen bekannt sind, lässt sich an zwei Begrenzungen erweitern (s. Abb. 7.5). Zum einen bin ich in der Lage – vielfach aber leider nicht willens –, von mir etwas preiszugeben, das das Umfeld so nicht weiß. Eine derartige Selbstöffnung kann Sympathie erzeugen, Interessenüberlappungen erkennen lassen und die Basis für gemeinsame Sicht- und Denkweisen, Positionen und Aktionen schaffen. Durch Teilen persönlicher Geheimnisse mit anderen verringert sich der Aufwand, der für die Geheimhaltung betrieben werden muss, und vergrößern sich die Freiheit und der Handlungsspielraum in der Öffentlichkeit.

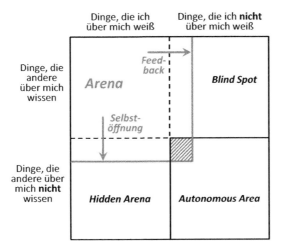

**Abb. 7.5** Erweitertes Bewusstsein im Johari-Fenster. (Eigene Darstellung in Anlehnung an Schlauer emu 2018/CC BY-SA 4.0, Wikipedia 2020b)

Noch wichtiger scheint zu sein, Dinge über mich zu erfahren, die anderen sehr wohl bekannt sind, mir jedoch aus verschiedenen Gründen bisher verborgen geblieben sind. Durch Mitteilen von Beobachtungen über blinde Flecken direkt an den Betroffenen (und der Akzeptanz dieses Feedbacks) lässt sich der blinde Fleck erfahrungsgemäß um 10 bis 20 % reduzieren, und das ist eine ganze Menge. Ich gewinne Erkenntnisse über mich und kann so meinen privaten und öffentlichen Handlungsspielraum bewusster wahrnehmen und ausfüllen.

Beide Wege ergänzen einander und helfen auch, Unbewusstes bewusst und dadurch handhabbar zu machen. Abb. 7.5 verdeutlicht, dass sowohl vom verborgenen Bereich meiner Geheimnisse und vom blinden Fleck als auch von der beidseitig unbekannten *Autonomous Area* (der schraffierte Bereich) etwas wegfällt. Und darin steckt ein zusätzliches Potenzial für die Persönlichkeitsentwicklung.

Mit Blick auf das 360°-Feedback wäre noch zu ergänzen, dass Mitarbeiter in vielen Fällen trotzdem nur 330° oder weniger Feedback erhalten und verwerten können, sodass der blinde Fleck entsprechend ausgeprägt bleibt. Für das Überdauern dieses blinden Flecks und das teilweise Scheitern der Feedbackgeber lassen sich mehrere Gründe anführen:

- Wir können uns nicht selbst beobachten. Wir haben ein Bild im Kopf, wie wir meinen und beabsichtigen „rüberzukommen", und unser Auftritt wird von Zeitgenossen manchmal ganz anders wahrgenommen. Dies ist ein wesentlicher Grund dafür, warum für Personen, die in der Öffentlichkeit stehen, entsprechendes Auftrittscoaching und Medientraining von hoher Bedeutung sind.

- Wir spüren zwar oft selbst, wie wir bei Mitmenschen anecken, schreiben dies aber vielfach den Begleitumständen zu (hoher Erfolgsdruck, unzulängliche Unterstützung, inkompetente Mitarbeiter …). Schuld sind immer die anderen – der blinde Fleck wird dadurch größer.
- Vielen Menschen fehlt die Einsicht dafür, inwieweit auch sie selbst zum Entstehen von Problemen beitragen. Eigene mangelnde Empathie, den falschen Ton oder unklare Kommunikation erkennt man vielleicht selbst nicht.

**Feedback verkleinert blinde Flecken**

Wie lässt sich hier zumindest ansatzweise Abhilfe schaffen? Blinde Flecken sind bei nahezu jedem Menschen vorhanden. Jedoch besteht meist trotzdem eine Erfolgsaussicht, diese zumindest bei sich selbst zu verringern:

- Akzeptieren Sie, dass auch Sie *Blind Spots* haben.
- Stellen Sie Feedback von Dritten nicht reflexartig in Zweifel, sondern überlegen Sie sich, ob es berechtigt ist und wie Sie damit umgehen.
- Wenn etwas bei solchem Feedback unklar sein sollte, weisen Sie es nicht zurück, sondern hinterfragen Sie die Rückmeldung und bitten Sie um Klärung.
- Bitten Sie Kollegen, Vorgesetzte und Mitarbeiter, die Ihnen Feedback geben, um Geduld, damit Sie die Chance haben, sich zu verbessern.

## 7.5  Streben nach Stabilität

Eine weitere Geschichte bringt die Betrachtungen zum angestrebten beruflichen Erfolg und zur Work-Life-Balance im Speziellen sowie zur Zufriedenheit im Allgemeinen auf den Punkt.

**Beispiel**

Ich saß im Rahmen einer Veranstaltung abends bei einem Glas Wein mit zwei Mitarbeitern eines deutschen Chemiekonzerns zusammen, die sich von der Arbeit her kannten, die beide obere Führungskräfte in verantwortungsvollen, wenn auch unterschiedlichen Positionen tätig waren und mit Anfang 60 nicht mehr weit von ihrem Ruhestand entfernt standen. Sie arbeiteten inzwischen an überwiegend lokal orientierten Aufgaben und Projekten.

> Beide erzählten, wie viel sie zuvor in ihrem Berufsleben herumgekommen waren und in welchen nahen und fernen Regionen sie Geschäfte gemacht hatten. Allerdings hatten sie mit zunehmendem (Dienst-)Alter und abnehmender „Restlaufzeit" mit großem Bedauern bemerkt, dass sie von den besuchten Ländern sehr wenig gesehen hätten – wegen der hohen selbstgesteckten Ziele und der knappen Zeit meist nur Flughäfen, Hotels, Fabriken und Konferenzräume. Beide sagten übereinstimmend, wenn sie nochmals dieselbe Karriere durchlaufen könnten, würden sie es definitiv anders machen und mehr Zeit für *Sightseeing* einplanen. (Diese Begebenheit fand viele Jahre vor der Corona-Pandemie statt ...)

Sind Sie also zufrieden? Oder bedauern Sie wie die beiden Herren im Beispiel vermisste Gelegenheiten und verpasste Chancen?

> Stellen Sie sich – unabhängig von dem Punkt Ihres Werdegangs, an dem Sie sich aktuell befinden – unvoreingenommen folgende Fragen: Gehöre ich da, wo ich momentan bin, wirklich hin? Bin ich gerne dort – oder wäre ich lieber woanders?

Konstruktives Selbstmanagement bedeutet, dass Sie die Dinge, die Sie selbst betreffen, immer wieder kritisch hinterfragen. Kommen Sie zum Schluss, dass alles im Lot ist – prima, weiter so! Stellen Sie Defizite fest, ist es nie zu früh oder zu spät für eine diesbezügliche Veränderung – bei den großen, aber auch den kleinen Dingen. Selbstmanagement heißt auch, die eigene Entwicklung selbstbestimmt zu gestalten. Verlassen der Komfortzone. Neues wagen, Chancen nutzen: alles schön und gut. Allerdings erfordert ein selbstbestimmtes Leben auch, dass man nicht nur darauf wartet, dass einem die Möglichkeiten in den Schoß fallen – man muss seinem Glück ab und zu schon mal ein bisschen aktiv nachhelfen.

Bevor es mit gezielten Betrachtungen zu Glück und Zufriedenheit in Kap. 8 auf die Zielgerade dieses Buchs geht, befassen wir uns noch mit einem Aspekt, der mit der Befriedigung von Bedürfnissen verschiedener Art zu tun hat und hier mit dem Oberbegriff *Stabilität* benannt werden soll. Darunter möchte ich die Erfüllung von Grundanforderungen ebenso verstanden wissen wie materielle und politische Stabilität.

> **Stabilität** bezeichnet die Eigenschaft eines Systems, frei von starken Schwankungen zu sein. Ein stabiles System neigt dazu, seinen momentanen Zustand beizubehalten, auch wenn Störungen von außen einwirken. Neben physikalischen Kräften können dies auch Störungen im übertragenen Sinne sein, wie Unruhen und politische Instabilitäten, Unfreiheit, finanzielle Not, Krankheit, soziale Probleme, fehlende Perspektiven, Korruption u. v. m.

Mit Blick auf Einkommen und Besitz kommt jedoch erst einmal eine weitere Halbwahrheit auf den Prüfstand:

**Irrtum 21**

„Geld macht nicht glücklich."

Wir Deutsche sprechen – anders als etwa US-Amerikaner – nicht gerne über Geld, über unser Einkommen, Bankkonto und den Wert des Hauses. Ich möchte es an dieser Stelle dennoch wagen. Der gängige Spruch „Geld macht nicht glücklich" scheint mehr eine Durchhalteparole für finanziell schlechter situierte Zeitgenossen zu sein, da er indirekt auf immaterielle Werte wie (Frei-)Zeit, Freundschaft, Familie, Solidarität, Altruismus usw. abstellt. Auch wenn der Besitz von Geld nicht in allen Lebenslagen Glück verheißt, kann ein chronischer *Geldmangel* dem Glück und der Zufriedenheit ganz schön im Weg stehen. Verbreiteter ist daher die Formulierung „Geld *allein* macht nicht glücklich".[1]

Es sollte nicht vergessen werden, dass in den meisten Fällen ab einem gewissen Niveau der Zufluss weiteren Geldes nicht zu einem weiteren Anstieg der Zufriedenheit führt. Absurd hohe Gehälter und Abfindungen, wie sie für manche Positionen vor allem in der Wirtschaft und im Profifußball gezahlt werden, sind weitgehend sinnfrei und dienen lediglich dazu, die „Wichtigkeit" des Empfängers zu manifestieren. Problematisch mit Blick auf das Selbstwertgefühl und die Zufriedenheit kann es für sehr vermögende Personen sein, wenn es sich um „altes" Geld aus Familienbesitz handelt: Viele Superreiche sind angeblich weniger glücklich als geringer bemittelte, da sie zu Sklaven ihres Besitzes geworden sind – außer sie lernen, selbstbestimmt mit dem Geld umzugehen und beispielsweise über Spenden und Stiftungen wohltätige Zwecke zu unterstützen.

**Lottogewinne machen doch glücklich**

Eine beliebte Frage in den Medien ist, ob Menschen, die einen Hauptgewinn in einer Lotterie gewonnen haben, dadurch langfristig glücklicher sind. Es werden immer wieder schillernde Beispiele von Personen angeführt, die das gewonnene Geld in ein paar Jahren durchbrachten und damit teilweise ins

---

[1]Oder, wie es ein Kölner Karnevalist vor vielen Jahren ausgedrückt hat: „Geld allein macht nicht glücklich, es gehören auch Aktien und Grundstücke dazu."

Verberben rauschten. Vergessen wird dabei die Vielzahl der Hauptgewinner, die anonym bleiben und mit dem Geld vernünftig umgehen. Und so wurden bis vor Kurzem die Schlüsse aus einer Studie von 1978 mit nur wenigen Dutzend untersuchten Fällen bereitwillig akzeptiert, dass Lottogewinner durch einen Gewöhnungseffekt langfristig *nicht* glücklicher waren als eine Vergleichsgruppe.

Ein Forscherteam von den Universitäten Warwick und Zürich nahm sich der Problematik an, indem es auf eine umfassende Datenbasis des Deutschen Instituts für Wirtschaftsforschung (DIW) zugriff und 370 größere Gewinner analysierte (Oswald und Winkelmann 2019). Insgesamt 30.000 Teilnehmer wurden vor der Auslosung und die Gewinner ein bis zwei Jahre nach ihrem Gewinn nach ihrer „allgemeinen Lebenszufriedenheit" sowie nach der „Zufriedenheit mit ihrer finanziellen Situation" gefragt. Das Ergebnis: Beides stieg signifikant an.

Lottogewinne machen also doch glücklich – wenn sie groß genug sind, zumindest für die kommenden zwei Jahre. Noch mehr Glück allerdings bescheren Lohnsteigerungen in gleicher Höhe. Auch das könne man in den Daten sehen und entspreche dem gesunden Menschenverstand, bemerkten die Autoren. Schließlich sind Lottogewinne einmalig, Lohnsteigerungen hingegen eher dauerhaft.

Daher die bekannte Ergänzung des Spruchs: „Geld macht nicht glücklich … *aber es beruhigt.*" Denn die meisten Menschen streben nach finanzieller Sicherheit. Geld als anerkanntes Tausch- und Zahlungsmittel ist immer Mittel zum Zweck und stellt keinen Wert an sich dar. Es ist gleichermaßen Recheneinheit, Wertmaßstab und Wertaufbewahrungsmittel. Ein hinreichend bezahlter Job sichert Versorgung und Stabilität. Zu letzterem, bereits eingeführtem Begriff muss ich etwas weiter ausholen.

Als Angestellter oder Selbstständiger sind Sie gut beraten, ein gesundes Verhältnis zu Ihrem – dienstlichen wie privaten – Umfeld und den damit verbundenen Möglichkeiten und Risiken zu entwickeln. Dazu gehören unter anderem die realistische Einschätzung von Rahmenbedingungen, Situationen und Veränderungen, darauf basierende logische Schlussfolgerungen und Handlungsempfehlungen, die Anwendung vernetzten Denkens für komplexe Probleme (Abschn. 4.4) sowie das Einholen von Feedback zur Unterstützung der Entwicklung Ihrer Führungskompetenz und Ihrer Persönlichkeit (Abschn. 7.4). In diesem Zusammenhang steht für die meisten auch ein *Streben nach Stabilität.*

Stabilität bildet im übertragenen Sinne ein solides Fundament, auf dem sich Ihr gesamtes übriges Selbstmanagementgebäude aufbaut. Sie ist zugleich die Basis und Konsequenz einer nachhaltigen, ergebnisoffenen Lebens- und Karriereentwicklung, also von ambivalentem Charakter.

**Abb. 7.6**   Bedürfnispyramide nach Abraham Maslow. (Eigene Darstellung in Anlehnung an Philipp Guttmann 2012; Wikipedia 2020d)

An dieser Stelle wäre die Maslow'sche Bedürfnispyramide zu erwähnen, auch „Maslowsche Bedürfnishierarchie" genannt (Wikipedia 2020d; Abb. 7.6). Der Mensch trachtet zunächst danach, seine Existenzbedürfnisse zu befriedigen – Atmung, Essen, Trinken, Schlaf und Wärme –, und konzentriert sich erst dann auf weitere Grundbedürfnisse (Wohnung, Freundschaften, Fortpflanzung, Gesundheit, Kommunikation u. v. m.). Von Maslow werden die Inhalte dieser untersten Stufe auch als *physiologische Bedürfnisse* bezeichnet.

Sind die Grund- und Existenzbedürfnisse der untersten Stufe relativ gut befriedigt (man geht von etwa 70 % aus), richtet sich der Wunsch auf die nächsthöhere Stufe der Pyramide: die *Sicherheitsbedürfnisse*. In diesem Zusammenhang erwähnt er auch den Begriff Stabilität. Darüber liegen dann die Stufen *soziale* und *Individualbedürfnisse* sowie die *Selbstverwirklichung*. Der letztgenannte Aspekt wurde unter der Überschrift „Selbstbestimmung" in Zusammenhang mit einer ausgeglichenen Work-Life-Balance in Abschn. 5.5 diskutiert.

Im Folgenden wird die zweitunterste Stufe der Bedürfnispyramide näher beleuchtet. „Sicherheit" soll im vorliegenden Kontext durch das umfassendere und daher treffender erscheinende Wort *Stabilität* ersetzt werden.

Alle sehnen sich nach Stabilität, und jeder Mensch hat einen – allerdings nur bedingten – Einfluss auf die Faktoren, die die Stabilität seines Umfelds bestimmenden. Ein Teil dieser Einflussgrößen (wie Herkunft und Situation im Heimatland) bildet überhaupt erst die Basis dafür, in welche Richtung sein Werdegang mit einer gewissen Wahrscheinlichkeit gehen könnte. Ein anderer Teil – denken Sie an den materiellen Wohlstand und die persönliche Erfüllung – ist die Art Stabilität, die sich erst aus diesem Werdegang heraus bestimmt.

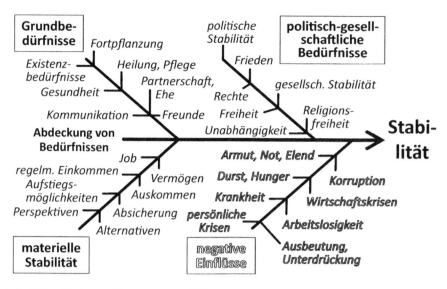

**Abb. 7.7**  Fishbone-Diagramm „Stabilität"

Abb. 3.2 enthält ein Fishbone-Diagramm, das die Einflüsse auf den beruflichen Erfolg visualisiert, Abb. 5.8 eines zur Work-Life-Balance. In Abb. 7.7 sind die Faktoren, die die Stabilität bestimmen, ebenfalls als Fishbone-Diagramm dargestellt. Dabei ist anzumerken, dass die Liste der aufgeführten Punkt bei weitem nicht abschließend ist, sondern lediglich einen exemplarischen Überblick über verschiedene Einflusskategorien geben soll.

Wie bei der Erfolgsgleichung und der Work-Life-Balance werden auch bei der Stabilität vier Einflusskategorien unterschieden:

- **Die Maslow'schen Grundbedürfnisse.** Neben den Existenzbedürfnissen Atmung, Essen, Trinken, Schlaf und Wärme sind im Fishbone-Diagramm weitere Grundbedürfnisse wie Gesundheit, Kontakt, Fortpflanzung usw. aufgeführt.
- **Die politisch-gesellschaftlichen Bedürfnisse.** Der Ast unterstreicht die privilegierte Stellung vieler europäischer Länder, in denen die Befriedigung dieser Bedürfnisse gegeben ist – ein Zustand, von denen viele Nationen der Erde nur träumen können.
- **Die materielle Stabilität.** Diese Kategorie betrifft die Befriedigung beruflicher und monetärer Bedürfnisse. Eine gute Ausbildung und eine passende Arbeitsstelle sind oft erst die Folge einer Befriedigung der Bedürfnisse auf den oberen beiden Ästen. Sie führen zu Einkommen, Auskommen und Vermögen und eröffnen Perspektiven.

- Und als Stabilitäts-„Senke" **die negativen Einflüsse.** Hier hat meist das Schicksal zugeschlagen, nachdem bereits ein gewisses Maß an Stabilität erreicht war: eine schwere Krankheit oder eine Krise durch den Tod des Partners, der Verlust des Arbeitsplatzes oder politische Umwälzungen – derartige Faktoren können dramatische Auswirkungen haben und lassen sich nicht in allen Fällen vorhersehen und vorbereiten.

> Die Herstellung einer stabilen Basis – wo immer möglich – ist eine der Grundlagen des erfolgreichen Selbstmanagements.

Vorausgesetzt Ihre Grund- und politisch/gesellschaftlichen Bedürfnisse sind (weitgehend) erfüllt (sonst würden Sie wohl kaum dieses Buch lesen): Gründen Sie eine Familie (dies erhöht statistisch gesehen Ihre Lebenserwartung), schaffen Sie sich ein Netzwerk von Freunden und Gleichgesinnten (ein richtiges, nicht eines in der Scheinwelt der sozialen Medien) und suchen Sie sich einen Job, der Spaß macht, Sie erfüllt und Herausforderungen und Karrierechancen bereithält. Betreiben Sie gleichzeitig persönliches Risikomanagement: Wie steht es um die Gesundheit? Wie stabil ist Ihre Lebenspartnerschaft? Wie sicher ist der Arbeitsplatz, und wie lautet der Plan B, wenn eine dieser Errungenschaften bedroht ist? Wie solide ist Ihr Geld angelegt? (Der Mix macht's; je höher die Zinsen, desto gravierender das Risiko – und trauen Sie keinem Anlageberater, der Ihnen etwas anderes weiszumachen versucht.) Geld schafft Stabilität und trägt ebenfalls zur Verlängerung der durchschnittlichen Lebenserwartung bei – Gutverdiener leben bis zu zehn Jahre länger als Personen in prekären Verhältnissen, dieselbe Zeitdifferenz wie zwischen Nichtrauchern und Rauchern. Sicherheit und stabile Verhältnisse sind wesentliche Voraussetzungen für Glück und Zufriedenheit. Doch es gehört noch wesentlich mehr dazu, wie Kap. 8 zeigt.

### Zusammenfassung

1. Um starken Stress und dessen negative Auswirkungen zu vermeiden, sollten Sie nie mehrere gravierende Veränderungen in Ihrem Leben zugleich realisieren.
2. Stehen Veränderungen im Unternehmen an, ist es günstig, zur Gruppe der Gestalter zu gehören.

3. Verlassen Sie ab und zu Ihre Komfortzone, um neue Erfahrungen zu machen und Ihr Selbstvertrauen zu stärken – die Belohnung liegt meist hinter dem Horizont.
4. Nur Sie selbst sind für Ihr Denken, Erleben und Handeln verantwortlich. Sie sollten also nicht darauf warten, dass etwas geschieht – sorgen Sie dafür, dass es geschieht.
5. Wenn das Unternehmen einen Veränderungsvorschlag macht und der Mitarbeiter nicht selbst proaktiv danach fragt, wird dies seinen Verhandlungsspielraum oft erheblich vergrößern.
6. *Unclutter Your Life* – befreien Sie sich in Ihrem Umfeld von unnützen, belastenden und zeitfressenden Dingen, Aktivitäten und Kontakten.
7. Führen Sie eine Kraftfeldanalyse Ihrer direkten Kontakte durch und optimieren Sie Ihr Netzwerk.
8. Holen Sie sich regelmäßig Feedback von anderen, um sich weiterzuentwickeln – auch und vor allem negatives Feedback kann wertvoll sein, um blinde Flecken zu erkennen und zu korrigieren.
9. Sorgen Sie in Ihrem Leben für materielle und sonstige Stabilität.

# Literatur

Holmes TH, Rahe RH (1967) The social readjustment rating scale. Journal of Psychosomatic Research 11–2: 213–218. https://doi.org/10.1016/0022-3999 (67)90010-4

Luft J, Ingham H (1955) The Johari window, a graphic model of interpersonal awareness. In: Proceedings of the western training laboratory in group development. University of California, Los Angeles

Oswald AJ, Winkelmann R (2019) Lottery Wins and Satisfaction: Overturning Brickman in Modern Longitudinal Data on Germany. In: Rojas M (Hrsg) The Economics of Happiness. Springer, Cham, S 57–84. https://doi.org/10.1007/978-3-030-15835-4_3

Roth S (2016) Selbstmanagement: Leitfaden zur persönlichen Veränderung. business-wissen.de, Internet-Veröffentlichung, aktualisiert 01. Dezember. https://www.business-wissen.de/artikel/selbstmanagement-leitfaden-zur-persoenlichen-veraenderung/. Zugegriffen: 25. Aug. 2020

Wikipedia (2020a) Feedback (Kommunikation). In: Wikipedia, Die freie Enzyklopädie. https://de.wikipedia.org/wiki/Feedback_(Kommunikation). Zugegriffen: 26. Aug. 2020

Wikipedia (2020b) Johari-Fenster. In: Wikipedia, Die freie Enzyklopädie. https://de.wikipedia.org/wiki/Johari-Fenster. Zugegriffen: 26. Aug. 2020

Wikipedia (2020c) Kraftfeldanalyse. In: Wikipedia, Die freie Enzyklopädie. https://de.wikipedia.org/wiki/Kraftfeldanalyse. Zugegriffen: 26. Aug. 2020

Wikipedia (2020d) Maslowsche Bedürfnishierarchie. In: Wikipedia, Die freie Enzyklopädie. https://de.wikipedia.org/wiki/Maslowsche_Bedürfnishierarchie. Zugegriffen: 26. Aug. 2020

Wikipedia (2020e) Stressor. In: Wikipedia, Die freie Enzyklopädie. https://de.wikipedia.org/wiki/Stressor. Zugegriffen: 24. August 2020. Holmes and Rahe stress scale. In: Wikipedia, Die freie Enzyklopädie. https://en.wikipedia.org/wiki/Holmes_and_Rahe_stress_scale. Zugegriffen: 24. Aug. 2020

# 8

# Glück und Zufriedenheit

Die Acht ist in vielen asiatischen Kulturen eine Glückszahl. Was liegt näher, als das Streben nach Glück und Zufriedenheit in diesem Kapitel zu thematisieren und den Versuch einer systematischen Anleitung zu wagen? Doch dazu bedarf es gegebenenfalls konsequenter Schritte, durch die man ein toxisches Umfeld hinter sich lässt. *Zufriedenheitsmanager* sind keineswegs Weicheier.

Es besteht durchaus die Möglichkeit, dass es trotz genutzter Chancen und gelebter Selbstbestimmung nicht gelingt, die bestehenden Arbeitsbedingungen für sich zu akzeptieren oder sie im Hinblick auf das eigene Wohlbefinden weiter zu verbessern. Dann ist es definitiv an der Zeit, über Alternativen nachzudenken und sich neu zu orientieren. Doch dies sollte wohlüberlegt und geplant erfolgen, damit die letztlich gewählte Alternative auch eine reale Verbesserung darstellt.

## 8.1 Keine Arbeit ist auch keine Lösung

In Abschn. 7.1 wurde erwähnt, dass laut Umfragen die Deutschen nichts so sehr stresst wie der Job. Man könnte daraus naiverweise den folgenden Schluss ziehen:

**Irrtum 22**

„Ohne Arbeit ginge es mir besser."

© Der/die Autor(en), exklusiv lizenziert durch Springer Fachmedien Wiesbaden GmbH, ein Teil von Springer Nature 2021
G. Wenski, *Selbstmanagement im Beruf*, https://doi.org/10.1007/978-3-658-33249-5_8

Doch ist dem bei näherem Hinsehen wirklich so? Eher nicht. Arbeit ermöglicht im Idealfall Selbstverwirklichung, stiftet Sinn und strukturiert und füllt den Tag. Sie definieren sich darüber und sollten in ihr Herausforderung und Erfüllung sehen und nicht die Quelle allen Übels. Die Bedeutung der Arbeit für persönliches Wohlbefinden und Zufriedenheit erkennt bisweilen nur, wer keine mehr hat: vor allem ungewollt Arbeitslose, jedoch ebenso Rentner oder Pensionäre, die mit der umfangreichen nun freigewordenen Zeit nichts Vernünftiges anzufangen wissen. Wenn die Herausforderungen wegfallen (s. Porter-Lawler-Modell in Abschn. 4.2), ist es schwer, eine tiefe innere Zufriedenheit zu erlangen. Und wie in Abschn. 5.2 beim Themenkomplex Burnout/Boreout erläutert wurde, wird sich derjenige, der im Abwärtsstrudel aus Langeweile, Frustration und gehemmtem Antrieb gefangen ist, schwertun, neue Ziele zu definieren und den Elan zu deren Realisierung aufzubringen.

### Stellenwert der Arbeit

Eine historische Facette soll hier kurz aufgegriffen werden. Mit dem *Recht auf Arbeit* ist heute das Recht gemeint, bei freier Berufswahl und Sicherung der menschlichen Würde arbeiten zu können. Dies beinhaltet keinen individuellen Anspruch auf einen Arbeitsplatz, sondern das Recht auf einen Schutz vor unverschuldeter Arbeitslosigkeit. Es geht zurück auf Charles Fourier, der es im Zuge der französischen Revolution als erster artikuliert hatte. Dieses Recht steht zwar nicht im Grundgesetz, jedoch in der von der Bundesrepublik Deutschland unterzeichneten UNO-Menschenrechtsdeklaration, die auch in einige Landesverfassungen aufgenommen wurde.

Hierzu ein paar Hintergrundinformationen: In der Antike hat man zwischen *Arbeit* (zur Sicherung des Lebensunterhalts erforderlich) und *Tätigkeit* (das, was Sinn macht) unterschieden. Im Mittelalter wurde im Schnitt deutlich weniger gearbeitet als später – immerhin gab es allein mehr als 50 kirchliche Feiertage. Fleiß und lange Arbeitszeiten sind im Prinzip Martin Luther und der Reformation zu verdanken. Die Spitze war 1830–60 als Folge der industriellen Revolution mit durchschnittlich 14 bis 16 Stunden täglicher Arbeitszeit vorwiegend in den neu errichteten Fabriken erreicht – erst 1918 wurde im Deutschen Reich die maximale wöchentliche Arbeitszeit bei einem Achtstundentag auf 48 Stunden gesetzlich begrenzt.

Im protestantisch geprägten Preußen gab es sogar ein Gesetz, das *Faulheit* unter Strafe stellte. Eine *Pflicht* zur Arbeit, wie sie die Weimarer Reichsverfassung und auch die DDR-Verfassung vorsahen, wäre mit dem heutigen Grundgesetz der Bundesrepublik Deutschland nicht vereinbar: Wer etwa von Einnahmen aus Zinsen oder von einem Lotteriegewinn leben kann, darf

nach Art. 2 in Verbindung mit Art. 12 Abs. 2 GG nicht zu einer Erwerbs-
tätigkeit gezwungen werden.

---

### Take it, change it, or leave it

Diesen Spruch, der auf die allermeisten Lebenslagen anwendbar ist, kennt man auch in der Formulierung *„Love it,* change it, or leave it". Auf Deutsch könnte man sagen: „Arrangieren Sie sich mit der Situation, ändern Sie diese oder verabschieden Sie sich von Ihrer Zielsetzung." Sie akzeptieren entweder die Dinge so, wie sie sind (*take it* bzw. *love it*); Sie bemühen sich, eine Situation zu verbessern, die Ihnen nicht behagt *(change it),* oder Sie suchen das Weite und gehen so dem Problem aus dem Weg *(leave it).* Mit Blick auf das Arbeitsleben mit seinen teils unerwünschten Begleiterscheinungen bedeutet das:

- **Take it:** Sie vermeiden eine Entscheidung und machen weiter wie gewohnt – das sind Sie sich und dem Unternehmen schuldig. Es gibt ja keinen, der Ihren Job so machen kann wie Sie selbst. Und Sie tragen die Verantwortung für Mitarbeiter und Geschäftserfolg. Unter Umständen haben Sie ja Glück, und die Situation wird besser. Wird sie aber vielfach nicht, und im schlimmsten Fall drohen mentale und körperliche Probleme.
- **Change it:** Sie machen sich (möglichst mithilfe Dritter, denn allein können Sie sich kaum aus sehr verfahrenen Situationen befreien) daran, systematisch die Grundlagen des Problems zu analysieren und diese anschließend Schritt für Schritt abzustellen. Stringentes Zeitmanagement, ein klares Führungskonzept, sauber definierte Verantwortlichkeiten u.-v.-m. helfen Ihnen dabei. Um Ihr seelisches Gleichgewicht zurückzugewinnen, benötigen Sie unbedingt einen adäquaten Ausgleich zum Beruf – Hobby, Sport, Urlaub, Familie und Freunde usw.
- **Leave it:** Sie beschreiten neue Wege und *gehen* (im Sinne von „verlassen") wirklich. Suchen Sie sich eine andere Aufgabe – entweder (und das ist der einfachere und deutlich risikolosere Weg) im eigenen Unternehmen oder außerhalb. Es ist heutzutage für eine Führungskraft nicht üblich, während der (langen) Karriere immer nur dasselbe zu machen[1] – warum also nicht jetzt etwas Neues? Aber überstürzen Sie bitte nichts und kündigen Sie nicht im ersten Ärger, aus Wut, Frustration oder gar Verzweiflung. Dies kann zwar momentan eine Befreiung bedeuten, führt erfahrungsgemäß mittel- und langfristig jedoch nicht dahin, wohin man gerne möchte. Eine fundierte strategische Planung sollte schon sein.

---

Das *Leave it* könnte allerdings auch heißen, dass Sie komplett aussteigen. Hierfür existiert keine Blaupause; eine profunde Anleitung zu geben fällt schwer. Ich kannte amerikanische Führungskräfte aus der Halbleiterbranche, die sich mit Mitte 40 ihre Aktienoptionen auszahlen ließen und

---

[1]Allerdings werden Arbeitnehmer, die alle ein bis zwei Jahre ihre Stelle wechseln, ebenso – meist zu Recht – mit Skepsis beäugt.

anschließend in Montana Schafe züchteten. Von Top-Managern las ich, dass sie auf einer spanischen Ferieninsel ein Hotel eröffneten oder als Tauchlehrer in der Ägäis arbeiten. Manche Hedgefonds-Manager kündigen mit Mitte 30 und erklären den Leuten die Finanzwelt. Andere Menschen leben bewusst sehr sparsam, um sich möglichst früh aus dem Erwerbsleben verabschieden und verwirklichen zu können. Das Internet ist voll von derartigen Geschichten.

**Es geht auch anders – Alternativen zum Hamsterrad**
Der Begriff „Hamsterrad" (s. Abb. 8.1) ist bereits im Zusammenhang mit *Downshifting* gefallen. Auch der Kreislauf *Eat, work, sleep, repeat* und die beschriebene Abwärtsspirale, die zur inneren Kündigung führen kann, haben wir bereits besprochen. Sehen Sie sich selbst möglicherweise in diesem Hamsterrad gefangen?

Bei der Konzeption von Seminaren zögere ich gewöhnlich, die in diesem Abschnitt dargestellte Thematik mit den Teilnehmern zu diskutieren. Vom möglicherweise erforderlichen Ziehen der beruflichen Reißleine und der Suche nach Alternativen wären deren Arbeit- und mein Auftrag-

**Abb. 8.1** Mitarbeiter im täglichen Hamsterrad. (Bild: Peggy und Marco Lachmann-Anke, Pixabay)

geber vielleicht nicht gerade begeistert. Hier im Buch bietet sich jedoch die Möglichkeit.

Das Wort „Hobby" ist bereits an vielen Stellen gefallen, und es kann nicht oft genug betont werden, wie wichtig ein *sinnstiftendes* Hobby als Ausgleich zum Beruf ist. Wir haben auch schon die Frage gestellt, ob Menschen, die ihr Hobby zum Beruf machen konnten, glücklicher sind. Beruf als Berufung, wäre das nicht optimal? Nicht unbedingt, denn es macht einen erheblichen Unterschied, ob man etwas als Hobby betreibt oder damit sein Geld verdienen muss. Schon viele Menschen haben realisieren müssen, dass der Spaß verloren ging, als aus dem Freizeitvergnügen ein Geschäft wurde. Es könnte sogar noch schlimmer kommen: dass Ihnen Ihr beruflich ausgeübtes Hobby auch als privates Steckenpferd nun keine Freude mehr macht.

Am Anfang ist außerdem vielfach nicht klar zu erkennen, welche Vorhaben sich ökonomisch rentieren. Allerdings ist Geld manchmal unwichtig für den, der eine Tätigkeit aus Leidenschaft ausführt (sofern nicht der private Ruin droht). Wer seine Vision verwirklicht und das Hobby zum Beruf macht, geht zweifellos ein Wagnis ein, das sich jedoch im Hinblick auf Zufriedenheit und Wohlbefinden lohnen kann.

Doch auch im Umfeld von Angestellten kann viel zum Positiven hin verändert werden – und zwar mit teilweise relativ einfachen Mitteln. Eine steigende Zahl von Unternehmen hat die Zeichen der Zeit erkannt. So hört und liest man immer wieder von erfolgversprechenden Ansätzen in der Arbeitsorganisation und -zielsetzung, die bei gutem Willen aller Beteiligten durchaus praktikabel sind und zu einer deutlich höheren Arbeitszufriedenheit und dadurch auch zu besserer Arbeitsleistung führen. Damit verbunden ist in der Regel die Bereitschaft, Neues zu wagen und Chancen nutzen; die betroffenen Mitarbeiter können selbstbestimmt agieren.

---

**Beispiele**

Es gibt zahlreiche Optionen für eine berufliche Neuorientierung – man muss sie nur sehen und als Alternativen erkennen. Nachfolgend ein paar Beispiele aus der Fülle des Angebots an Unternehmen, Branchen und Ansätzen, aus denen Sie wählen können.

- **Unkonventionelle Konzepte:** Insbesondere kleine Unternehmen in Branchen, von denen schnelle Innovationen verlangt werden – z. B. im IT- oder Entertainment-Bereich sowie unlängst in der Impfstoffforschung –, gehen mitunter recht unkonventionelle Wege, um die Kreativität ihres Personals auszuschöpfen. Da gibt es etwa keine festen Arbeitszeiten, Mitarbeiter wählen ihre Vorgesetzten, und jeder bestimmt sein Gehalt selbst. Dies führt zu flachen und teilweise gänzlich fehlenden Hierarchien, innovativen Lösungen, hoher Produktivität und Wertschöpfung. Die Folge sind einfallsreiche, motivierte Mitarbeiter. Vereinzelt starten auch größere Konzerne inzwischen derartige Initiativen.

- **Mitarbeiterbeteiligung:** Teilhabe am Unternehmen durch eine Mitarbeiter-kapitalbeteiligung bindet gerade Kompetenzträger an eine Gesellschaft, und Identifikation mit den Zielen und Leistungsmotivation können durch diese Maßnahme erheblich steigen. Allerdings hat sich die Idee der Mitarbeiterbeteiligung in Deutschland bis heute nicht umfassend durchgesetzt. Eine Ausnahme bildet das amerikanische Technologieunternehmen W. L. Gore & Associates mit seiner deutschen Niederlassung, dessen Angestellte zugleich Teilhaber *(Associates)* sind (Wüthrich et al. 2009, S. 159–167).
- **Banken:** Während in vielen anderen Wirtschaftsbereichen die Zahl der vom Markt bereitgestellten qualifizierten Mitarbeiter eher schrumpft, rennen den Banken momentan noch die Bewerber die Türen ein in der Hoffnung auf einen sicheren Arbeitsplatz und gute Vergütung sowie Aufstiegschancen – um möglicherweise später zu erkennen, dass sie nicht als Berater, sondern als Produktverkäufer in zementierten Hierarchiestrukturen gefangen sind. Dabei bieten heute mehrere sozial-ökologisch handelnde Banken ihre Dienste an, für die es sich zu arbeiten lohnt. Dort beziehen sowohl Angestellte als auch Vorstände ein adäquates Gehalt ohne Komponenten, die ein nicht nachhaltiges Wirken unterstützen würden; eine flache Hierarchie und die Einbindung von Mitgliedern und Kunden minimieren Reibungsverluste. Den Kunden, von denen sich immer mehr frustriert von den klassischen Geschäftsbanken abwenden, werden nur ethisch einwandfreie Anlageprodukte angeboten.
- **NGOs:** Für diejenigen, die sich mit den Gegebenheiten der Märkte nicht (mehr) anfreunden können, gibt es auch außerhalb der Wirtschaft Möglichkeiten, Geld zu verdienen. Neben Tätigkeiten in der öffentlichen Verwaltung bieten sich bezahlte Funktionen in einem Verein und in einer Nichtregierungsorganisation *(Non-Governmental Organization, NGO)* an. (Das Problem bei den beiden letztgenannten Interessenverbänden ist, dass die meisten Stellen ehrenamtlich sind.) Doch wer sorgfältig und hartnäckig sucht, findet dort möglicherweise seine Berufung.
- **Selbstständigkeit:** Wenn Sie über ausgeprägte Resilienz, Selbstdisziplin, kompetente Ratgeber, familiäre Unterstützung, Startkapital, Expertise und vor allem eine *sehr* gute Geschäftsidee verfügen, sollten Sie darüber nachdenken, sich mit dieser Idee selbstständig zu machen. Zahlreiche (doch bei weitem nicht alle) neue Unternehmer haben diesen Schritt nie bereut und schätzen das selbstbestimmte Wirken, auch wenn sie vielleicht länger arbeiten und weniger verdienen als vorher. Die Entscheidung für die Selbstständigkeit ist vielfach reizvoll, will jedoch genau überlegt sein: Von den genannten Alternativen für die berufliche Neuorientierung ist dies der drastischste und risikoreichste Schritt. Deshalb muss auch unbedingt darauf geachtet werden, dass für den Fall des Scheiterns ein Plan B vorliegt (vgl. das Beispiel des Automechanikers Felix Graupner in Abschn. 4.3).

Zahllose Unternehmen haben mit ihren innovativen Konzepten ein glückliches Händchen gehabt und machen im Hinblick auf das hier Besprochene anscheinend alles richtig – und der Erfolg gibt ihnen recht. Vertrauen in die Mitarbeiter, Forderung und Förderung derselben sind übergeordnete Handlungsmotive.

Die Arbeitswelt scheint nicht erst seit der Corona-Krise im Umbruch – mit einer Vielzahl an positiven und negativen Begleiterscheinungen. Arbeitsforscher gehen davon aus, dass etablierte Unternehmen erst dann einen Demokratisierungsprozess durchlaufen werden, wenn sie feststellen, dass ihre Attraktivität zu wünschen übrig lässt und sie von neuen Mitarbeitern als rückständige Organisationen eingeschätzt werden. Dies mag daran liegen, dass die heutigen Chefs aus der Baby-Boomer-Generation in klassischen Hierarchiestrukturen aufgewachsen sind und dadurch für ihr gesamtes Berufsleben entscheidend geprägt wurden. Erst eine neue Generation an Führungskräften hat hier eine echte Chance, durchgreifende Umbrüche zu bewirken, die oft nur durch Turbulenzen von außen angestoßen werden.

## 8.2   Glück und die Botenstoffe

Jetzt kommt ein *Happy End* – im wahrsten Sinne des Wortes. Was eignet sich im Hinblick auf das Thema Selbstmanagement besser, als vom Glück zu sprechen?

### Glück und Euphorie
Zunächst hat für die Menschen Priorität, die physiologischen Bedürfnisse gemäß der Maslow'schen Bedürfnispyramide (Abschn. 7.5) abzudecken: Essen, Trinken, Wärme und Schlafen. Danach geht es in mehreren Stufen weiter bis hin zur Selbstverwirklichung, wobei allgemein Glück und Zufriedenheit angestrebt werden.

| Irrtum 23 |
| --- |
| „Glück lässt sich messen und quantifizieren." |

Glück ist dabei ein sehr weit fassbarer Begriff von sowohl kurz- als auch langfristiger Natur, allerdings immer positiv belegt und erstrebenswert. Jedoch nicht leicht messbar: Fragt man die Einwohner einzelner Staaten, wie glücklich sie sind, erhält man je nach Schwerpunkten der jeweiligen Erhebung völlig unterschiedliche Ergebnisse.

> **Beispiel**
>
> Die Methodenprobleme bei Glücksstudien sind mannigfaltig; mal liegen Bangladesch, Aserbaidschan, Nigeria, die Philippinen und Indien auf den ersten fünf Plätzen, 2007 rückte der sehr arme und oft von der Natur gebeutelte Inselstaat Vanuatu an die Spitze der Glücksrangliste (mögliche Schlussfolgerung: Glücklich sein ist nicht an Wohlstand und Luxus gebunden). Dann wieder – im aktuellen UN-Report 2020 (Helliwell et al. 2020, S. 24–26) ebenso wie in den Jahren zuvor – die nordeuropäischen Länder, also das andere Ende der ökonomischen Skala.
>
> In Bhutan wurde 1972 gar die Kenngröße „Bruttonationalglück" eingeführt, die anstelle des Bruttosozialprodukts präzisere Aussagen über das Wohlergehen seiner Einwohner erlauben soll. Zwar hat Bhutan in seiner Verfassung den Umweltschutz festgeschrieben, doch auch dieses Land ist trotz Verbesserungen hinsichtlich der Freiheit seiner Bürger, Menschenrechte und Minderheitenschutz kein Vorbild.

In Zusammenhang mit dem Glücksempfinden soll der Blick zunächst auf die *Euphorie* gerichtet werden, ebenfalls ein positives Stimmungsbild. Darunter wird gewöhnlich eine temporäre überschwängliche Gemütsverfassung mit allgemeiner Hochstimmung, auch Hochgefühl genannt, verstanden – mit einem gehobenen Lebensgefühl größten Wohlbefindens, mit gesteigerter Lebensfreude und verminderten Hemmungen. Im Sprachgebrauch wird Euphorie häufig im Sinne von Leidenschaft oder Begeisterung benutzt. Insbesondere wenn es um Leidenschaften wie das Verliebtsein geht, spricht man von „Schmetterlingen im Bauch".

Beim Versuch einer Erklärung, was sich objektiv hinter den angestrebten Gefühlen Glück und Euphorie verbirgt, kommt man um die Biochemie und Pharmakologie nicht herum. Dies sind Fachgebiete, in denen selbst Experten bei der Vielzahl der involvierten Substanzen und Mechanismen Schwierigkeiten haben, den Überblick zu behalten, und der Laie staunt über die mannigfaltigen Prozesse, die im eigenen Körper ablaufen und die Stimmungen beeinflussen.

### Glück: eine Folge von Dopamin & Co.

*Himmelhoch jauchzend, zu Tode betrübt* – so könnte man prägnant das im Gehirn veranstaltete Wechselbad der menschlichen Gefühle ausdrücken. Und damit sind wir nach der Analyse des (beruflichen) Erfolgs, einer ausgeglichenen Work-Life-Balance und der Stabilität beim vierten Einflussfaktor angelangt, der für das Erreichen von Zufriedenheit verantwortlichen ist: dem kurzfristigen *Streben nach Belohnung*. Dieses Streben wird im menschlichen Organismus ganz unprätentiös durch Botenstoffe ausgelöst und gesteuert.

> Der Mensch tut gewöhnlich Dinge nicht aus Jux und Tollerei, sondern weil ihn etwas dazu antreibt.

Dieses auch im Tierreich übliche Verhalten, das dem Überleben dient, hat die Natur aus gutem Grund so vorgesehen. Vereinfacht gesagt wird der Mensch genau dann tätig, wenn er eine wie auch immer geartete Belohnung erwartet: Man folge der Porter-Lawler-Sequenz „Motivation→ Leistung→ Belohnung→ Zufriedenheit" (Abschn. 4.2) – dies stellt den Antrieb dar –, und ist dann glücklich und zufrieden (und teilweise sogar euphorisch), wenn man sie erhalten hat. Dabei spielt das Endorphinsystem eine entscheidende Rolle.

> Das **Endorphinsystem** (*Nucleus accumbens;* das „Belohnungszentrum") ist ein Knubbel von Nervenzellen tief in unserem Vorderhirn und wird mit dem Botenstoff Dopamin stimuliert. Die erzeugten Endorphine erregen andere Gehirnstrukturen und lösen dadurch Zufriedenheit und Freude aus.[2]

Im Belohnungszentrum reagieren Dopaminrezeptoren auf eine Fülle von endogenen (körpereigenen) und exogenen (nicht körpereigenen) Wirkstoffen mit Euphoriegefühlen. Neben den endogenen Opiaten können dies beispielsweise Ethanol, Nikotin, Barbiturate, Benzodiazepine, Amphetamin, Kokain, exogene Opiate, Tetrahydrocannabinol (THC), Phencyclidin und Ketamin sein.

Sucht ist meist auf eine Störung des Belohnungszentrums im Gehirn zurückzuführen, da etwa die erwähnten Drogen in dessen Mechanismen eingreifen. Diese Rauschmittel setzen wie beschrieben direkt im Gehirn an und führen dort zu einer Steigerung der Dopamin-Ausschüttung. Beim Konsum exogener Drogen, der gewöhnlich in unnatürlich hohen Dosen erfolgt, kommt es während der Wirkungszeit zu einer „Überschwemmung" mit diesen endogenen Botenstoffen, was beim Konsumenten ein intensives Glücksgefühl hervorrufen kann. Auch Erfolgserlebnisse bei der Arbeit, in

---

[2]Siehe auch Drogenkonsum (Abschn. 5.4), Laufsport (Abschn. 6.3) und Genuss von weißem Zucker (Abschn. 6.4).

Computerspielen oder beim Glücksspiel können das Belohnungszentrum aktivieren und süchtig machen.

**Wirkungsweise von Botenstoffen**
Im Organismus spielt sich eine Vielzahl von Prozessen ab, die von *Botenstoffen* gesteuert werden – dies ist der Oberbegriff. Ein Beispiel für eine Gruppe derartiger Botenstoffe sind Hormone.

> **Hormone** sind indirekt wirkende biochemische Botenstoffe, die im Organismus synthetisiert werden und Signale oder Informationen an Organe, Gewebe oder Zellgruppen übermitteln, die vom Bildungsort mehr oder weniger weit entfernt liegen können.

Zu den Hormonen zählen beispielsweise das stressverringernde Neuropeptid *Oxytocin,* die Steroidhormone *Testosteron* und sein Gegenspieler, das bereits erwähnte Stresshormon *Cortisol,* sowie Aminosäurederivate wie *Serotonin, Melatonin* und die Katecholamine *Adrenalin, Noradrenalin* und *Dopamin* (s. Kap. 5 und 6).

> **Neurotransmitter** sind im Gegensatz zu den Hormonen biochemische Botenstoffe des Nervensystems, die die Nervenzellen erregen oder hemmen, allerdings eine nur eng begrenzte lokale Wirkung besitzen.

Verwirrend ist, dass unter dieser Bezeichnung teilweise auch beide Stoffklassen verstanden werden. Bekannteste Beispiele für Neurotransmitter sind verschiedene *Endorphine,* körpereigene Opioidpeptide, die starke Schmerzen hemmen, jedoch auch Glücksgefühle und Entspannung nach starken körperlichen Anstrengungen vermitteln können (Stichwort „Runner's High").

Der nächste Schritt zum Verständnis der Wirkung von Botenstoffen führt zu den Glückshormonen (s. Abschn. 6.3 und 6.4).

> Zur Gruppe der **Glückshormone** zählen mehrere Botenstoffe, die sich positiv auf das Körperbefinden auswirken, beispielsweise die Substanzen Dopamin, Serotonin, Noradrenalin, Oxytocin, die Endorphine sowie Phenethylamin.

Das Gehirn setzt diese Botenstoffe bei unterschiedlichen Aktivitäten frei, z. B. bei der Nahrungsaufnahme, beim Genuss von Alkohol oder Schokolade und beim Sport. Sie alle haben spezifische Aufgaben und Wirkungen. Aufgrund ihrer mit Rauschgiften vergleichbaren Wirkung auf die Psyche werden Glückshormone auch als *endogene Drogen* bezeichnet. Hormone im engeren Sinne sind nur die vier erstgenannten Substanzen.

Wissenschaftler vermuten, dass das Zusammenspiel der Glückshormone entscheidend für das körperliche und seelische Wohlbefinden ist und ein entstehendes Ungleichgewicht Depressionen auslöst. Die Wirkung der Glückshormone wurde noch nicht genügend erforscht, um ein Zusammenspiel zu belegen – eine Blackbox sozusagen. Aus diesem Grund sollten die Funktionen der Hormone und Neurotransmitter einzeln betrachtet werden:

- **Serotonin, Dopamin** und **Endorphine** lindern Schmerzen, lösen Entspannungszustände aus und machen glücklich.
- **Serotonin** beeinflusst den Magen-Darm-Trakt, das Herz-Kreislauf-System und das Nervensystem – ein Mangel führt vielfach zu Angst oder Aggression.
- **Dopamin** ist für Antriebssteigerung und Motivation verantwortlich und erhöht das Wohlbefinden.
- Das dem Adrenalin verwandte **Noradrenalin** – das interessanterweise als Hormon und auch als Neurotransmitter wirken kann – regt das Herz-Kreislauf-System an.
- Das biogene **Phenethylamin** kommt im Bittermandelöl und in Kakaobohnen vor, ist Stammsubstanz der Katecholamine und vieler Halluzinogene und wird mit dem Entstehen von Lust- und Glücksempfindungen in Verbindung gebracht.
- Das „Kuschelhormon" **Oxytocin** verringert den Blutdruck und den Cortisolspiegel, wirkt sedierend und kann die Wundheilung unterstützen, aber auch zu Gewichtszunahme führen.

Das Wort Endorphin ist eine Wortkreuzung aus *endogen* und *Morphin* mit der Bedeutung „vom Körper selbst produziertes Opioid". Wichtigster Vertreter ist das Beta-Endorphin. Im Gehirn docken die Endorphine als körpereigene Morphine an dieselben Rezeptoren an wie Opiate, was berauschende und euphorische Glücksgefühle auslösen kann.

> Berufliche Erfolge sind neben dem Runner's High eine zusätzliche Möglichkeit zur Bewirkung einer Endorphin-Ausschüttung: Eine Beförderung, eine hohe Gratifikation oder Projektprämie oder ein erfolgreicher Geschäftsabschluss resultieren gewöhnlich ebenfalls in Euphoriegefühlen.

Im Prinzip führt auch jede Art von Machtausübung sowie Bewunderung durch andere zu einem steigenden Endorphinspiegel. Doch leider kann das starke Verlangen nach Endorphinen im Extremfall zur Sucht führen, wie etwa zu der erwähnten Spiel- oder Arbeitssucht.

Menschen können bei vielen weiteren als positiv empfundenen Dingen ein Endorphin-bedingtes Hochgefühl erleben – dazu gehören neben den bereits genannten Umständen auch Musikhören, Liebe, Sex, Spielgewinne u. v. m. Eine besonders starke Ausschüttung erfolgt dann, wenn eine erwartete Belohnung einen gewissen Unsicherheitsfaktor aufweist, also nicht in jedem Fall eintritt. Die Sequenz „Anstrengung→ Leistung→ Belohnung→ Zufriedenheit" erhält somit eine biochemisch beschreibbare Qualität.

Der Zustand der Euphorie stellt sich darüber hinaus nach überstandenen Extremsituationen ein, die einen *Kick* verursachen und auch simuliert werden können, etwa beim *Bungee Jumping,* was zur Ausschüttung von Endorphinen und Stresshormonen (besonders Adrenalin) führt. Dabei wird eine vegetative Wirkungskette in Gang gesetzt, die letztlich den Blutdruck und den Blutzucker sowie den allgemeinen Muskeltonus erhöht – dies schafft die Voraussetzungen für die rasche Bereitstellung von Energiereserven, die in gefährlichen Situationen das Überleben sichern sollen *(Fight or Flight).*

Der Fight-or-Flight-Ansatz wurde bereits bei der Charakterisierung von Assessment Centern erwähnt. Doch sind die Möglichkeiten zum Stressabbau bei einer Management- bzw. Schreibtischtätigkeit durch „Kampf oder Flucht" im engeren Sinne sehr begrenzt. Doch beachten Sie dieses Studienergebnis:

> Nur fünf Minuten Bewegung in grüner Umgebung bessern die Laune und das Selbstwertgefühl bemerkenswert und lindern Stress.

Die Wissenschaft ist noch weit davon entfernt, die Ursache-Wirkungs-Beziehungen zwischen den unterschiedlichen Botenstoffen im Detail zu verstehen. Bestimmte Neurotransmitter spielen zwar eine Hauptrolle im menschlichen Gefühlshaushalt, jedoch innerhalb eines vielgestaltigen Wirkungsgefüges. Solche Substanzen werden von der pharmazeutischen Industrie zu medizinischen Zwecken hergestellt und z. B. als Antidepressiva verschrieben.

Externe Auslöser der Ausschüttung von Glückshormonen können neben harten Drogen ebenso verschiedene Medikamente sein. Auch durch die Volksdroge Alkohol werden wie erwähnt Endorphine im Belohnungs-zentrum des Gehirns freigesetzt, die angenehme Gefühle beim Trinken hervorrufen. Kokain hingegen verzögert die Wiederaufnahme der Hirn-botenstoffe Dopamin, Noradrenalin und Serotonin in die Zellen, wodurch das zentrale Nervensystem massiv stimuliert wird. Die Störung im Dopaminspiegel ist für einen Teil der Entzugssymptome bei der Ent-wöhnung von Drogen verantwortlich.

## 8.3 Angst, Belohnung und Zufriedenheit

Auf Angst als Stressfaktor und gleichzeitiger Schutzmechanismus wurde in Abschn. 5.1 bereits kurz eingegangen. Angst ist – neben Freude, Ärger, Besorgnis, Grübeln, Trauer und Schrecken – eine der sieben Emotionen der Traditionellen Chinesischen Medizin (TCM). Eine Schlüsselrolle im medizinischen Diskurs der chinesischen Tradition spielt der Begriff *Qi*, der sich in etwa mit „Kraft" oder „Energie" übersetzen lässt. Das Gleichgewicht des Organismus nach der Qi-Dynamik besteht in einem Ausgleich von Gegensätzen wie „beschienen" und „schattig", „männlich" und „weiblich", „oben" und „unten", „außen" und „innen", „tätig" und „leidend" etc. Der Form ihrer Gegensätzlichkeit nach werden sie unter das Paar *Yin und Yang* gebracht (Wikipedia 2020b, c).

> **Yin und Yang**
>
> Die Bezeichnungen Yin und Yang stammen aus der chinesischen Philosophie. Sie stehen für polar einander entgegengesetzte und dennoch aufeinander bezogene duale Kräfte oder Prinzipien, die sich ergänzen. Ein weit verbreitetes Symbol des kosmischen Prinzips ist das *Taijitu* (Abb. 8.2), in dem das weiße Yang (hell, hoch, hart, heiß, männlich, positiv, aktiv, bewegt) und das schwarze Yin (dunkel, weich, feucht, kalt, weiblich, negativ, passiv, ruhig) gegenüber-stehend dargestellt werden. Es ist schwierig, die beiden Begriffe des Yin und des Yang präzise zu definieren, da sie in der klassischen Literatur für unter-schiedliche Dinge verwendet werden und auch dort keine genaue Definition existiert.

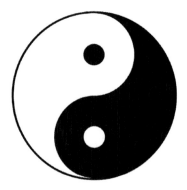

**Abb. 8.2**   *Taijitu*, das Yin-Yang-Symbol

Ein weiteres System aufeinander bezogener dualer Kräfte, das eng mit der Maximierung der Zufriedenheit zu tun hat, beinhaltet die erwähnte *Angst* (die in freier Interpretation dem Yin zugeordnet werden soll) und als Widerpart die *Belohnung* (passend zum Yang).

**Angst- versus Belohnungssystem**
Im Endorphinsystem (= Belohnungszentrum) mit seinen Dopaminrezeptoren liegt der Schlüssel zu einem etwas besseren Verständnis der Triebkräfte des Menschen und damit auch zu einer aktiv handhabbaren Strategie für mehr persönliche Zufriedenheit. Es scheint notwendig, dem Belohnungszentrum seinen Antagonisten gegenüberzustellen: das sogenannte *Angstsystem*. Denn Menschen handeln prinzipiell im Spannungsfeld dieser zwei grundlegenden, gegeneinander arbeitenden Systeme im Gehirn.

Das Belohnungszentrum (oder -system) ist derart dominant, dass man rational nicht dagegen angehen kann. Es entscheidet, was Sie und ich suchen, um unser Wohlergehen zu steigern. Leitmotto des Gehirns ist es, Gefahren zu meiden und Wohlbefinden zu suchen. Es belohnt – vereinfacht ausgedrückt – alle Aktivitäten des Menschen, die der Erhaltung der Art dienen („Ernähren und Vermehren").

Das über Serotonin, Noradrenalin und Cortisol gesteuerte Angst- bzw. Fluchtsystem entscheidet, was Menschen meiden, um Gefahren zu entgehen. Erst diese Schutzvorrichtung ermöglicht ein soziales Miteinander der Menschen, da es ein ungebremstes Ausleben „lustvoller" Handlungen verhindert. Den Begriff Angstsystem inhaltlich geprägt hat Borwin Bandelow, Oberarzt an der psychiatrischen Universitätsklinik Göttingen und Autor zahlreicher Schriften zu diesem Thema.

> Das Angstsystem erfüllt eine wichtige Warnfunktion gegen selbstzerstörerisches Verhalten, etwa den Konsum harter Drogen oder die Ausprägung von Spiel- oder Arbeitssucht.

Ist dieses Sicherheitsnetz durch Ignorierung oder Unterdrückung der Warn- signale, fehlgeleitete intrinsische Motivation oder auch die Einnahme legaler oder illegaler Drogen löchrig, gerät das mühsam aufgebaute System des Selbstmanagements in Gefahr.

Inzwischen wissen Forscher, dass der Nucleus accumbens nicht als einzige Hirnregion bei Suchtverhalten eine Rolle spielt. Die *Amygdala* (auch Mandelkern genannt) ist wichtig für die emotionale Färbung der Erinnerung, der *Hippocampus* dafür, dass überhaupt eine Erinnerung abgelegt wird. Auch in diesen Regionen zeigen Drogenabhängige Ver- änderungen. Das erklärt, warum sie selbst nach Jahren, in denen sie „clean" waren, bei Stress oder durch eine einfache Erinnerung rückfällig werden können.

Durch ihre Beteiligung an Emotionen und Entscheidungen ist die Amygdala an der Abwägung von Gewinn gegenüber Verlust beteiligt. Störungen daran führen dazu, dass den Betroffenen das Gefühl für eine korrekte Risiken/Nutzen-Betrachtung verloren geht. Die Amygdala, die im Gehirn von Tieren ebenfalls existiert, wird auch als *primitives Angst- system* bezeichnet. Zusätzlich liegt beim Menschen noch ein höheres, sozial geprägtes Angstsystem vor, das sich aus Erziehung, Umfeld und Moralvor- stellungen definiert. Hier kommen die in Abschn. 5.5 erwähnten Glaubens- sätze ins Spiel.

Die Wechselwirkung des Belohnungs- und Angstsystems kann auch aktiv anderen Menschen gegenüber ausgenutzt werden – dies ist gemeinhin als „Zuckerbrot und Peitsche" bekannt. Man stellt jemandem – der Vorgesetzte dem Mitarbeiter, der Aufsichtsrat dem Vorstand, der Kunde dem Zulieferer oder Eltern ihren Kindern – für den Erfolg eine Belohnung und für den Misserfolg Sanktionen in Aussicht: eine sehr effektive, teilweise jedoch auch perfide Vorgehensweise, die arge Nöte, Stress und Ängste bescheren kann.

Der Grat zwischen Angst und Belohnung ist oft sehr schmal – der Mensch steht an einem Kipp-Punkt, an dem nicht klar ist, was in Kürze passieren wird, und er befindet sich daher in einer (etwa durch Adrenalin- Ausschüttung bewirkten) eigenartigen gefühlsmäßigen Stimmung – Bereit- stellung von Reserven, Aufregung, Angst, aber auch Vorfreude auf die mögliche Belohnung. Typische Situationen wurden bereits erwähnt: die des Sportlers vor dem Wettkampf, des Studenten vor einer mündlichen Prüfung oder des Referenten vor einem wichtigen Vortrag.

**Flow, Angst und Belohnung**

Betrachten wir den Flow und das bilaterale Konzept Angst versus Belohnung noch etwas genauer. Im Flow stellt sich eine Art Glückgefühl ein, wenn die Fähigkeiten des Menschen in gleichem Maße wachsen wie die Herausforderungen. Sowohl der Läufer als auch der Arbeitnehmer gelangen in ein Gleichgewicht, bei dem der Körper Adrenalin und Serotonin freisetzt – ein Wohlfühlmaximum zwischen Über- und Unterforderung.

Beim Angst-/Belohnungssystem handelt es sich nach meiner Auffassung letztlich um *dasselbe* Phänomen wie beim Flow-Konzept: Sowohl Überforderung (die zum Burnout-Syndrom führen kann) als auch Unterforderung (mit Boreout als Folge) führen durch ihren Einfluss auf den Haushalt der Botenstoffe zur Aktivierung des Angstsystems mit der Folge, dass dem Gehirn eine Belohnung verweigert wird; Stress entwickelt sich so als Gegenpol zum Flow, Zufriedenheit weicht negativer Anspannung. Die erwünschte Belohnung wird erst im Flow-Zustand gewährt.

## Der vierte Ast: Streben nach Belohnung

Wie glücklich oder unglücklich wir sind, geht vor allem mit vier der genannten Botenstoffe sehr eng Hand in Hand. Dopamin, der alles entscheidende „Freudensaft" und Botenstoff zum Aufbau unserer Glücksgefühle, spielt – in Verbindung mit Noradrenalin und Beta-Endorphin – dabei die zentrale Rolle. Aber auch Serotonin ist an unserem Glück und Wohlbefinden maßgeblich beteiligt. Dies sind die stärksten, uns mental (gemütsmäßig-gedanklich) verändernden Wirkstoffe, die die Natur in Jahrmillionen zusammengebraut hat; ohne sie könnte unser Gehirn keine Informationen verarbeiten. Zu niedrigere Konzentrationen können neben generellem Unwohlsein und Antriebslosigkeit zu pathologischen Problemen führen.

Sämtliche Angst- und Glücks-, Panik- und Euphoriezustände des Menschen lassen sich biochemisch und neurologisch über das Zusammenwirken der Botenstoffe im Körper erklären. Egal, ob Sie eine schwierige Prüfung bestanden, einen Halbmarathonlauf hinter sich gebracht, eine Schachpartie gewonnen oder Ihre Mitarbeiter zusammengestaucht haben – immer ist der Nucleus accumbens beteiligt. Ein Abfall des Spiegels von Glückshormonen wie Serotonin und Dopamin oder die Ausschüttung von Stresshormonen wie Cortisol führen zu entsprechenden emotionalen Durchhängern oder sogar echten Angst- und Panikgefühlen.

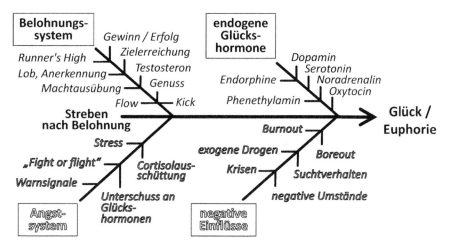

**Abb. 8.3**   Fishbone-Diagramm „Glück/Euphorie"

---

**Beispiel**

Das Leben ist sozusagen ein Ritt auf der hormonellen Rasierklinge. Die Vorfreude auf neue Abenteuer ist stets gepaart mit der Angst, was passieren kann – hier unterscheiden sich abenteuerfreudige und risikoscheue Zeitgenossen auch durch ihre hormonelle Prädisposition. Der süße Schmerz der unerwiderten Liebe, die freudig-gespannte Aufregung, nach dem Urlaub wieder ins Büro zu kommen (letzteres bezieht sich allerdings meist nur auf Angestellte, die nicht ständig erreichbar sind) – ein Veitstanz der Hormone.

Und denken Sie an das eigenartige Gefühl, wenn Sie zwischen Studium und Berufseinstieg oder zwischen zwei Stellen – selbst innerhalb desselben Konzerns – ein paar Wochen Freizeit genießen: Einerseits sind Sie froh, mit den aktuellen Anforderungen und ungelösten Problemen abgeschlossen zu haben (vielleicht auch mit ein bisschen Wehmut); andererseits befinden Sie sich in einer Art Aufbruchsstimmung, aber zugleich mit etwas Bauchweh wegen der Ungewissheit, was kommt.

---

Die Antagonisten Belohnungs-/Angstsystem und die Ausschüttung endogener Glückshormone im Kontrast zu vorwiegend exogenen negativen Einflüssen sind im Fishbone-Diagramm (Abb. 8.3) mit typischen Ursachen dargestellt – diese Liste der Einflussfaktoren ist wiederum erweiterbar. Auch auf dem darunterliegenden Level lassen sich derartige Paare von Gegenspielern ausmachen, etwa im Hinblick auf die Stress-Situation Testosteron/Cortisol sowie auf die Belegung von Opiatrezeptoren, die Wirkung von endo- und exogenen Drogen und der Flow als goldener Mittelweg zwischen Burnout und Boreout.

Aufbauend auf diesen physiologischen Gegebenheiten lauten meine Vorschläge:

- Verdeutlichen Sie sich den Einfluss von Hormonen und Neurotransmittern auf Ihr Befinden, akzeptieren Sie diesen und stellen Sie fest, wo Sie jeweils auf der Achterbahn der Gefühle stehen.
- Führen Sie gezielt Situationen herbei, die die Ausschüttung von Glückshormonen fördern. Lassen Sie die aufkommenden positiven Gefühle zu und erleben Sie die Euphorie bewusst.
- Vermeiden Sie jegliche Art von Suchtverhalten.
- Sehen Sie dazu von übermäßigem Konsum von Genussmitteln ab und gehen Sie illegalen exogenen Drogen konsequent aus dem Weg. Ihr Körper und Ihre Psyche werden es Ihnen danken. Auch wenn der Kick danach vielleicht hundertmal so stark ist wie beim Runner's High, können Sie letzteren doch gefahrlos tausendfach in Ihrem Leben wiederholen, ohne abhängig und krank zu werden – im Gegenteil.
- Wertschätzen Sie angenehme Situationen und genießen Sie das Leben.

## 8.4 Zufriedenheitsmanagement

Vorweg diese Betrachtung: Der Begriff *Selbstmanagement* bezeichnet nach Wikipedia (2020a) die „Kompetenz, die eigene persönliche und berufliche Entwicklung weitgehend unabhängig von äußeren Einflüssen zu gestalten". Nach meiner Auffassung drückt sich der Autor dieser Definition (ebenso wie die dem Artikel zugrunde liegende Fachliteratur) ungenau aus[3]: Selbstmanagement ist – wie Management und Führung von Mitarbeitern oder Unternehmen (oder Unternehmensteilen) – eher eine *Tätigkeit* als eine *Kompetenz.* Zu den Kompetenzen, die für die Realisierung eines erfolgreichen

---

[3]Die Tatsache, dass Inhalte von Wikipedia nicht immer inhaltlich völlig korrekt sind oder vereinzelt sogar durch gezielte Manipulation und Schleichwerbung verzerrt sein können, ist seit Jahren bekannt und dem Online-Lexikon sogar ein eigenes ausführliches Stichwort („Kritik an Wikipedia") wert. Alle in diesem Buch aufgeführten Wikipedia-Referenzen wurden im Rahmen der Möglichkeiten kritisch geprüft.

Selbstmanagements notwendig sind, zählen beispielsweise Willensstärke, Selbsterkenntnis und Realismus; die Aufzählung ließe sich fortsetzen. Beruflicher Erfolg in Verbindung mit einer ausgeglichenen Work-Life-Balance ist ein klarer Indikator für erfolgreiches Selbstmanagement.

Was könnte das übergeordnete Ziel eines konstruktiven und gelungenen Selbstmanagements sein? Für mich versinnbildlicht dies am ehesten der Ausdruck *Zufriedenheit* – er vereint die wünschenswerte Richtung vieler Ansatzpunkte und Verhaltensmuster, quasi das Licht am Ende des Tunnels.

> **Zufriedenheit** bedeutet, „innerlich ausgeglichen zu sein und nichts anderes zu verlangen, als man hat" und/oder „mit den gegebenen Verhältnissen, Leistungen oder Ähnlichen einverstanden zu sein, nichts auszusetzen zu haben" (Wikipedia 2020d).

Zufriedenheit kann ein Ziel des Menschen bei der Lebensbewältigung sein, das zu einem Zufriedenheitserfolg führt. Dieses Ziel möchte einerseits entdeckt werden und ist andererseits mit der erfolgreichen Realisierung von Anstrengungen verknüpft. Denken Sie etwa an solche Situationen:

- Sie haben eine Prüfung bestanden oder ein neues Musikstück zu spielen gelernt.
- Sie haben ein Sporttraining absolviert oder am Skatabend gewonnen.
- Sie haben ein Projekt abgeschlossen oder einen guten Vortrag gehalten.
- Sie haben eine Gehaltserhöhung bekommen oder sind befördert worden.
- Sie haben mit Ihrer Familie einen sorgfältig geplanten Urlaub oder eine Städtereise genossen.
- Sie sind im Job als Krisenmanager erfolgreich gewesen und haben effektiv geführt.
- Sie haben einen Spaziergang oder einen Dauerlauf im Grünen gemacht.
- Sie haben im Garten gearbeitet oder einen schönen Sonnenuntergang (Abb. 8.4) beobachtet.

Auch diese Liste lässt sich beliebig erweitern, das Prinzip ist immer wieder dasselbe.

**Abb. 8.4**    Sonnenuntergang: Symbol für Zufriedenheit

Ich würde den resultierenden Zustand in Anlehnung an die Physik als *labiles Gleichgewicht* bezeichnen. Die Zufriedenheit tritt im Leben nicht automatisch ein, sondern sie muss sich in der ständigen Auseinandersetzung mit der Unzufriedenheit behaupten. Wer in die totale Unzufriedenheit abgleitet, wird im Unglück enden, heißt es. Letztlich wird derjenige eher zufrieden und glücklich werden, der es versteht, seine inneren Erfahrungen zu steuern bzw. zu kontrollieren und negative Erlebnisse positiv zu verarbeiten.

**Zufriedenheitsmanagement** schließt im Rahmen des Selbstmanagements alle Maßnahmen ein, die zur Realisierung einer innerlich ausgeglichenen und damit zufriedenen Lebensführung notwendig sind. Der Begriff kommt ursprünglich aus der Personalentwicklung, die durch geeignete Maßnahmen die Mitarbeiterzufriedenheit im Unternehmen gezielt fördern will.

*Zufriedenheit* und *Glück* sind zwei Worte, die gerne nahezu synonym verwendet werden. In der Philosophie wurden schon im klassischen Athen umfangreiche Betrachtungen zu Glück und Zufriedenheit angestellt, und es handelt sich bis heute um ein aktuelles und spannendes Thema. Sucht man im Internet nach „Zufriedenheitsindikatoren", landet man nahezu automatisch bei Glücksindikatoren, etwa für das bereits erwähnte Bruttonationalglück von Bhutan. Andererseits ist der Ausdruck „Glück" in seinen vielfachen Kombinationen in der Berufswelt unüblich und womöglich nicht gerne gesehen, da er der Vorstellung von *Planbarkeit* widerspricht. Dort spricht man bevorzugt von Arbeitsplatzzufriedenheit und Ähnlichem und versucht, dafür einigermaßen objektive Indikatoren zu definieren und regelmäßig in der Belegschaft abzufragen.

Es wurde bereits dargelegt, dass die Menschen von verschiedenen Einflussfaktoren angetrieben werden. Eine wesentliche Rolle spielen dabei neurologische und hormonelle Prozesse im Körper – die dadurch erzeugten und erwünschten positiven Gefühle wie Glück und Euphorie lassen sich ganz unspektakulär mit biochemischen Reaktionen und Informationsflüssen erklären. Der berufliche Erfolg, der im Wesentlichen von Glück, Können und der Unterstützung von Mentoren beeinflusst wird, steht damit indirekt in Zusammenhang.

> Während Glückshormone kurzfristig ausgeschüttet – und wieder abgebaut – werden, ist das Streben nach Karriere und Erfolg eine eher auf Dauer ausgelegte Anstrengung.

Glücksgefühle und Erfolgserlebnisse sind wesentliche Bausteine auf dem Weg zu Zufriedenheit. Wenn dies die einzigen Komponenten wären, die einen Einfluss auf die Zufriedenheit des Menschen hätten, hinge der Himmel vermutlich voller Geigen – und das erschiene dann auch wieder langweilig. Es existieren als Gegenpol zahlreiche Faktoren, die sich negativ auf die Zufriedenheit auswirken. Hier sind die Niederungen im menschlichen Verhalten wie Neid, Mobbing und Machtmissbrauch ebenso gemeint wie übermäßige Belastung und daraus resultierend Stress und Krankheit. Dem kann eine ausgeglichene Work-Life-Balance entgegengesetzt werden.

Im Gegensatz zur (halbquantitativen) Erfolgsgleichung (Abschn. 3.4) kann man für die Zufriedenheit, die sowohl auf den langwelligen Komponenten beruflicher Erfolg und Stabilität als auch auf den kurzfristigen Faktoren Work-Life-Balance und der Ausschüttung von Glückshormonen basiert, keinen einfachen mathematischen Zusammenhang konstruieren. Zu komplex scheinen die gegenseitigen Wechselwirkungen zwischen diesen vier Einflüssen.

---

**Die Zufriedenheitsformel**

Vereinfacht lässt sich die Wechselwirkung von Zufriedenheit mit den verschiedenen Einflussgrößen durch folgende Beziehung ausdrücken:

$$Z = f \cdot (E,\ WLB,\ S,\ B)$$

mit Z = Zufriedenheit, f = Funktion *[lies: Z ist eine Funktion von …]*, E = (beruflicher) Erfolg, WLB = Work-Life-Balance, S = Stabilität und B = Belohnung (durch Botenstoffe).

Der Versuch einer präziseren mathematischen Darstellung wäre Unsinn. Alle Einflussgrößen – und somit auch Z – sind zeitabhängig. Um modellhaft den Zufriedenheitswert für eine Lebensphase oder das gesamte Leben ausdrücken zu wollen, wäre das Integral der aufgeführten Funktion über den betreffenden Zeitabschnitt zu bestimmen.

---

An vier verschiedenen Stellen (Abb. 3.4, 5.8, 7.7 und 8.3) wurden die entsprechenden vier Fishbone-Diagramme zu den genannten Zielgrößen Erfolg, Work-Life-Balance, Stabilität und Glück/Euphorie vorgestellt. In Abb. 8.5, 8.6, 8.7, und 8.8 sind diese in komprimierter Form nochmals abgebildet; an den Gräten sind der Übersichtlichkeit halber jetzt nur noch die jeweiligen Oberbegriffe für die Einflussfaktoren vermerkt. Zusätzlich finden sich an der jeweiligen Zielgröße Rechtecke mit den Wellenmustern.

Mit Blick auf die Zeitskala lassen sich die genannten Einflussfaktoren wie folgt charakterisieren:

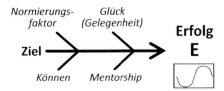

**Abb. 8.5**   Vereinfachtes Fishbone-Diagramm „Erfolg"

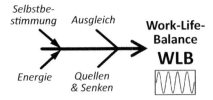

**Abb. 8.6** Vereinfachtes Fishbone-Diagramm „Work-Life-Balance"

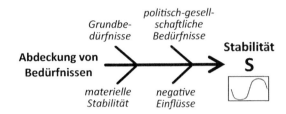

**Abb. 8.7** Vereinfachtes Fishbone-Diagramm „Stabilität"

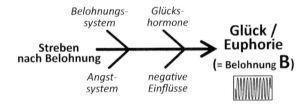

**Abb. 8.8** Vereinfachtes Fishbone-Diagramm „Glück/Euphorie"

- **Erfolg** und **Stabilität** sind als langfristige Größen anzusehen – hier ist in Jahren zu rechnen; prinzipiell kann die Zeitachse einen Bereich von Monaten bis zu Jahrzehnten umfassen.
- Die **Work-Life-Balance** umfasst dazu eher ein mittelfristiges Zeitfenster (Wochen; etwas weiter gefasst Tage bis Jahre).
- Die **Belohnung durch Botenstoffe** („Glückshormone") erfolgt dagegen kurzfristig (grob: Minuten, also ein Fenster von Sekunden bis maximal Stunden).

Mit diesen vier Bausteinen ist es nur ein kleiner Schritt, ein Übersichtsdiagramm (Abb. 8.9) zu erstellen, das die Quintessenz dieses Buchs grafisch abbildet: die Einflussfaktoren auf die berufliche Zufriedenheit.

Der Mensch, nicht zuletzt der moderne Berufstätige, befindet sich gewöhnlich in einem Spannungsfeld, in dem alle möglichen Kräfte an ihm

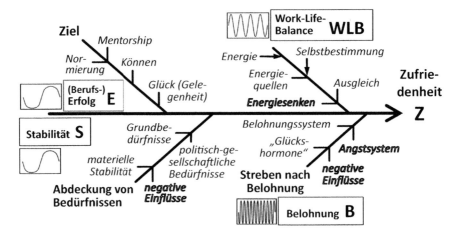

**Abb. 8.9**   Fishbone-Diagramm „Zufriedenheit": Die vier Einzeläste kombiniert

ziehen und zerren. Einflüsse unterschiedlichster Art – lang-, mittel- und kurzfristiger Natur – bestimmen sein Umfeld, seine Karriere und Zukunft, seine Ausgeglichenheit, sein kurzfristiges Glücksempfinden und seine Zufriedenheit. Es wäre wünschenswert, ein weitgehend selbstbestimmtes Leben zu führen, was sogar unter optimalen Umständen nicht immer gelingt.

Allerdings ist der Erfolg eine Zielgröße, die man bei geeigneter Planung und Umsetzung insbesondere im beruflichen Kontext sehr wohl mit beeinflussen kann. Dabei tut sich derjenige, der in stabilen Verhältnisse aufwächst und lebt, naturgemäß deutlich leichter als jemand, dessen Grundbedürfnisse nur unzureichend abgedeckt sind. Doch bei allem Karrierestreben, angesichts der Ausnutzung zahlreicher sich bietender Chancen und der Bereitschaft, ab und an seine Komfortzone zu verlassen, steht die auch von unten brennende Kerze (Abschn. 3.1) für genau den Zustand, der nicht nachhaltig ist:

> Im Rahmen eines erfolgreichen Selbstmanagements muss unbedingt ein Ausgleich zwischen Energiesenken und -quellen geschaffen werden, um einem Substanzverlust entgegenzuwirken.

Auf Basis der drei Äste *Stabilität, Erfolg* und einer ausgeglichenen *Work-Life-Balance* wird ein Arbeitnehmer oder Selbstständiger sich bereits eine solide Basis für eine nachhaltig zufriedene berufliche Entwicklung geschaffen haben, und auch im Privatleben helfen diese Betrachtungen. Jedoch darf als vierte Komponente die kurzfristige Belohnung durch die *Ausschüttung von Botenstoffen* nicht unterschätzt werden, die mit einem Erfolgserlebnis, einer erfüllten Erwartung oder einfach einem schönen Moment verbunden ist, den es zu genießen gilt. Sie stellt sozusagen das Sahnehäubchen auf dem Dessert der mittel- und langfristig ausgerichteten übrigen Kategorien dar. Das Ziel muss sein, sich im hier umrissenen Spannungsfeld sicher, offen und eigenverantwortlich zu bewegen mit dem Ziel, stets die größtmögliche Zufriedenheit zu erlangen.

## 8.5 Ein Schlusswort zur Aufmunterung

Wie lässt sich das bisher Gesagte auf den Punkt bringen? Auf welche Weise kann der Einzelne Erfüllung und Zufriedenheit im Beruf erfahren? Wege zu einem gelungenen Selbstmanagement finden? Die voranstehenden Kapitel haben dazu zahlreiche Tipps und Anregungen gegeben, zu Zeit- und Veränderungsmanagement, der Steigerung von Motivation und Resilienz, einem gesunden, ausgeglichenen Leben als Voraussetzung für Glück und Zufriedenheit. Zufriedenheit ist in der Regel darin begründet, dass zuvor etwas geleistet wurde oder geglückt ist – dass sich Erwartungen erfüllt haben. Gleich ob als Student, Arbeit- oder Unternehmer, Rentner – die Erzeugung eines Zufriedenheitsgefühls erfordert von Ihnen zunächst eine Leistung. Diese Aktivität sollte Sie auf Dauer weder über- noch unterfordern, sondern ausfüllen und Ihnen letztlich ein Erfolgserlebnis bereiten können. Es ist Ihre eigene Verantwortung und nicht die von anderen, dafür die geeigneten Rahmenbedingungen zu schaffen. Hierin liegt der tiefere Sinn des erfolgreichen Selbstmanagements.

---

**Beispiel**

Dr. Gernot Müller, der technische Vorstand eines Großunternehmens, erzählte jüngeren Mitarbeitern im Rahmen eines Kamingesprächs, dass er in seiner Laufbahn bereits einige schwierige Zeiten erlebt hatte. Am nervenaufreibendsten sei die Phase gewesen, in der er als Projektleiter und frisch ernannte obere Führungskraft ein zeitlich und inhaltlich aus dem Ruder gelaufenes Investitionsprojekt wieder auf die Spur bringen sollte. Dieser 14-Stunden-Job habe ihn an den Rand seiner Leistungs- und Leidensfähigkeit gebracht. Verglichen dazu seien die aktuelle Vorstandstätigkeit eher angenehm und für ihn jetzt Zeit und Aufwand besser planbar, zumal er nun viel mehr Aufgaben delegieren könne. (Er wusste damals natürlich noch nicht, dass sein Vertrag nicht einmal ein Jahr später „auf eigenen Wunsch" aufgelöst wurde …)

Diese Geschichte fiel mir wieder ein, als ich meine Gedanken zu diesem Buch zusammengetragen habe, denn es lassen sich daraus bestimmte Lehren ableiten. Zum einen: Falsche Selbsteinschätzung kann sehr negative Folgen haben. Während sich dieser Top-Manager als Projektleiter vermutlich noch für seine Leistung (und Karriere) zerrissen hatte und dadurch erfolgreich war, überschätzte er später seine Macht als Vorstand und vergaß, dass er führen und nicht nur managen muss. Und gleichzeitig versäumte er es vielleicht, seine Persönlichkeit weiterzuentwickeln.

Zum anderen zeigt sich daran, dass eine Karriere oft keinem kontinuierlichen Pfad folgt, sondern Höhen und Tiefen durchläuft – vom Aufwand und vom Erfolg her betrachtet. Auch wenn es in diesem Fall am Ende durch die Entlassung schiefging – der Stresslevel muss nicht proportional zur Hierarchieebene steigen. Zwar hat man als Mitarbeiter oder Führungskraft Phasen zu akzeptieren, in denen man sich übermäßig ins Zeug legen muss, jedoch darf dies kein Dauerzustand werden, der dazu führt, dass man nach wenigen Jahren, lange vor Erreichen des Rentenalters, ausgebrannt und verbraucht ist. Fundiertes Selbstmanagement kann dies sehr wohl verhindern; das bedeutet vor allem, mit seinen Möglichkeiten und Ressourcen bewusst umzugehen. Arbeit soll – wie andere Aktivitäten auch – einen Sinn haben und zur Erfüllung beitragen. Eine wichtige Voraussetzung ist, dass man die Möglichkeit besitzt mitzugestalten und dies auch tut. Bei geschickter Anwendung darf man davon ausgehen, seine Arbeitskraft und -freude bis zum Rentenalter und darüber hinaus zu erhalten.

Selbstmanagement ist keine *Rocket Science,* wie die Amerikaner sagen, sondern erlernbares Handwerk. Ein letztes Mal sei an dieser Stelle an das Motto „Neues wagen, Chancen nutzen, selbstbestimmt agieren" erinnert. Bauen Sie auf dem Alten, Bestehenden etwas Neues, Innovatives auf, so wie es die Natur vormacht (Abb. 8.10). Allein die Tatsache, dass Sie sich mit diesem Thema auseinandersetzen, bedeutet bereits einen wichtigen Schritt in die richtige Richtung.

Von der Arbeitsbelastung her betrachtet ist Boreout nicht besser als Burnout, und nur, wenn Sie hinsichtlich der Menge und Qualität Ihrer Tätigkeiten mittelfristig eine Zwischenstufe zwischen Über- und Unterforderung erreichen, haben Sie die Möglichkeit, den Flow-Zustand zu erfahren, der Sie kreativ, resilient und zufrieden macht. Bedauerlich wäre es, negative Begleitumstände, die korrigiert werden können und sollten, als unveränderlich zu akzeptieren.

Sie, liebe Leser, stehen also irgendwann während Ihrer Karriere – vielleicht gerade jetzt – an dem Punkt, dass Sie sich entscheiden müssen, inwieweit Sie das gewohnte Spiel weiter mitmachen und sich von Ihrer Arbeit komplett vereinnahmen lassen. Das kann Sie bis in die höchsten

**Abb. 8.10** Neues baut auf Bestehendem auf

Entscheidungsebenen hochkatapultieren. Wenn es genau das ist, was Sie anstreben: Tun Sie es! (Aber setzen Sie bitte nie dieselbe Einstellung auch bei Ihren Mitarbeitern und Kollegen voraus.)

> **Irrtum 24**
> „Nur Weicheier kneifen, wenn der Job ihnen (zu) viel abverlangt."

Über „Weicheier", Downshifter und Aussteiger haben wir bereits in Abschn. 2.5 und 5.2 gesprochen. Es mag sein, dass auch unter Volldampf alles prima läuft und Sie so wohlbehalten bis zur Rente durcharbeiten können. Es ist jedoch auch wie im hypothetischen Fall Sigmund Falkenhahn (Abschn. 1.2) und im realen Beispiel Heinz Schenkel (Abschn. 3.1) möglich, dass Sie in einen Teufelskreis geraten, der sich als stetige Abwärtsspirale auswirkt und Sie mittelfristig psychisch und physisch krank macht.

Im zweiten Fall sollten Sie umgehend etwas ändern, bevor es zu spät ist und Sie Schaden nehmen. Gehen Sie wie folgt vor:

- Erstellen Sie eine Vision über Ihre angestrebte berufliche Zukunft und definieren Sie kurz-, mittel- und langfristige Ziele. Versuchen Sie, Ihre Stärken zu nutzen, und suchen Sie sich eine Beschäftigung, für die Sie brennen und Leidenschaft empfinden. Betrachten Sie Ihren Beruf als Berufung.
- Holen Sie sich regelmäßig Feedback von anderen, um sich persönlich weiterzuentwickeln; optimal ist, falls Sie einen Mentor für sich gewinnen können. Hören Sie aufmerksam zu und versuchen Sie, die Rückmeldungen und Coaching-Tipps umzusetzen. Rechtfertigen Sie sich nicht!
- Falls Schwierigkeiten welcher Art auch immer auftreten: Gehen Sie den Ursachen auf den Grund und analysieren Sie, wie Sie diese abstellen können. (Die wenigsten Schwierigkeiten verschwinden von allein.) Persönliche Probleme sollten Sie mit Vertrauten erörtern, für fachliche Herausforderungen könnte sich die Bildung eines kleinen Teams anbieten.
- Die Arbeitswelt ist gerade in unseren Zeiten von KI und zunehmender Digitalisierung ständigen Veränderungen unterworfen. Verschließen Sie die Augen nicht vor neuen Trends und sich bietenden Gelegenheiten. Verlassen Sie Ihre Komfortzone und betreten Sie Neuland.
- Betrachten Sie Zeit als wertvolle Ressource und erarbeiten Sie sich Entscheidungsfreiheiten. Lassen Sie sich von Netzwerken, elektronischer Kommunikation und fordernden Vorgesetzten und Kollegen nicht erdrücken.
- Wenn es ganz schlimm wird und Sie das Gefühl haben, in einen Burnout hineinzurauschen: Besorgen Sie sich professionelle Hilfe und/oder ziehen Sie die Reißleine. Ihr Job ist keine Depression und keinen Tinnitus oder gar Herzinfarkt wert, und Dank für Ihre Leistungen sollten Sie nicht unbedingt erwarten. Überlegen Sie, ob Sie auf einer anderen Arbeitsstelle nicht besser aufgehoben wären – beim selben Unternehmen oder auch außerhalb. Dies darf allerdings kein Davonlaufen sein!
- Leben Sie gesund, treiben Sie Sport und sorgen Sie für eine ausgeglichene Work-Life-Balance. Lernen Sie, auch kleine Erfolge zu feiern und die schönen Dinge des Lebens zu genießen.

Der US-amerikanische Schriftsteller John Irving ist bekannt dafür, dass er seine Romane sehr sorgfältig recherchiert und für ein Werk im Gegensatz zu manch anderen Autoren und Schreibfabriken mehrere Jahre benötigt. Er behauptet gerne und oft, dass er seine Bücher vom letzten Satz weg zurück zum Anfang schreibt und diesen letzten Satz von Beginn der Arbeiten an einem neuen Roman an immer unverändert lässt.

Diese Vorgehensweise wäre für mich als Autor kaum zu adaptieren. Zwar habe ich die Inhalte des vorliegenden Buchs nicht streng chronologisch aufgezeichnet, sondern Sprünge gemacht, wenn mir etwas zu späteren Kapiteln eingefallen ist – jedoch hat sich das Gedankengebilde mit Ausnahme von Kap. 6 von vorne nach hinten aufgebaut. Hätte ich allerdings das Irving'sche Prinzip des letzten Satzes angewandt, ich hätte für dieses Buch den folgenden gewählt:

> Passen Sie auf sich auf!

## Zusammenfassung

1. *Take it, change it or leave it* ist eine Weisheit, die auf die meisten beruflichen und privaten Lebenslagen passt.
2. Auch berufliche Erfolge können eine Endorphin-Ausschüttung bewirken und damit Euphorie, Glück und Zufriedenheit bescheren.
3. Nur fünf Minuten Bewegung in grüner Umgebung bessern die Laune und das Selbstwertgefühl bemerkenswert gut und lindern Stress.
4. Das Angstsystem erfüllt eine wichtige Warnfunktion gegen selbstzerstörerisches Verhalten, etwa den Konsum harter Drogen oder die Ausprägung von Spiel- oder Arbeitssucht.
5. Im Rahmen eines erfolgreichen Selbstmanagements muss unbedingt ein Ausgleich zwischen Energiesenken und -quellen geschaffen werden, um einem Substanzverlust entgegenzuwirken.
6. Mit geschicktem Selbstmanagement ist es heute nicht unmöglich, seine Arbeitskraft und -freude bis zum Rentenalter und darüber hinaus zu erhalten.
7. Erstellen Sie eine Vision über Ihre angestrebte berufliche Zukunft und definieren Sie kurz-, mittel- und langfristige Ziele.
8. Lernen Sie, auch kleine Erfolge zu feiern und angenehme Situationen sowie die schönen Dinge des Lebens zu genießen.
9. Passen Sie auf sich auf!

# Literatur

Helliwell JF, Layard R, Sachs, JD, De Neve, J-E (2020) World Happiness Report 2020. Sustainable Development Solutions Network, New York. Internet-Veröffentlichung 20. März. https://worldhappiness.report/ed/2020/. Zugegriffen: 26. Sept. 2020

Wikipedia (2020a) Selbstmanagement. In: Wikipedia, Die freie Enzyklopädie. https://de.wikipedia.org/wiki/Selbstmanagement. Zugegriffen: 10. Juli 2020

Wikipedia (2020b) Traditionelle chinesische Medizin. In: Wikipedia, Die freie Enzyklopädie. https://de.wikipedia.org/wiki/Traditionelle_chinesische_Medizin. Zugegriffen: 27. Aug. 2020

Wikipedia (2020c) Yin und Yang. In: Wikipedia, Die freie Enzyklopädie. https://de.wikipedia.org/wiki/Yin_und_Yang. Zugegriffen: 27. Aug. 2020

Wikipedia (2020d) Zufriedenheit. In: Wikipedia, Die freie Enzyklopädie. https://de.wikipedia.org/wiki/Zufriedenheit. Zugegriffen: 30. Aug. 2020

Wüthrich HA, Osmetz D, Kaduk S (2009) Musterbrecher: Führung neu leben, 3. Aufl. Gabler, Wiesbaden. https://doi.org/10.1007/978-3-8349-8020-5

# Weitere Leseempfehlungen

Bandelow B (2007) Das Buch für Schüchterne: Wege aus der Selbstblockade. Rowohlt, Reinbek

Baus L (2015) Selbstmanagement: Die Arbeit ist ein ewiger Fluss. Gelassener arbeiten und besser leben. Springer Gabler, Wiesbaden. https://doi.org/10.1007/978-3-658-09593-2

Bednarz D (2018) Zu jung für alt. Körber, Hamburg

Berndt C (2015) Resilienz – Das Geheimnis der psychischen Widerstandkraft. dtv, München

Biesinger R, Klute M (2020) Toxisch. Springer, Berlin. https://doi.org/10.1007/978-3-662-60678-0

Braun OL (Hrsg) (2019) Selbstmanagement und Mentale Stärke im Arbeitsleben: Training und Evaluation. Springer, Berlin. https://doi.org/10.1007/978-3-662-57909-1

Covey S, Merrill AR, Merrill RR (1994) First things first: to live, to love, to learn, to leave a legacy. Simon and Schuster, New York

Däfler M-N, Dannhäuser R (2016) Glücklicher im Beruf ... mit der Kompass-Strategie. Springer, Wiesbaden. https://doi.org/10.1007/978-3-658-11164-9

Graf A (2012) Selbstmanagement – Kompetenz in Unternehmen nachhaltig sichern. Springer Gabler, Wiesbaden. https://doi.org/10.1007/978-3-8349-7150-0

Jotzo M (2012) Loslassen für Führungskräfte – Meine Mitarbeiter schaffen das. Wiley, Weinheim

Heimsoeth A (2015) Chefsache Kopf. Mit mentaler und emotionaler Stärke zu mehr Führungskompetenz. Springer Gabler, Wiesbaden. https://doi.org/10.1007/978-3-658-05775-6

Kaiser S, Ringlstetter MJ (2010) Work-life balance. Springer, Berlin. https://doi.org/10.1007/978-3-642-11727-5

Kogler A (2006) Die Kunst der Höchstleistung. Sportpsychologie, Coaching, Selbstmanagement. Springer, Wien. https://doi.org/10.1007/3-211-37853-7

Kratzer N, Menz W, Pangert B (2015) Work-Life-Balance – eine Frage der Leistungspolitik. Springer, Wiesbaden. https://doi.org/10.1007/978-3-658-06346-7

Lauer T (2014) Change Management: Grundlagen und Erfolgsfaktoren, 2. Aufl. Springer, Berlin. https://doi.org/10.1007/978-3-662-43737-7

Leiter MP, Maslach C (2007) Burnout erfolgreich vermeiden – Sechs Strategien, wie Sie Ihr Verhältnis zur Arbeit verbessern. Springer, Wien

Mayer J, Hermann H-D (2011) Mentales Training: Grundlagen und Anwendung in Sport, Rehabilitation, Arbeit und Wirtschaft. Springer, Berlin. https://doi.org/10.1007/978-3-642-13762-4

Meier M (2020) Praxistipps für erfolgreiche Teamarbeit. Handlungsempfehlungen aus dem Sport für Unternehmen und Organisationen. Springer, Wiesbaden. https://doi.org/10.1007/978-3-658-27961-5

Oertel V, Matura S (Hrsg) (2017) Bewegung und Sport gegen Burnout, Depressionen und Ängste. Springer, Berlin. https://doi.org/10.1007/978-3-662-53938-5

Poetzsch MC (2018) Entscheidungen: Alles falsch machen – aber richtig. Springer, Berlin. https://doi.org/10.1007/978-3-662-57586-4

Preußners D (2008) Beruflich Profi oder Amateur? Springer, Berlin. https://doi.org/10.1007/978-3-540-77424-2

Radkau J, Hahn L (2013) Aufstieg und Fall der deutschen Atomindustrie. Oekom, München

Püschel E (2010) Selbstmanagement und Zeitplanung. Schöningh, Paderborn

Rosenstiel Lv, Regnet E, Dombusch ME (Hrsg) (2009) Teil II: Führung der eigenen Person. S 69–109. In: Führung von Mitarbeitern, 6. Aufl. Schäffer-Poeschel, Stuttgart

Rosenstiel Lv, Hornstein Ev, Augustin S (2012) Change Management Praxisfälle. Springer, Berlin. https://doi.org/10.1007/978-3-642-29991-9

Schaefer J (2011) Genie oder Spinner – Sind wir offen für Neues? Dumont, Köln

Schmidt-Traub S (2020) Angst bewältigen – Selbsthilfe bei Panik und Agoraphobie. Springer, Berlin. https://doi.org/10.1007/978-3-662-61122-7

Schneider HJ, Jacobi N, Thyen J (2020) Hormone – ihr Einfluss auf mein Leben. Springer, Berlin. https://doi.org/10.1007/978-3-662-58978-6

Schröder J-P (2005) Selbstmanagement – Wie persönliche Veränderungen wirklich gelingen. Gabal, Offenbach

Schröder-Keitel L (2013) Selbstcoaching im Beruf für Dummies. Wiley-VCH, Weinheim

Scott M (2006) Zeitgewinn durch Selbstmanagement. Handelsblatt Karriere & Management 4. Campus, Frankfurt

Sieverling N (2020) Plan B: Endlich etwas finden, für das man wirklich brennt – Jobwechsel? Start Up? Aussteigen? Kailash, München

Stolzenberg K, Heberle K (2013) Change Management, 3. Aufl. Springer, Berlin. https://doi.org/10.1007/978-3-642-30106-3

Theurer J (2019) Zeitmanagement für Juristen. Strukturiert durch den Tag – mehr Effizienz – mehr freie Zeit. Gabler, Wiesbaden. https://doi.org/10.1007/978-3-658-26834-3

Walther D (2013) Die 38-Stunden-Woche für Manager. Optimale Work-Life-Balance durch gute Führung. Springer Gabler, Wiesbaden. https://doi.org/10.1007/978-3-658-02788-9

Weiler P (1999) Endlich mehr Zeit! Südwest, München

Weisweiler S, Dirscher B, Braumandl I (2013) Zeit- und Selbstmanagement. Ein Trainingsmanual – Module, Methoden, Materialien für Training und Coaching. Springer, Berlin. https://doi.org/10.1007/978-3-642-19888-5

Wörz T, Theiner E (2001) Erfolg durch Selbstmanagement in Leistungssport und Berufsleben. Vandenhoeck & Ruprecht, Göttingen

Zimber A (2016) Gesund trotz Multitasking – Selbstmanagement für den Berufsalltag. Springer, Berlin. https://doi.org/10.1007/978-3-662-47049-7